낙동강과 경남

낙동강과 경남

초판 1쇄 발행   2014년 2월 28일

지은이   남재우 남성진 박정선 임학종 장성진 천성주
펴낸이   윤관백
펴낸곳   도서출판 선인

등록   제5-77호(1998.11.4)
주소   서울시 마포구 마포대로 4다길 4 곳마루빌딩 1층
전화   02)718-6252 / 6257
팩스   02)718-6253
E-mail   sunin72@chol.com

정가   20,000원

ISBN   978-89-5933-701-9 94900
       978-89-5933-433-9(세트)

· 잘못된 책은 바꾸어 드립니다.

창원대학교 경남학연구센터 경남학학술총서 07

낙동강과 경남

남재우 남성진 박정선 임학종 장성진 천성주

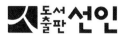

책을 펴내며

창원대학교 경남학연구센터는 경남학 정립을 통하여 경남의 정체성을 확립하고 경남의 미래를 제시하고자 만들어진 연구기관이다. 이를 위하여 경남의 정체성을 연구하고 그 결과를 묶어내는 '경남학학술총서'를 발간하고 있으며, 경남지역 사람들이 경남의 역사와 문화에 대하여 쉽게 접근할 수 있도록 '내 손안의 경남'이라는 이름의 단행본도 출간하고 있다. 그리고 해마다 학술심포지엄도 개최하고 있다.

이번에 발간되는 경남학학술총서 7권은 그 주제가 '낙동강과 경남'이다. 강은 나라와 지역 간의 경계가 되기도 했지만, 지역과 지역, 사람과 사람을 이어주는 소통로이기도 했으며, 강변의 충적지는 인간들의 삶을 가능하게 했던 경제적 토대가 되었다. 강을 오가며 사람들이 서로 왕래하고, 물건들이 유통되었다. 이러한 과정에서 강변에 마을이 조성되고, 시장이 들어섰다. 강을 통해 생산, 소비, 교류, 소통이 이루어졌기 때문에 강을 인류문명의 발상지라고 부른다.

낙동강도 다르지 않다. 낙동강은 경남지역의 역사, 나아가 한반도의 역사적 발전과 함께해 왔다. 낙동강과 그 주변은 선사시대부터 사람들이 살아왔던 삶의 흔적을 잘 보여주고 있으며, 한국고대국가였던 가야는 낙동강이 주요한 성장 기반이었다. 가야의 여러 나라들은 낙동강이나 그 지류 가까이에서 성장했던 정치집단이었으며, 낙동강을 통하여 서로 교류하며 발전해 왔다. 그리고 낙동강은 가야와 신라의 국경으로서의 역할도 했다. 신라는 낙동강을 건너 가야로 진출하려 했고, 가야는 낙동강을 방패로 삼아 신라의 침략을 저지했다. 통일신라시대 이후에는 낙동강이 조운로로 활용되었다. 조선시대에는 조운로뿐만 아니라, 왜구의 내륙침입로, 일본의 사신왕래길, 혹은 무역로 역할을 하기도 하였다. 또한 한국전쟁시기에는 피비린내 나는 격전지가 되기도 했다.

낙동강은 경남지역 사람들의 삶의 경험이 켜켜이 쌓여있는 역사의 현장이었던 것이다. 따라서 낙동강 주변에는 당시 사람들의 흔적이 문화유산으로 남아있다. 이러한 자료를 바탕으로 낙동강의 역사, 문학, 민속 등과 관련된 연구를 진행했다. 첫째, 낙동강 하류역의 해수면 변동에 따른 선사문화, 둘째, 선사시대 이후 한국사의 발전과정에서 드러나고 있는 낙동강의 역할, 셋째, 전근대와 근대 이후의 낙동강을 표현한 문학의 의미, 넷째, 낙동강변에 살았던 사람들의 생활민속 등에 대한 것이다. 그리고 낙동강변의 문화유산에 대해서도 정리해 보았다.

이 책의 출간을 계기로 한반도의 유구한 역사 속에서 낙동강이 지닌 의미를 되새기게 되는 계기가 되었으면 한다. 그리고 낙동강이 지닌 자연과 인간의 관계, 자연환경으로서의 의미가 되살아날 수 있길 기대해본다. 큰 대가도 없이, 바쁜 시간임에도 불구하고 연구, 그리고 집필해 주신 정성진, 박정선, 임학종, 남성진 선생님께 감사의 뜻을 전한다. 그리고 문화유산을 정리해준 천성주 선생에 대한 고마움도 크다.

2014년 2월

창원대 경남학연구센터장   남재우

차 례

洛東江 下流域의 先史文化와 海水面 變動

任鶴鐘 ┃ 國立晉州博物館

1. 머리말

昌寧 飛鳳里 遺蹟의 발굴 결과, 신석기시대의 어느 시점에는 낙동강 中·하류역의 내륙(사진 1)까지 바닷물의 영향을 받았으리라고 추정하고 있다. 즉 청도천과 밀양강이 낙동강에 합류하는 현 창원시 대산평야와 삼랑진 일대(이하 '고대산만'으로 통칭)는 Holocene 해진극상기에는 바닷물이 들어왔고, 이 지역이 內灣이었을 것이라는 주장이다.[1]

그러나 청동기시대의 낙동강 하류역의 지형에 대해서는 아직 밝혀진 바가 없다. 퇴적층에 대한 단편적인 boring 자료만이 알려져 있어 해당 시기의 해수면 변동에 대한 구체적인 해석을 할 수 없다. 다만 청도천 유역에서 이루어진 퇴적상, 규조분석 결과와 낙동강의 수문 특성, 청도천 하천 및 유역분지 특성, Holocene 중기 이후 우리나라 남동부 해안의 해면 변동, 고고학적 발굴 결과들을 종합하여 비봉리를 포함한 청도천 하류부의

---

[1] 任鶴鐘, 「洛東江 下·支流域의 貝塚文化에 對한 再認識」, 『大東考古』 創刊號, 재단법인 대동문화재연구원, 2007 ; 황상일, 「창녕군 비봉리 신석기시대 유적지 지형 및 규조 분석」, 『飛鳳里』國立金海博物館 學術調查報告 第6冊, 國立金海博物館·昌寧郡, 2008.8.22.

'고대산만'은 Holocene 해진극상기에 내만 환경을 형성하였으며, 이후 해수면이 안정된 가운데 청도천과 낙동강의 지속적인 퇴적작용으로 매적되어 청동기시대 후기에 해당하는 2,500년 B.P.경에는 '고대산만'의 가장자리인 비봉리 일대에는 거대한 석호가 만들어졌다는 고찰이 있을 뿐이다.[2]

한편, 고해면기(6,000~1,800 yr B.P.)의 김해 지역 고지형을 참고하면, 삼국시대에도 김해 지역은 내만환경이었던 것으로 추정되고 있으며, 율하-관동리에서 발굴된 삼국시대 잔교와 도로 유구를 근거로 인근지역과의 이동과 물자교류는 해상 교통로와 연계되었을 것으로 보고 있다.[3]

기후변화의 증거는 여러 분야에서 나타나는데 이를 가장 광범위하게 반영하는 것이 해수면변동이다. 해수면 변동의 원인으로는 지각운동, 빙하의 확장과 소멸, 평균해수면의 변화, 태풍·해일의 영향 등이 있으며, 가장 큰 원인은 역시 대륙 빙하로 인한 물의 감소 또는 증가로 알려지고 있다. 낙동강 하류부의 경우 최후 빙하기 가장 추웠던 때인 18,000년 전 무렵 해수면은 지금보다 약 130m나 낮았으며, 간빙기에는 다시 올라간다. 마지막 빙하기 극성기 이후 바닷물은 약 16,000년 전 무렵부터 올라오기 시작하였으며 최대 海進은 신석기 기후극상기(약 6,000년 전)를 통과하면서 일어났다. Holocene 해수면 상승을 알아내는 데에는 해안 지방의 퇴적물 및 지형 연구, 대양의 산소동위체비분석, 유공충·규조류·연체동물·꽃가루 등의 미세화석 연구, 신석기시대의 문화유물 연구, 방사성탄소 자료 등의 도움을 받는다.[4]

이 글에서는 신석기시대 '고대산만'과 청동기시대 '古金海灣'의 해수면변동에 따른 汀線을 추정하여 본다. 전자는 고고학적·지형학적 자료로, 후자는 일부 단편적으로 이루어진 boring 자료와 유적, 특히 저지대에 입지하고 있는 지석묘의 위치로 검토하였다. 아울러 김해 율하-관동리에서 밝혀진 삼국시대 '고김해만'의 해수면에 대해서도 약간 언급하여 보겠다. 이로써 낙동강 하류부의 선사문화와 선사~고대의 해수면 변동의 의미를 검토하여 보도록 한다.

---

2) 황상일, 「창녕군 비봉리 신석기시대 유적지 2차조사 규조분석」, 『飛鳳里Ⅱ』-창녕 비봉리양배수장 신축공사 부지내 신석기시대 패총- 國立金海博物館 學術調査報告 第9冊, 國立金海博物館·昌寧郡, 2012.

3) 김정윤, 「고김해만 북서부 Holocene 후기 환경변화와 지형발달」, 경북대학교 지리학석사학위논문, 2008.

4) 國立文化財研究所, 『韓國考古學專門事典 -新石器時代篇-』, 2012. 602·603쪽.

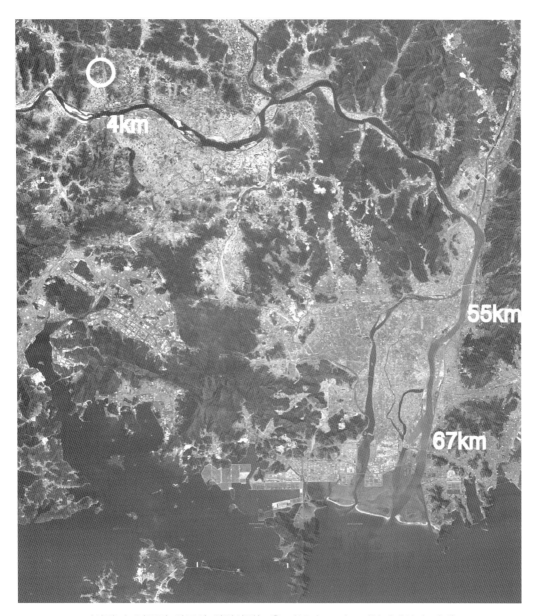

〈사진 1〉 낙동강 하류의 위성사진(○은 비봉리, km는 비봉리에서의 거리)

2. 신석기시대 '고대산만'의 해수면변동

1) 고고학적 자료

가. 비봉리 패각층과 도토리 저장 구덩이

(1) 패각층

비봉리 패총에서는 모두 6개의 패각층이 확인되었다. 이 중 가장 아래의 제5패각층부터 위로 가면서 제1패각층까지의 5개의 패각층이 해성층이다. 제1패각층보다 위의 14층과 13층 사이에 협재하는 패각층은 육성층으로 담수규조가 우점한다. 해성층에 속하는 5개의 패각층 중 제1패각층(25층)이 정밀하게 조사되었는데, 이 층은 염수환경에서 silt가 퇴적되어 형성된 층이다. 이 층의 가장 높은 해발고도가 1.4m이므로 당시의 해수면은 이 고도까지 도달하였다. 이후 해면은 25층의 일정 공간이 노출되도록 하강하였다. 해수면 하강으로 드러난 곳에 사람들이 거주공간과 바다 사이에 통로를 확보하기 위하여 조개껍질과 자갈을 퇴적층 상부에 공급하여 토양이 단단해지도록 하였다. 이 때 해안선은 조개껍질이 분포하는 공간의 하한 부분에 있었다. 제1패각층의 하한이 0.1m이므로 당시 해수면은 해발고도 0.1m였다.

나머지 패각층의 분포도 제1패각층과 유사하며 해발고도는 표준 퇴적층 종단면에서 일부 확인할 수 있었다. 제5패각층은 해발고도 -2.0m~-1.0m, 제1패각층은 0.2m~1.4m, 제2패각층은 -0.1m~1.0m이다. 제3, 제4패각층의 해발고도는 경사도와 분포 범위로 추정하면 제4패각층은 -1.3m~0m, 제3패각층은 -0.4~0.5m이다.[5]

결국 해성층의 확인과 각 패각층의 형성 층위 변동은 당시 해수면의 상한과 변동을 지시하는 구체적인 증거가 된다.

---

[5] 任鶴鐘·李政根·金良美, 『飛鳳里』 國立金海博物館 學術調査報告 第6册, 國立金海博物館·昌寧郡, 2008.8 ; 황상일, 앞의 글, 2008.

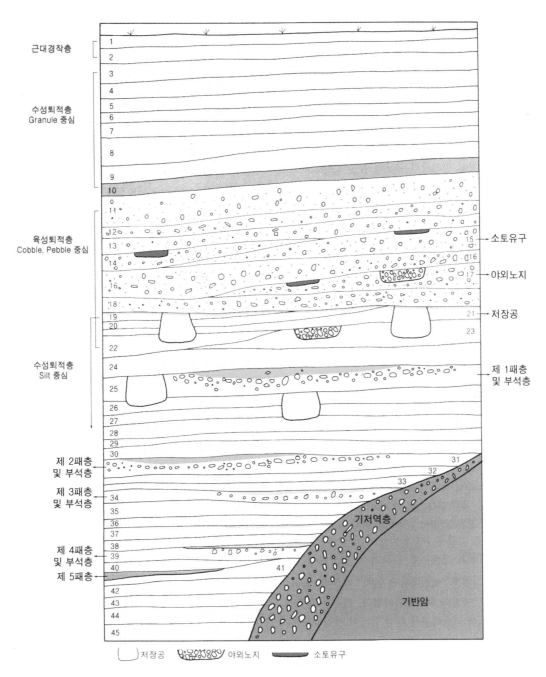

〈그림 1〉 비봉리 토층 모식도

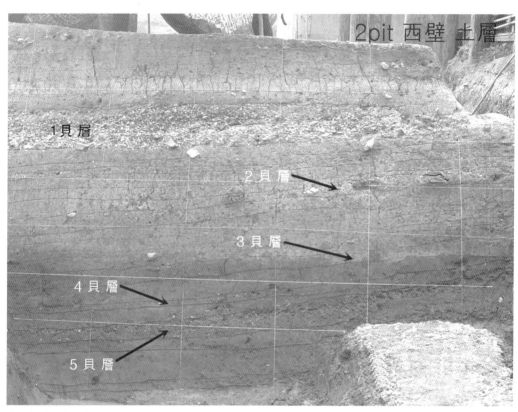

〈사진 2〉 비봉리 I -Ⅲpit 서벽의 층위

〈사진 3〉 비봉리 제1패각층

(2) 도토리 저장 구덩이

비봉리 패총에서는 1차 발굴조사에서 17개소, 2차 발굴조사에서 70여 개소의 도토리 저장 구덩이가 확인되었다.[6] 이 구덩이는 선사인들이 바닷물에 도토리를 담그어 탄닌을 효과적으로 제거하거나, 도토리를 장기간 보관하기 위하여 만든 것으로 볼 수 있으며, 당시의 해안선을 지시하는 것으로 밝혀지고 있다.[7] 2차 조사에서의 구덩이는 분포가 일정하지 않고 도면상 수치와 층위가 불확실한 것이 많아 여기서는 1차 조사 때의 자료만을 분석 대상으로 삼는다. 구덩이의 크기가 일정하지 않은 것은 용도가 다른 것으로 추정되며, 깊이의 차이는 훼손이나 조사 과정에서의 어깨선의 인지가 늦었던 것으

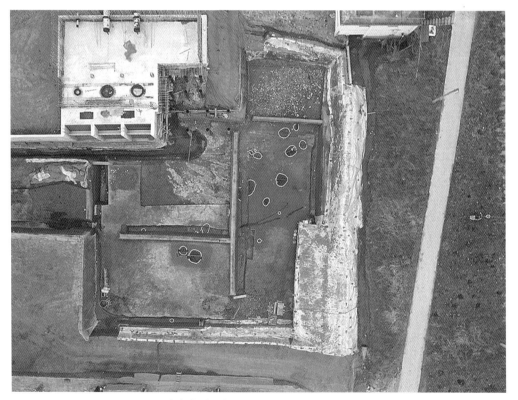

〈사진 4〉 비봉리 도토리 저장 구덩이

---

6) 任鶴鐘·李政根·金良美, 위의 책 ; 윤온식·장용준·김혁중, 『飛鳳里Ⅱ』 國立金海博物館 學術調査 報告 第9冊, 國立金海博物館·昌寧郡, 2012.
7) 황상일·윤순옥, 「울산시 황성동 세죽 해안의 Holocene 중기 환경변화와 인간생활」, 『韓國考古學報』 48, 韓國考古學會, 2002.12, 35~57쪽 ; 任鶴鐘·李政根, 「신석기시대 도토리저장공에 대한 검토 ―창녕 비봉리유적 도토리저장공을 대상으로―」, 『嶺南考古學』 第52號, 嶺南考古學會, 2010, 5~34쪽.

로 볼 수 있다. 그러므로 구덩이의 최초 굴광선, 즉 어깨선보다는 바닥면이 구덩이를 만
들 당시의 높이를 정확하게 보여주는 자료이다. 비봉리 도토리 저장 구덩이의 바닥면은
해발고도 0.1m부터 0.75m까지 다양하며 연속적이다. 탄닌을 제거하기 위해서는 도토리
저장 구덩이가 평균 해면과 평균 저조위의 중간 정도의 해변에 만들었을 것으로 추정된
다. 또한 같은 시기에 만들어진 구덩이의 비고차가 0.2~0.3m 이상이 될 가능성은 거의
없다.[8] 따라서 비봉리 제1패각층 위의 20층에서 만든 도토리 저장 구덩이는 바닥의 높
이가 약간씩 차이가 나지만 해수면의 변화에 대응하여 필요에 따라 폐기하고 새로 만들
었을 것으로 볼 수 있다. 열상을 이루고 있으며 거의 같은 층위에서 파 들어간 것이므
로 거의 동일한 시기에 만들어졌다고 볼 수 있다.

　　결론적으로 비봉리 제1패각층 위에 만들어진 도토리 저장 구덩이는 구덩이 안에서
채취한 시료의 탄소연대 측정치인 4,900~4,350년 B.P. 사이에 만들어졌으며, 약간의 변
동은 있지만 열상의 구덩이 라인이 당시의 해안선을 지시하는 증거로 볼 수 있다.

〈사진 5〉 비봉리 도토리 저장 구덩이(4호)

8) 황상일 · 윤순옥, 위의 글, 35~57쪽.

〈사진 6〉 비봉리 도토리 저장 구덩이(12호)

〈사진 7〉 비봉리 도토리 저장 구덩이 출토 도토리

나. 비봉리 출토 유물

바닷물의 영향을 받는 곳에서만 나올 수 있는 유물과 유기물이 비봉리에서 출토되었다. 예를 들면, 대형석제어망추와 결합식조침, 해서 패류와 어류의 뼈를 예로 이 유역에 바닷물이 들어왔음을 알 수 있다.

(1) 대형석제어망추

비봉리에서 출토된 석제어망추는 크게 대·중·소의 3종류로 나눌 수 있다. 편의상 소형은 무게 30g 이하, 중형은 30g~100g, 대형은 100g 이상으로 나누었다. 보통 민물에서 사용되는 석제어망추는 소형과 중형으로도 효용성이 높다. 바닷물이라면 부력을 감안할 때 이보다는 훨씬 무거운 어망추가 필요하다. 거꾸로 민물에서는 100g이 넘는 어망추를 사용할 필요가 없다. 비봉리에서 출토된 어망추 중에는 소형이 43점, 중형이 6점, 대형이 7점이다. 이 대형의 석제어망추는 결국 바닷물이 들어왔던 깊은 곳에서 사용된 것임을 시사한다.

〈사진 8〉 비봉리 출토 석제어망추

(2) 결합식조침

결합식조침은 우리나라 신석기시대의
특징적인 어구로 오산리형조침으로도 불
린다. 동해안과 남해안 지역의 패총 유
적에서 주로 출토되며 일부 서해안 지역
에서도 분포가 확인되고 있다. 보통의
경우 돌로 된 몸체[軸部]와 뼈로 된 미늘
[針部]로 이루어져 서로 묶어서 사용한
다. 돌로 된 몸체가 추의 역할을 하므로
일반적으로 바다나 깊은 호수에서 사용
되는 것으로 강이나 얕은 호수에서는 사

〈사진 9〉 비봉리 출토 결합식조침

용하지 않는 낚시 바늘이다. 비봉리에서는 모두 6점의 석제 축부와 2점의 골제 침부가
출토되었다.

(3) 해서류 패류와 어류

비봉리에서는 참굴과 백합이 패각층에 포함되어 있다. 패각의 대부분이 재첩으로 이루어져 있지만, 상당량의 참굴이 포함되어 있어 지금의 해안에서 채취한 채 이동되었을 가능성은 적다. 아울러 복어·농어·감성돔·가숭어·상어·가오리·삼치·양태류 등의 뼈가 출토되어 이 유역까지 바닷물이 들어왔음을 보여주는 적극적인 증거로 볼 수 있다.[9]

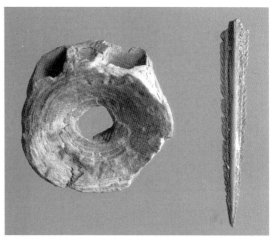

〈사진 10〉 비봉리 출토 해서류(상어, 가오리)

다. 비봉리 인근 지역에서 확인된 패총 유적

〈표 1〉 비봉리 인근의 '고대산만' 패총 유적

유적명	해발고(m)	입지상 특징	출토유물	패각종류	시대
금포리 흰산	7~12	구릉말단, 전면 늪	공열토기, 방추차	재첩, 다슬기	청동기
금포리 모래들	3~4	구릉말단, 전면 늪, 소선상지		재첩	
양동리 흰산	25	구릉말단, 전면 늪	무문토기	재첩	청동기
양동리	10	구릉말단, 전면 늪			
귀명리	5~10	구릉말단, 전면 늪, 소선상지		재첩	
수산리 동촌	5~10	구릉말단, 전면 늪	무문토기	재첩	청동기
외산리	30~35	구릉정상, 전면 늪	무문토기	재첩	청동기
용산	4~7	구릉말단, 전면 늪	무문토기	재첩	청동기
합산	5	구릉말단, 전면 늪	즐문·무문토기	재첩, 다슬기	신석기·청동기
큰검세 I	5~10	전면 늪, 소선상지	무문토기	재첩	청동기
큰검세 II	5~10	구릉말단, 전면 늪	무문토기	재첩	청동기
죽곡	6~10	구릉말단, 늪	무문토기	재첩	청동기

---

9) 金子浩昌, 「昌寧 飛鳳里遺跡出土 動物遺體」, 『飛鳳里』國立金海博物館 學術調査報告 第6册, 國立金海博物館·昌寧郡, 2008.8.22, 322~390쪽.

큰검세	5~10	전면 늪, 소선상지		재첩	청동기
대감	15~20	구릉말단, 전면 늪			선사
중세천	100, 125	구릉정상, 곡간			
외산리오산마을	10~15	구릉말단, 전면 늪			
외산리오산수문	5~10	구릉말단, 전면 늪			
외산리 외산교 부근	5~15	구릉말단, 전면 늪			
설창리 · 신용리	65~123	구릉사면			
하천리 · 신촌리		구릉사면			
창원동중 신축부지	17.5~18.7	소선상지, 전면 늪	고분토기	굴, 백합, 고둥, 담수패	삼국
신방 택지개발지구	5~10	소선상지, 전면 늪	고분토기	굴, 백합, 담수패	삼국
시산리	2.5~5.0	구릉말단, 전면 늪	융기문토기 등	굴, 재첩, 고둥 등	신석기~삼국

비봉리 유적의 조사를 계기로 이 유적 인근의 낙동강안의 '고대산만'의 패총 유적을 조사한 결과는 위의 표와 같다. 발굴 조사된 시산리 유적을 포함하여 합산패총이 신석기시대의 것이 분명하다. 나머지 유적은 대부분 청동기시대나 삼국시대의 패총으로 보이지만, 각 유적마다 굴이나 백합 등의 패류가 확인되고 있어 비봉리와 같이 이 유적의 하층에도 충분히 신석기시대의 유구나 패총이 존재할 가능성이 높다고 판단되며, 각 유적의 입지를 고려할 때 이 자료들도 '고대산만'에 유입된 바닷물과 관계되는 현상으로 추정할 수 있다.[10]

합산 패총 전경(S→N)   합산 패총 출토 유물   합산 패총 패각 노출상태

〈사진 11〉 고대산만의 패총(합산)

---

[10] 任鶴鐘, 앞의 글, 2007 ; 任鶴鐘 · 李政根 · 金良美, 앞의 글, 2008 ; 任鶴鐘 · 李政根, 앞의 글, 2010, 5~34쪽.

2) 지형학적 자료[11]

가. 낙동강 하류부 최종빙기 최성기의 추정 하천 종단면

청도천을 비롯하여 낙동강 하류부에서 본류로 유입하는 지류의 하류부 충적평야는 제4기 기후변화와 함께 나타난 해수면 변동의 영향으로 형성되었다. 충적평야는 지역에 따라서 의미에 차이가 있으나, 협의로는 중부 유럽과 일본에서 사용하는 것과 같이 최종빙기 최성기 이후 빙기에 형성된 침식곡을 매적하는 형태로 형성된 하천 연변의 퇴적평야를 말한다.

현 낙동강 하류부의 충적평야의 퇴적층 아래에는 최종(Würm) 빙기 저해수준에 대응하여, 기반암이 침식되어 형성된 埋沒谷이 존재하고 있다. 낙동강 삼각주 말단부의 매몰곡의 최심부는 해발고도 약 70m이다. 이 浸蝕谷은 최종빙기 최성기 이후 급격하게 상승한 해면에 의해 海進이 일어나 海水가 내륙 깊숙한 곳까지 전진하면서 하천을 따라 들어와 溺谷되었다. 이때 하천의 하류부로부터 전진하는 해진의 영향으로 상류쪽은 하천의 수위가 상승하였다(〈그림 2〉).

최종빙기 최성기에 있어서 하상의 標高가 현해수면과 일치하는 곳(해발고도 0m)은 후빙기 해수면 상승과 더불어 침식곡이 익곡되는 구간과도 관계가 있으며 충적평야 중에 해수준변동의 직접적인 영향을 받은 범위가 된다. 해발고도 0m되는 지점은 최종빙기 최성기의 하천 하류부 平均縱斷句配로 추정할 수 있으며, 이 결과를 낙동강에 적용하여 낙동강 하류부의 최종빙기 최성기의 하천 종단면을 추정한 것이 〈그림 3〉과 같다. 이에 의하면 당시의 하상의 표고가 현 해면과 일치하는 곳은 현 하구에서 약 160km 떨어져 있었다. 다시 말하면 당시의 해면이 현 해면과 같은 수준으로 본다면, 하구에서 내륙 쪽으로 약 160km 떨어진 부근까지 汀線이 도달한 것으로 추정할 수 있다. 결국 후빙기에는 현 대산평야 일대가 '고대산만'을 이루고 있었다고 할 수 있다.

---

11) 황상일, 앞의 글, 2008에서 재인용.

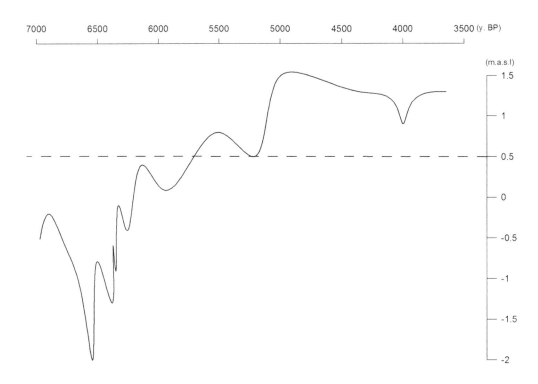

〈그림 2〉 창녕 비봉리 지역의 Holocene 중기 평균 고조위 해수면 변동 곡선

(황상일, 「창녕군 비봉리 신석기시대 유적지 지형 및 규조 분석」, 『飛鳳里』 國立金海博物館 學術調査報告 第6冊, 國立金海博物館·昌寧郡, 2008.8.22)

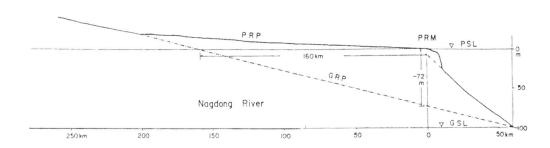

〈그림 3〉 낙동강 하류부 최종빙기 최성기의 추정 하천 종단면

나. 비봉리 지역 퇴적상

창녕 비봉리 유적의 발굴조사 지점의 해발고도는 3.7~3.8m이다. 조사 지점의 서쪽과 북쪽은 해발고도 400m 내외의 산지로 막혀 있으며, 남쪽은 청도천의 충적평야이며, 청도천이 남류하고 있다. 현재보다 약 100년 전인 20세기 초 조선총독부에서 제작한 1:50,000 지형도에 의하면 비봉리와 청도천 사이에는 자연제방이 형성되어 있었으며, 보다 서쪽에는 논이 분포하는데 이것은 배후습지이다.

발굴에서는 여러 곳의 퇴적층에 대한 조사가 이루어졌는데, 이 가운데 Ⅰ·Ⅱ·Ⅲ pit 서벽 종단면 토층(〈그림 1·4〉, 〈사진 2〉)이 가장 유용하며, 비봉리 지역 표준토층으로 볼 수 있다. 퇴적상은 크게 기반암, 기저역층, Holocene 역층, Holocene 충적층으로 나눌 수 있으며 요약하면 다음과 같다.

(1) 기저역층 : 빙기의 한랭한 기후환경에서 기반암이 기계적 풍화작용으로 이동·퇴적
(2) Holocene 역층 : 기저역층 상부, Holocene기의 지속적 퇴적, 34층인 3패층 연결

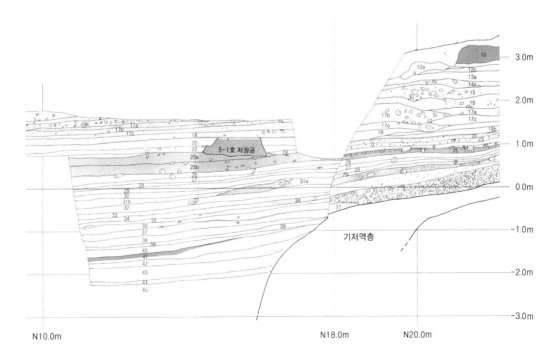

〈그림 4〉 비봉리 Ⅰ-Ⅲpit 서벽토층도

(3) Holocene 충적층

○ 해성층

- 45층~20층, 염수 규조 90% 이상, 5개층의 패층

- 5패층(41층, -2.0~1.0m, 6,550년 B.P.)

- 4패층(39층, -1.3~0.0m, 6,390년 B.P.)

- 3패층(34층, -0.4~0.5m, 6,270년 B.P.)

- 2패층(31층, -0.1~1.0m, 5,970년 B.P.)

- 1패층(25층, 0.1~1.4m, 5,230년 B.P., 생활공간)

- 19~20층(상면 노란색, 노출, 도토리 저장 구덩이 형성층, 4,900~4,350년 B.P.)

○ 육성층 : 19층~11층, 산지 운반 육성 퇴적, 신석기 중기 이후~청동기

　14, 15층에는 소토 유구, 11층과 12층의 무문토기는 운반 재퇴적

○ 배후습지성 퇴적층 : 10층 이후, 거의 100% 담수 규조, 청도천의 범람

결국 이 일대에 빙기의 기저역층과 Holocene 역층이 쌓이고 바닷물에 의한 해성퇴적이 이루어지면서 신석기시대 비봉인들이 바닷물을 근거로 생활하며 남긴 유적이 비봉리 패총 유적이라는 설명이다. 그 후 바닷물이 일부 빠져 나가고 육성 퇴적층이 쌓이고도 신석기인들이 생활하였고, 차차 청도천의 범람에 의해 배후습지가 형성되었다는 결론이다.

다. 비봉리 유적의 규조분석 결과

〈그림 5〉와 〈그림 6〉은 각각 비봉리 유적 1차 발굴조사의 Ⅲpit서벽 S 8.5m 지점과 시굴 trench에서 얻은 시료로 퇴적층에 포함된 규조를 분석한 결과이다. 2차 조사의 여러 층에서도 규조분석이 이루어졌으며 모두 22속 45종의 규조가 확인되었다. 주지하다시피 규조는 黃色藻植物門(Chromophyta)에 속하는 단세포 식물로서 규산질(SiO_2)의 단단한 피각(돌말껍질, flustule)으로 구성되어 있고, 편모가 없는 영양체 세포이다. 규조는 valve 표면의 형태가 종마다 다르기 때문에 종 수준까지 동정이 가능하다. 염수와 담수에서의 서식종이 다르므로 규소분석을 통해 퇴적물의 해수 성향을 판별할 수 있음은 물

론이다. 각 층마다의 규조 분석 상황과 가 층의 연대치는 발굴조사 보고서에 잘 기재되어 있으므로 생략한다.

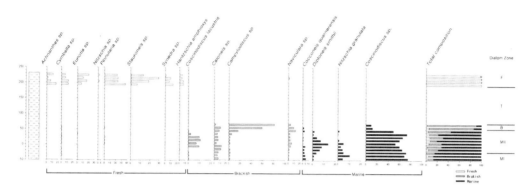

〈그림 5〉 비봉리 Ⅲpit 서벽 S 8.5m 지점 규조분석 결과

(황상일,「창녕군 비봉리 신석기시대 유적지 지형 및 규조 분석」,『飛鳳里』國立金海博物館 學術調査報告 第6册, 國立金海博物館·昌寧郡, 2008.8.22)

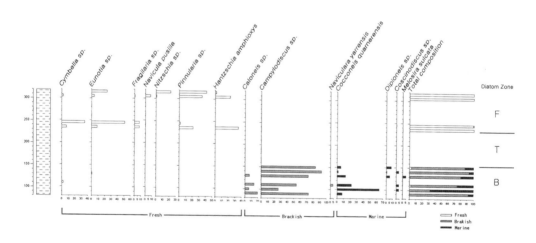

〈그림 6〉 비봉리 시굴트렌치 규조분석 결과

(황상일,「창녕군 비봉리 신석기시대 유적지 지형 및 규조 분석」,『飛鳳里』國立金海博物館 學術調査報告 第6册, 國立金海博物館·昌寧郡, 2008.8.22)

3. 청동기시대 '古金海灣'의 해수면변동

전 항에서 살펴 본 신석기시대 '고대산만'의 해수면변동에 근거하면 그보다 하류부인 '고김해만'은 당연히 바닷물의 영향을 더 받았음이 분명하다. 이 항에서는 '고김해만'의 청동기시대 지형은 어떠하였는지를 검토하여 본다.

1) 지형학적 자료

낙동강 하구의 삼각주 퇴적층 하부에는 플라이스토세 후기에서 홀로세의 해수면 변동으로 형성된 해성 퇴적층이 발달하고 있음이 밝혀졌으며,[12] 이 해양환경을 고고학에서는 '고김해만'이라고 부른다.[13] 최근 이 지역의 고환경 분석 자료가 있어 주목된다. '김해 가야 왕궁지 및 봉황토성 확인조사'[14] 자료와 김해 봉황동 토성지의 발굴 과정에서 이루어진 고환경 분석[15] 자료이다. 요약하면 다음과 같다.

〈그림 7〉은 '김해 가야 왕궁지 및 봉황토성 확인조사'의 지질 및 지형에 대한 문화층 조사의 결과이다.[16] 조사 지점은 현재 지표의 해발고도가 3.0~10.0m인 봉황대 동쪽 말단 부에 해당한다. 이 결과에 의하면, 홀로세 하성 및 해성퇴적층은 해발 0m 이상, 삼국시대 문화층은 1.0m 이상에서 보통 해발 5.5m 근처부터 형성되어 있음을 알 수 있다.

한편, 봉황동 토성지는 통일신라시대에 초축된 것으로 밝혀졌다.[17] 조사 구역의 퇴적 단면과 시추코어에 대한 여러 지질학적 분석 결과를 종합하여 제4기 퇴적층의 퇴적환경을 하천환경, 조간대 수로, 하부 조간대, 상부 조간대, 문화층(통일신라시대~현대)의 5 단위로 설정하고 해수면 변동과 관련된 고환경 변화상을 최종 복원하고 있다. 이 중 토

---

12) 곽종철, 「낙동강 하구역에 있어서 선사~고대의 어로활동 – 어패류를 중심으로 본 측면」, 『가야문화』 3, 1991 ; 오건환, 「낙동강 삼각주 북부의 고환경」, 『한국제4기학회지』 8, 1994 ; 류춘길, 「낙동강 하구 일원에 분포하는 홀로세 해성 점토질 퇴적층의 토목지질학적 특성」, 부산대학교 박사학위논문, 2003.

13) 곽종철, 위의 글.

14) 한국고환경연구센터, 「김해 가야 왕궁지 및 봉황토성 확인조사」, 김해시, 2009.

15) 한국고환경연구센터, 「김해 봉황동 주택신축부지내 유적의 고환경 분석」, 『金海 鳳凰洞 土城址 – 김해 봉황동 주택신축부지내(220-16) 유적 – 』, (財)東西文物研究院, 2010.

16) 한국고환경연구센터, 앞의 자료, 2009.

17) 이준선, 『金海 鳳凰洞 土城址 – 김해 봉황동 주택신축부지내(220-16) 유적 – 』, (財)東西文物研究院, 2010.

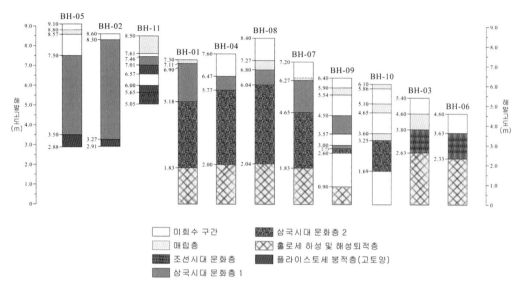

〈그림 7〉 김해 봉황대 주변(동쪽)의 boring 결과(문화층)

성지 바로 아래의 퇴적층인 상부 조간대가 이 글에서 살펴보고자 하는 연대와 부합한다. 즉, 상부 조간대는 하부에서 상부로 갈수록 염도가 증가하는 경향을 보이다가 다시 줄어들며, 약 1g/ℓ 미만에서 2.1g/ℓ 사이의 값을 가진다. 염도의 값으로 대비해보면 이 퇴적단위에서는 해수의 영향을 받은 조간대 환경에서 퇴적된 것으로 해석할 수 있으며, 해침이 있다가 해퇴가 진행되는 환경으로 전이된 것으로 추정된다고 한다. 그리고 해수면이 안정 되고 낙동강 삼각주의 발달과 함께 많은 퇴적물의 공급에 의하여 해안선의 후퇴 작용이 일어나고 지표면에 노출되었을 것으로 해석된다고 하였다. 또한 퇴적 단면 하부 -22.5㎝에서 채취한 탄화 식물편(GM AMS-2)에서의 퇴적 연대는 B.C. 2,350의 보정 연대가 나왔다.[18] 이 연대는 보통 신석기시대 후·만기에 해당되는 것으로, 신석기시대 이후 청동기시대로 가면서는 일반적으로 해퇴하는 점을 감안하면 청동기시대의 유적은 이 해발고도보다 더 아래에 까지 분포할 가능성이 높다고 하겠다. 그러나 해퇴를 하여도 육성화되기까지의 시간과 염분이 제거되는 시간을 감안하면 '고김해만'에서의 청동기시대 생활면은 결국 현 해발고도 0m보다 더 내려가기는 어려울 것으로 판단된다.

따라서 지형학적인 자료로 추정하면 '고김해만'의 청동기시대 유적도 모두 해발 0m~10.0m

---

[18] 한국고환경연구센터, 앞의 자료, 2010.

수준을 더 내려갈 수는 없을 것으로 판단된다. 참고로 경남 동부 지역의 청동기시대 유적 분포를 보면 〈그림 8〉과 같다.

〈그림 8〉 경남 동부의 청동기시대 유적
(경남발전연구원, 『경남의 청동기시대』 발췌 후 재작성, 2010)

2) '고김해만'의 고인돌 분포

전 항의 지형학적인 사항을 고려하여 해발 10.0m 수준에서 '고김해만'의 해안선을 복원하여 본 것이 〈그림 9〉이다. 표시된 유적은 '고김해만'에서 비교적 낮은 해발고도에 위치하는 지석묘를 표시한 것이다. 대부분 추정한 해수면의 정선을 벗어나지 않음을 알 수 있다. 이 중 가장 내륙에 위치하는 구산동 지석묘 상석 하면의 해발고도는 10.5m이다.

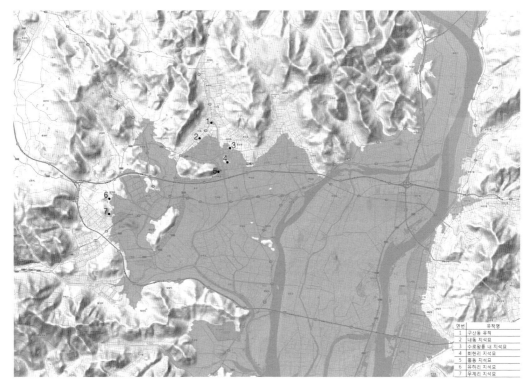

〈그림 9〉 청동기시대 '고김해만' 추정 정선(해발 10.0m)

4. 검토

1) 신석기시대의 '고대산만'과 '고김해만'

〈표 1〉의 비봉리 인근 지역에서 확인된 패총 유적을 '고대산만'의 추정 해안과 해발고도에 따라 분류하면 다음과 같이 정리할 수 있다.

가. 北岸 : 금포리 흰산·모래들, 양동리 흰산·양동리, 귀명리, 수산리 동촌, 외산리, 큰검세 Ⅰ·Ⅱ, 죽곡, 큰검세, 중세천, 외산리 일대 패총유적(오산 마을 북서쪽, 오산 수문 부근, 외산교 부근)은 대부분 청동기시대의 것으로 판단되나, 비봉리의 예를 참고하면 아래층에 신석기층이 유존할 가능성이 크다.

나. 南岸 : 현재까지 확인된 유적으로는 발굴조사된 김해시 한림면 시산리 패총이 확실한 신석기시대의 유적이다.

다. 西岸 : 다호리 일대에 유적이 분포 가능성이 크며, 실제 합산 패총과 같이 섬으로 추정되는 신석기시대 패총도 있다.

라. 각 유적의 입지상 특징

   (1) 해발 5m 이하 : 금포리 모래들, 용산, 합산, 외산리 일대 패총유적(오산 마을 북서쪽, 오산 수문 부근, 외산교 부근), 시산리

   (2) 해발 5~10m : 금포리 흰산, 양동리, 귀명리, 수산리 동촌, 큰검세Ⅰ·Ⅱ, 죽곡, 큰검세, 중세천, 외산리 일대 패총유적(오산 마을 북서쪽, 오산 수문 부근, 외산교 부근)

   (3) 해발 20m 근처 : 삼국시대 패총인 창원동중학교 신축지와 신방도시개발사업지구

   (4) 해발 50m 이상 : 김해시 진영읍 설창리·신용리 일대와 창원시 북면의 하천리·신촌리 일대의 추정 패총지

마. 小結

   (1) 융기문토기가 출토한 시산리와 櫛文土器가 채집된 합산패총의 해발고가 낮은 것은 신석기시대의 패총 입지에서 시사점이 크다고 판단된다.

   (2) 해발 10m 주위에 입지하는 패총에서는 대부분 무문토기가 채집되며, 삼국시대의 패총은 해발 20m가량에 입지한다. 창원 동중학교 신축부지와 신방도시개발사업지구의 삼국시대 두 패총은 '古金海灣'의 金海 府院洞貝塚, 會峴里貝塚을 비롯한 삼국시대의 제패총유적과 같이 해발 20m 근처에 입지하고 있으며 高地性集落의 同類로 보여 주목된다.

   (3) 유적은 대부분 구릉의 말단부나 소구릉의 頂部, 혹은 谷間의 작은 扇狀地에 입지하는 공통된 특징을 보인다. 유적의 前面에는 현재에도 어김없이 습지나 늪이 존재한다. '대산습지'와의 接點이라는 점이 중요하다.

   (4) 결과적으로 지형학적 자료와 고고학적 자료를 종합하여 '고대산만'과 '고김해만'의 신석기시대 해안선을 추정하면 〈그림 10〉과 같고, 상기 유적의 위치는 모두 이 추정 정선과 부합하는 것으로 볼 수 있나.

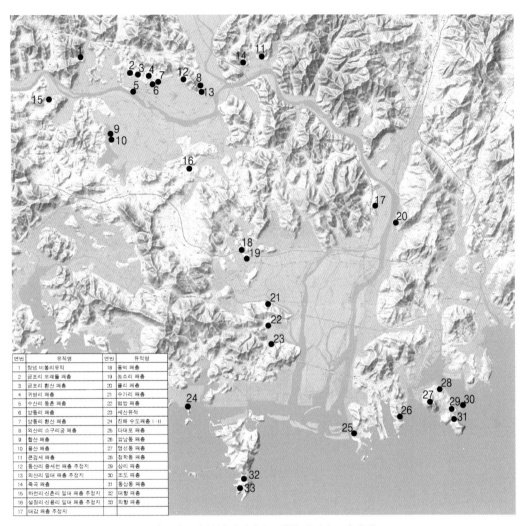

연번	유적명	연번	유적명
1	창녕 비봉리유적	18	용덕 패총
2	금포리 모래들 패총	19	농소리 패총
3	금포리 환산 패총	20	율리 패총
4	귀명리 패총	21	수가리 패총
5	수산리 동촌 패총	22	범방 패총
6	양동리 패총	23	세산유적
7	양동리 환산 패총	24	진해 수도패총 I·II
8	외산리 소구리굴 패총	25	다대포 패총
9	합산 패총	26	낫남동 패총
10	용산 패총	27	영선동 패총
11	큰검세 패총	28	청학동 패총
12	동산리 중세천 패총 추정지	29	심리 패총
13	외산리 일대 패총 추정지	30	조도 패총
14	죽곡 패총	31	동삼동 패총
15	하천리-신촌리 일대 패총 추정지	32	대항 패총
16	설창리-신용리 일대 패총 추정지	33	외항 패총
17	대감 패총 추정지		

〈그림 10〉신석기시대 '고대산만'과 '고김해만'

2) 청동기시대의 '고김해만'

김해 봉황동 토성지의 발굴 김해시에 제출된 '김해 가야 왕궁지 및 봉황토성 확인조사'에서 이루어진 고환경 분석과 '고김해만'의 고인돌 분포 등의 자료를 검토한 결과, 신석기시대보다 해퇴현상을 추정할 수 있다. 그러나 비봉리 발굴과 지형 분석에서 얻은 '고비봉만의 석호'(〈그림 11〉)에서 알 수 있듯이[19] 청동기시대의 '고김해만'도 상당 부분

---

19) 황상일, 앞의 글, 2012.

해수의 영향을 받은 것으로 추정된다. 해수 영향의 최대 정선은 10m를 넘지 못할 것으로 추정하였다.

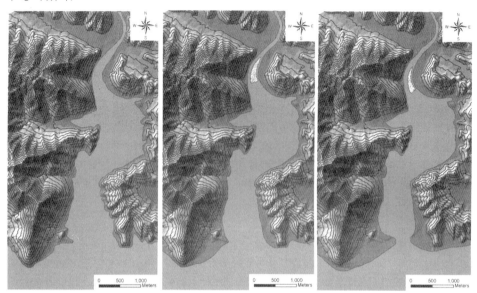

6,800년 BP 경 고비봉만
(Paleo-Bibong Bay)의 지형 경관

6,100년 BP 경의 고비봉만 지형 경관

5,000년 BP 경 고비봉만 지형 경관

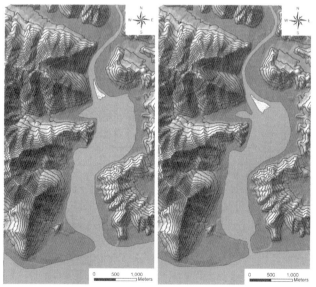

신석기 시대 말기 3,500년 BP 경
고비봉만의 지형 경관

청동기 시대인 2,500년 BP 경의
고비봉 석호(Paleo-Bibong Lagoon)의
지형 경관

〈그림 11〉'고비봉만' 지형 변화(신석기~청동기)(황상일 2008)

(황상일, 「창녕군 비봉리 신석기시대 유적지 지형 및 규조 분석」, 『飛鳳里』 國立金海博物館 學術調査報告 第6冊, 國立金海博物館・昌寧郡, 2008.8.22)

5. 결론

전체를 요약하여 결론으로 삼고자 한다.

1) Holocene 해진극상기(신석기시대)에는 慶尙北道 高靈의 낙동교 부근까지 바닷물이 도달하였으며, 낙동강의 지류인 黃江에서도 바닷물은 玉田遺蹟과 陜川 사이의 어느 지점까지 도달하였을 것으로 추정된다.

2) 청도천과 밀양강이 낙동강에 합류하는 현 창원시 대산평야와 삼랑진 일대의 '대산습지'는 Holocene 해진극상기에는 바닷물이 들어왔고, 이 지역을 '古大山灣'이라 할 수 있다. 이는 결국 龜臺遺蹟과 細竹貝塚을 接點으로 하는 '古蔚山灣', '古屈火灣'에 대한 인식, 동해안의 '潟湖文化의 提唱'[20]과 그 궤를 같이 하며, 內興洞遺蹟을 接點으로 하는 '古群山灣', 水佳里貝塚과 農所貝塚을 접점으로 하는 '고김해만' 등과 같은 맥락이라고 볼 수 있다.

3) 신석기시대보다는 해퇴한 청동기시대의 고환경을 감안하더라도 '고비봉만의 석호'와 '고김해만'의 존재는 분명하며, 古南里貝塚으로 한정지어진 무문토기인의 패총 형성의 인식을 내륙 수계에까지 확대할 필요가 있다.

4) 창원 동중학교 신축부지·신방리 유적 등 삼국시대 패총에서 출토한 해서어패류의 존재는 삼국시대까지 '고대산만'의 존재를 추정할 수 있게 하나, 深海에서 포획되는 강치 뼈의 존재, 미화석 분석의 결과 해수환경에 주로 서식하는 유공충 화석이 전혀 검출되지 않는 점, 硅藻化石이 담수종으로 구성된 것 등에서 삼국시대에는 담수환경이었던 것으로 추정된다. 그러나 '고김해만'의 경우에는 삼국시대는 물론 조선시대까지도 염수의 영향을 받은 것으로 추정하고 있다.[21](〈그림 12〉)

5) 향후 내륙 수계의 패총조사와 저습지 조사에서 규조분석, 미화석 분석 등의 고환경 연구를 위한 과학적 제분석과 지형학적 연구의 필요성이 대두된다.

---

20) 崔鍾圭, 「潟湖文化의 提唱」, 『古代研究』 第3輯, 古代研究會, 1992.9, 15~25쪽.

21) 김정윤, 앞의 논문, 2008.

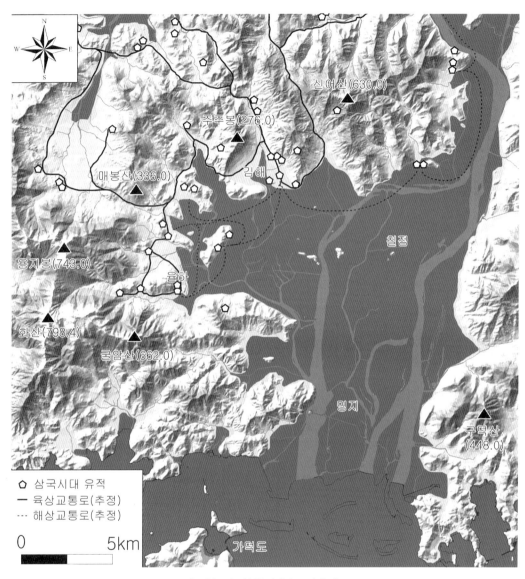

〈그림 12〉 삼국시대 '고김해만'

(김정윤, 「고김해만 북서부 Holocene 후기 환경변화와 지형발달」, 경북대학교 지리학석사학위논문, 2008)

참 고 문 헌

경성대학교박물관, 『가야문화권유적 정밀조사보고서』, 1989.

곽종철, 「낙동강 하구역에 있어서 선사~고대의 어로활동－어패류를 중심으로 본 측면」, 『가야문화』 3, 1991.

국립김해박물관, 「조사연구」, 『2005 연보』, 2006.6.

國立文化財研究所, 『韓國考古學專門事典 －新石器時代篇－』, 2012.

金龍基, 「農所里貝塚 發掘調查報告」, 『釜山大學校 論文集』 第六輯, 1965.

김문철·권주영·정은미·안준형, 『4대강(낙동강)살리기 사업구간 내 金海 匙山里遺蹟』 學術調查 研究叢書 第99輯, 부산지방국토관리청·慶南文化財研究院, 2012.

金子浩昌, 「昌寧 飛鳳里遺跡出土 動物遺體」, 『飛鳳里』 國立金海博物館 學術調查報告 第6冊, 國立 金海博物館·昌寧郡, 2008.8.22.

김정윤, 「고김해만 북서부 Holocene 후기 환경변화와 지형발달」, 경북대학교 지리학석사학위논문, 2008.

東亞大學校博物館, 『金海府院洞遺蹟』 古蹟調查報告 第五冊, 1981.

(財)東西文化財研究院, 「창원 신방도시개발사업지구내 유적 발굴조사 지도위원회 자료집」, 2006.12.

(재)동아시아문화재연구원, 「창원 동중학교 신축부지내 유적발굴조사 현장설명회」, 2006.4.25.

류춘길, 「낙동강 하구 일원에 분포하는 홀로세 해성 점토질 퇴적층의 토목지질학적 특성」, 부산대 학교 박사학위논문, 2003.

밀양시·동아대학교박물관, 『문화유적분포지도－밀양시－』, 2001.

釜山大學校 人文大學 考古學科, 『金海 會峴里貝塚』 釜山大學校 人文大學 考古學科 學術叢書 第1 輯, 2002.

오건환, 「낙동강 삼각주 북부의 고환경」, 『한국제4기학회지』 8, 1994.

柳昌善·尹淨賢, 『長項~群山間 鐵道連結事業 區間內 群山 內興洞遺蹟Ⅱ)(Ⅲ地域)』 (財)忠淸文化財 研究院 文化遺蹟 調查報告 第49輯, (財)忠淸文化財研究院, 2006.

윤온식·장용준·김혁중, 『飛鳳里Ⅱ』 國立金海博物館 學術調查報告 第9冊, 國立金海博物館·昌寧 郡, 2012.

이춘선, 『金海 鳳凰洞 土城址 －김해 봉황동 주택신축부지내(220-16) 유적－』, (財)東西文物研究院, 2010.

任鶴鐘, 「洛東江 下·支流域의 貝塚文化에 對한 再認識」, 『大東考古』 創刊號, 재단법인 대동문화재 연구원, 2007.

任鶴鐘 · 李政根, 「신석기시대 도토리저장공에 대한 검토 —창녕 비봉리유적 도토리저장곤을 대상으로—」, 『嶺南考古學』 第52號, 嶺南考古學會, 2010.

任鶴鐘 · 李政根 · 金良美, 『飛鳳里』 國立金海博物館 學術調査報告 第6冊, 國立金海博物館 · 昌寧郡, 2008.8.

鄭澄元 · 林孝澤 · 申敬澈, 『金海水佳里貝塚發掘調査報告書』, 釜山大學校博物館 · 慶尙南道, 1981.

昌原郡 · 昌原大學校博物館, 『昌原郡 文化遺蹟 精密地表調査報告書』, 1994.

崔鍾圭, 「潟湖文化의 提唱」, 『古代研究』 第3輯, 古代研究會, 1992.9.

한국고환경연구센터, 「김해 가야 왕궁지 및 봉황토성 확인조사」, 김해시, 2009.

한국고환경연구센터, 「김해 봉황동 주택신축부지내 유적의 고환경 분석」, 『金海 鳳凰洞 土城址 — 김해 봉황동 주택신축부지내(220-16) 유적—』, (財)東西文物研究院, 2010.

漢陽大學校博物館, 『安眠島古南里貝塚』(1次~8次 發掘調査報告書) 漢陽大學校博物館叢書第十輯 · 十一輯 · 十九輯 · 二十一輯 · 二十六輯 · 三十輯, 1990~1998.

黃相一, 「고대 거창지역의 지정학적 위치와 역할」, 『거창의 역사와 문화』, 거창군 · 경북대 영남문화연구원, 2004.

황상일, 「창녕군 비봉리 신석기시대 유적지 지형 및 규조 분석」, 『飛鳳里』 國立金海博物館 學術調査報告 第6冊, 國立金海博物館 · 昌寧郡, 2008.8.22.

황상일, 「창녕군 비봉리 신석기시대 유적지 2차조사 규조분석」 『飛鳳里 II』—창녕 비봉리양배수장 신축공사 부지내 신석기시대 패총— 國立金海博物館 學術調査報告 第9冊, 國立金海博物館 · 昌寧郡, 2012.

황상일 · 윤순옥, 「蔚山 太和江 中 · 下流部의 Holocene 自然環境과 先史人의 生活 變化」, 『韓國考古學報』 43, 韓國考古學會, 2000.10.

황상일 · 윤순옥, 「울산시 황성동 세죽 해안의 Holocene 중기 환경변화와 인간생활」, 『韓國考古學報』 48, 韓國考古學會, 2002.12.

기록과 문화유산으로 본 낙동강

남재우 | 창원대학교 사학과

1. 서론

강이 경계의 역할을 하기도 하고 국경이 되기도 하지만, 지역과 지역, 사람과 사람을 이어주는 소통로이기도 했으며, 농경을 기반으로 인간들의 삶을 가능하게 했던 현장이었다. 강을 오르내리며 사람들이 서로 왕래하고, 물건들이 오가게 했다. 그리하여 뭇 좋은 강가에 마을이 조성되고, 시장이 들어섰다. 강을 통해 생산, 소비, 교류, 소통이 이루어졌기 때문에 강을 인류문명의 발상지라고 부른다.

낙동강도 다르지 않다. 낙동강과 그 주변은 선사시대부터 사람들이 살아왔던 삶의 흔적을 잘 보여주고 있다. 창녕 비봉리유적은 신석기시대 낙동강과 함께 살았던 삶의 모습이다. 삼국과 함께 발전해왔던 가야는 낙동강 주변에서 낙동강과 함께 하며 성정했던 정치집단이었다. 가야의 여러 나라들은 낙동강, 낙동강 지류 가까이에서 강을 통해 소통했던 정치집단들이었다. 그리고 낙동강은 가야와 신라의 국경으로서의 역할도 했다. 신라는 낙동강을 건너 가야로 진출하려 했고, 가야는 낙동강을 방패로 삼아 신라의 침략을 저지했다. 그 이후 낙동강은 조운로로 활용되기도 했다. 조선시대에는 조운로뿐만 아니라, 왜구의 내륙침입로, 일본의 사신왕래길, 혹은 무역로 역할을 하였다.

낙동강은 산에서 발원하여 산을 따라 내려가 남해로 이른다. 낙동강은 강원도 태백산에서 발원하여 경북의 중앙부를 관통하여 남쪽으로 내려오다, 창녕군 덕곡면 부근에서 고령에서 내려오는 회천과 합류하여 경남으로 들어온다. 경북과 경남의 경계를 지난 낙동강은 덕유산에서 발원하여 동쪽으로 흐르는 황강과 합천군 청덕면 적포에서 합친다. 그러다 창녕 남지에서 지리산에서 발원한 남강과 만난다. 그리고 삼랑진 부근에서 밀양강과 만나고 양산과 김해사이의 물금을 지나 양산천과 합쳐지고 마침내 낙동강은 바다와 만나게 된다.

낙동강은 경남지역 사람들의 삶의 경험이 켜켜이 쌓여있는 역사의 현장이다.

> 산수를 살펴보면 바람과 공기가 모이고 흩어짐을 알게 되는 것이니, 산의 형세가 빙 둘러싸고 있다면 물이 어찌 흩어져 흐를 수 있겠는가? 우리나라 산맥은 백두산으로부터 서쪽으로 뻗어나가다가 남쪽으로 뻗어나가 지리산에 이르러 전라 경상 두 도의 경계선이 되었다. 물은 濟池에서 남쪽으로 흘러 낙동강이 되었는데, 동해 가까이로 산이 있어 바다를 막아 주었고, 지리산의 지맥이 또 동쪽으로 달려 나가서 여러 냇물이 낱낱이 합류되어 김해와 동래 사이에 이르러 바다로 들어갔다. 그러므로 교화가 이루어져 기질과 습성이 모여졌고 흩어지지 않았으니, 옛날 풍속이 아직도 남아있고 명현을 배출하여 우리나라 인재의 부고가 되었다.[1]

지금도 낙동강은 경남사람들과 함께 하고 있음을 '경남도민의 노래'는 잘 보여주고 있다.

> 여기 가야의 옛터 역사를 자랑하는 곳
> 지리산 정기를 받아 혈관 속엔 정의의 기백
> 낙동강 흐름을 따라 문화의 전통 몸에 배었네
> 넘실넘실 남해의 파도 우리의 겨레 겨레의 기질

---

1) 李瀷, 『星湖僿說』 第2卷 天地門 兩南水勢條

2. '洛東江', 그 이름의 유래

낙동강을 지칭하는 것은 黃山江, 黃山河, 潢水, 洛東江, 岐音江이다. 낙동강이라 부르게 된 유래는 두 가지 설이 있다.

● 지금 삼국사기[羅史]와 고려사의 지리지를 살펴보면 가라, 가야의 이름을 가진 것이 모두 6국이 있다. 김해가 금관가야가 되고, 함안이 아나가야가 되고, 고성이 소가야가 되니, 이것들은 모두 潢水 이남의 군현이다. 황수는 태백산의 潢池에서 발원하여 서남쪽으로 3백여 리를 흐르다 함창현 동쪽에서 꺾어 남쪽으로 3백여 리를 흘러 함안군 북쪽에 이르면 다시 방향을 꺾어 동쪽으로 1백여 리를 흐르고 김해부 동북쪽의 黃山浦口에 이르면 또 방향을 꺾어 남쪽으로 흐르다 김해부 동쪽에서 바다로 들어간다. 이것을 소위 洛東江이라고 하는데, '낙동'이라 하는 것은 가락의 동쪽에 있다는 것이다. 또 함양부 남쪽 지리산의 북쪽에서는 濫水가 나오는데 동쪽으로 흘러 진주성 남쪽에 이르면 방향을 꺾어 동북쪽으로 흐르다 함안군 북쪽에 이르면 황수와 합류한다. 황수와 남수의 남쪽에 있는 것이 가장 남쪽이 김해이고, 그 다음 서쪽으로는 熊川, 昌原, 咸安, 鎭海, 固城, 泗川이 있으며, 가장 서쪽이 昆陽이다. 신라사에서 '浦上八國'라고 하는 것은 대체로 이들을 가리킨다.(『疆域考』 권2, 弁辰別考)
● 潢池는 천연적으로 된 못으로 태백산 상봉 밑에 있으며, 물이 산을 뚫고 흘러나온다. 북쪽에서 남쪽으로 내려와 禮安에 이르고, 동쪽으로 굽어졌다가 다시 서쪽으로 흐르면서 安東 남쪽을 둘러 흐른다. 龍宮과 咸昌 경계에 이르러 비로소 남쪽으로 굽어지며 洛東江이 된다. 낙동이란 것은 尙州 동쪽이란 뜻이고, 강은 金海로 들어간다. 강이 온 도의 한복판을 가로질러서 강 동쪽은 左道라 하고 강 서쪽은 右道라 한다. 두 지맥은 김해에서 크게 합쳐지고, 70개 고을의 물이 하나의 水口로 빠져 나가면서 큰 형국을 만들어 놓았다. 상고적에 지역이 100리 되는 나라가 이 도 안에 매우 많았으나, 신라가 건국하면서 통일되었다.(『擇里志』 八道總論 慶尙道)

정약용은 '洛東'이라는 의미를 駕洛의 동쪽, 즉 김해의 동쪽에 있다는 것에서 유래한 것으로 보았다. 이중환은 '낙동'은 尙州의 동쪽이란 의미로 받아들였다. 상주는 『고려사』 지리지에 의하면 신라 진흥왕 때 上洛郡이었다가 경덕왕 때 尙州가 된 것에 근거하고 있다.[2] 상주, 즉 상락의 동쪽을 흐르는 강이라는 의미이다.

낙동강은 가락의 동쪽이라는 의미보다 상락군의 동쪽이라는 것으로 받아들여야 할 것 같다.[3] 낙동강과 관련된 강이름의 용례로 보아 황산강은 김해의 동쪽을 흐르는 강이고, 황수나 낙동강은 조선시대 이후부터 지금까지 사용되어온 명칭으로 보인다. 조선시대에 이르면 서 낙동강이라 불렀던 것이다. 하지만 조선시대에도 양산, 김해 사이를 흐르는 강을 황산강이라 부르기도 하였다.

岐音江이라는 이름도 있었다. 남강과 낙동강이 합류하는 지점의 낙동강을 기음강이라 했다.[4] 『신증동국여지승람』 영산현 산천조에 있는 岐音江은 "현의 서쪽 28일에 있다. 창녕현 甘勿倉津 하류인데 의령현 鼎岩津과 합쳤으니, 옛날에는 伽倻津이라 일컬었다."라 하였다. 즉 의령의 정암진은 남강에, 창녕의 감물창진은 낙동강에 위치한 나루였으므로 기음강은 두 강이 합류하는 지점으로서 낙동강의 별칭으로 볼 수 있다.

- 南瀆은 黃山河[歃良州]에 있다(『삼국사기』 권 제32 잡지 제1 제사 四瀆條)
- 東以黃山江 西南以滄海 西北以地理山 東北以伽耶山南 而爲國尾(『삼국유사』 권 제2 기이 제2 가락국기)
- 그 나라는 동쪽은 黃山江에 이르고(『世宗實錄지리지』 권 150 지리지 경상도 김해도호부조)
- 潢水는 태백산의 潢池에서 발원하여 서남쪽으로 3백여 리를 흐르다 함창현 동쪽에서 꺾어 남쪽으로 3백여 리를 흘러 함안군 북쪽에 이르면 다시 방향을 꺾어 동쪽으로 1백여 리를 흐르고 김해부 동북쪽의 黃山浦口에 이르면 또 방향을 꺾어 남쪽으로 흐르다 김해부 동쪽에서 바다로 들어간다. 이것을 소위 洛東江이라고 하는데, '낙동'이라 하는 것은 가락의 동쪽에 있다는 것이다.(『疆域考』 권2, 弁辰別考)
- 黃山津은 潢水가 바다로 들어가는 입구로 지금[조선]의 梁山郡 서쪽 10여 리에 있으며, 金官府와는 강을 건너 서로 바라보는 곳이다. 두 나라의 전쟁이 황산진 입구에 있었다면

---

2) "상주목(尙州牧)은 원래 사벌국(沙伐國)으로서 신라 점해왕(沾解王)이 빼앗아서 주(州)로 만들었고 법흥왕은 상주(上州)로 고치고 군주(軍主)를 두었으며 진흥왕은 주를 없애고 상락군(上洛郡)으로 만들었다. 신문왕은 다시 주를 설치하였고 경덕왕은 상주(尙州)로 고쳤으며 혜공왕은 다시 사벌주로 고쳤다."(『고려사』 제57권 제11 지리2 상주목)

3) '낙동'이란 이름은 상주의 동쪽이라는 뜻에서 왔다. 상주의 신라시대 이름은 '上州', '上洛'이다. '上'과 '洛'의 지명은 신라가 6세기 법흥·진흥왕대부터 지금의 낙동강 서쪽과 북쪽으로 영토를 확장하면서, 마치 중국의 洛陽처럼 제2수도의 위상을 부여하는 의미를 지닌다. 『신증동국여지승람』『택리지』 『성호사설』 등의 기록을 종합해 보면 낙동강이란 지명은 上洛의 동쪽을 흐르는 강이라는 의미이다. 지금도 상주에는 낙동면이 있고, 낙동이라는 나루터도 있다.(김덕현, 「경남인을 키워온 낙동강」『경남의 민속문화』, 경상남도·국립민속박물관, 2013)

4) 전덕재, 「삼국시대 황산진과 가야진에 대한 고찰」, 『한국고대사연구』 47, 2007, 51쪽.

[그때의]의 가야는 금관가야이다.(『疆域考』 권2, 弁辰別考)

● 黃山[김해의 강 이름]을 건너 바다를 따라서 지리산을 안고 왼쪽으로 돌아 또 12국이 변한
   이 된다.(『東國通志』 권5 地理志 上)

● 上洛[성종이 정한 명칭이다] 또는 商山[세상에서 전하기를 상주 北面 林下村의 太가 성을
   가진 사람이 반역자를 잡은 공로가 있었으므로 그 촌을 永順縣으로 승격시켰다고 한다]이
   라고도 부르는바 여기에 洛東江이 있고 恭檢이라는 큰 제방이 있으며[명종 25년에 司錄
   崔正份이 옛 터를 따라 이 제방을 쌓았다] 이 주에 소속된 군이 7개, 현이 17개 있으며 관
   할하에 知事府가 2개 있다.(『고려사』 제57권 제11 지리2 상주목)

● 潢水[洛東江이다]가 小白山에서 나와서 서쪽으로 흘러 尙州에 이르고 다시 꺾여서 남으로
   흘러 咸安 북쪽에 이르며 여기서 濫水와 합류하여 가지고 동남으로 흘러 金海 동쪽에 이
   르러서 바다로 들어가는데, 그 사이의 물길이 4백여 리다.(『經世遺表』 제14권 均役事目追
   議 1 鹽稅 嶺南)

● 大川이 3이니, 첫째가 洛東江이다. 그 根源이 셋인데, 하나는 奉化縣 북쪽 太伯山 黃池에
   서 나오고, 하나는 聞慶縣 북쪽 草岾에서 나오고, 하나는 順興 小白山에서 나와서, 물이
   합하여 尙州에 이르러 낙동강이 된다. 善山에서 餘次尼津, 仁同에서 漆津, 星州에서 東安
   津, 加利縣에서 茂溪津이 되고, 草溪에 이르러 陜川의 南江 물과 합하여 甘勿倉津이 되고,
   靈山에 이르러 또 晉州 南江의 물과 합하여 岐音江이 되며, 漆原에서는 亐叱浦가, 昌原에
   서는 主勿淵津이 되어 金海에 이르고, 密陽 凝川을 지나 磊津[海陽江이라고도 한다.]이 되
   고, 梁山에서 伽倻津이 되고, 黃山江이 되어, 남쪽으로 바다에 들어간다. (『세종실록』 권
   제150 지리지 경상도)

● 유성룡이 아뢰기를, "洛東江 상류에 창고를 설치하고 성을 쌓으며 배를 많이 갖추면 방어
   할 수 있으므로 權慄이 三道의 군사를 모아 陣을 벌인다 하니, 좋기는 좋으나, 군량과 設
   險 등의 일은 매우 어렵습니다." 하였다.(『선조실록』 82권, 29년(1596) 병신 11월 26일(무오))

● 경상좌도 수군 도안무 처치사가 계하기를, "일본을 정벌하였을 때에 나포한 일본 배 34척
   을 黃山江에 매어 두고 있는데, 연수가 오래 되어 썩어 버렸사오니, 깨뜨려서 쇠와 못을
   뽑아서 새로 만드는 병선에 사용하게 하소서." 하니, 이를 허락하였다.(『세종실록』 11권,
   3년(1421) 신축 3월 14일(병자))

3. 가야와 신라의 경계, 낙동강

낙동강은 가야와 신라의 경계였다. 黃山河, 黃山江이 그것으로서 낙동강을 지칭하는 옛날 이름이다. 지금의 양산시 院洞에서 낙동강 하구인 부산 을숙도 부근까지의 강이다.[5]

- 탈해이사금 21년(77) 가을 8월에 阿湌 吉門이 가야병과 黃山津의 입구에서 싸워 포로 1천여 명을 얻었다.(『삼국사기』권 제1 신라본기 제1 탈해이사금)
- 파사이사금 8년(87) 가을 7월에 명령을 내리기를, "짐이 덕이 없는 사람으로 이 나라를 소유하고 있다. 서쪽에는 백제가 남쪽에는 加耶가 접해 있는데, 덕으로 그들을 잠잠하게 할 수 없고, 위세로도 그들을 두렵게 만들지 못하고 있다. 마땅히 성채를 수리하여 침략에 대비하라."고 하였다.(『삼국사기』권제1 신라본기 제1 파사이사금)
- 지마이사금 4년(115) 봄 2월에 가야가 남쪽 변경을 침략하였다. 가을 7월에 왕이 친히 가야를 정벌하여, 보병과 기병을 거느리고 黃山河를 건너는데 가야 사람들이 병사를 숲 속에 숨겨두고 기다리고 있었다.(『삼국사기』권제2 신라본기 제2 지마이사금)
- 법흥왕 11년(524) 가을 7월에 왕이 남쪽 국경을 순찰하고 땅을 개척하였다. 가야국왕이 와서 회동하였다.(『삼국사기』권제4 신라본기 제4 법흥왕)
- 법흥왕 19년(532)에 금관국의 主 金仇亥가 왕비 및 세 아들, 즉 장남 奴宗, 차남 武德, 삼남 武力을 데리고 나라의 보물을 갖고서 항복해 왔다.(『삼국사기』권제4 신라본기 제4 법흥왕)
- [南瀆은 黃山河[歃良州에 있다](『삼국사기』권제32 잡지 제1 제사 四瀆條)
- 東以黃山江 西南以滄海 西北以地理山 東北以伽耶山南 而爲國尾(『삼국유사』권 제2 기이 제2 가락국기)
- 新羅와 安羅 양국의 접경에 大江水가 있어 요해의 땅이라고 한다.(『日本書紀』欽明紀 5년(544) 11월조)

위의 기록은 낙동강이 가야(가락국)와 신라의 경계였음을 잘 보여주고 있다. 『삼국사기』초기 기록에 등장하는 黃山河는 김해와 양산사이를 흐르는 강이며, 黃山津은 양산시 물금읍에 위치하는 나루이다. 신라가 황산진, 황산하에서 가야와 전쟁을 벌이고 있

---

[5] 김태식, 『가야연맹사』, 일조각, 1993, 70쪽.

는 것은 이들 지역이 가야와 신라의 경계였음을 말하고 있다. 가야와 신라사이의 전쟁이 어느 시기에 일어났는지에 대해서는 異見들이 있지만[6] 낙동강이 신라와 가야의 경계가 되고 있었던 것은 확실하다.

黃山津은 물금에서 부산시 북구 금곡동 東院사이로 비정되고 있다.[7] 물금면 증산리의 대안인 김해시 대동면 덕산리에는 삼국시대에 축조된 것으로 추정되는 '각성산성'이 위치하고 있는 것으로 보아 물금쪽으로부터 진출하는 신라세력에 대비하기 위한 축성이었을 것으로 추정된다.

낙동강변의 伽耶津도 신라가 가야지역으로 진출하는 통로였다.[8] 가야진터는 양산시 부원동 용당리 지역으로서 낙동강변의 충적지 위에 위치해 있다. 이곳은 현재도 맞은편의 김해시 상동면 여차리와 물길로 왕래하는 용당나루가 개설되어 있다. 이 나루는 김해 쪽에서 북쪽으로 뻗은 龍山(해발 46.8m)의 머리가 낙동강을 치고 들어 자연방파제의 구실을 하고 있어 접안이 용이한 곳이다. 가야진은 『梁山郡邑誌』에 신라가 가야국을 정벌할 때 사용되었던 나루라[9] 하였던 것으로도 신라의 가야지역 진출 통로임을 알 수 있다. 현재 이곳에는 1965년 비석골로 옮겨 세운 伽耶津祠가 위치해 있다.

따라서 법흥왕대 신라의 남쪽 국경[南境]은 黃山河, 즉 낙동강이었으며, 이것은 가야의 동쪽경계가 黃山江이라는 『삼국유사』의 기록과 일치한다. 또한 『일본서기』에 신라와 安羅양국의 접경에 있었다는 '大江水'도 낙동강이라 볼 수 있다.

가야[가락국]와 신라는 낙동강을 경계로 치열하게 싸웠다. 낙동강을 경계로 가야와 신라세력이 대립할 때 신라가 그 수로를 통제 장악한 다음, 그 서안의 가야세력을 압도하

---

[6] 『삼국사기』 신라본기 초기기록의 기년을 보는 시각에 따라 다르다. 초기기록을 믿는 시각에서 황산진전투는 신라가 철산지와 대외교역로의 확보를 위한 전쟁이었다는 입장(이형우·이형기, 「사로국의 낙동강유역 진출 –황산진전투를 중심으로–」, 『교남사학』 7, 1996), 초기기록을 수정하여 3세기 말~4세기 초 낙동강하류의 수로를 장악하기 위한 전쟁이라는 입장(전덕재, 「삼국시대 황산진과 가야진에 대한 고찰」, 『한국고대사연구』 47, 2007), 황산진전투에 기록에 보이는 군대의 규모나 기마전술 등의 상황에 근거하여 5세기 말엽에서 6세기 초엽 사이에 전개된 신라의 가락국 공격기사로 이해하는 입장(선석열, 「삼국시대 낙동강 하구의 황산진」, 『역사와 세계』 41, 2012) 등이 있다.

[7] 창원대학교박물관·양산시, 『양산시 문화유적 정밀지표조사보고서』, 1996, 69쪽. 황산진의 위치에 대해서는 다양한 견해가 있다. 양산시의 낙동강가인 물금, 낙동강하류의 古名, 낙동강 하류의 양산강 어구쪽, 황산역이 위치한 증산성 주변의 낙동강 어귀, 김해시 대동면 덕산리 동쪽에 있는 東院津, 양산시 물금읍 물금리 황산역터 등이다.(전덕재, 2007, 37~38쪽 주7) 참조)

[8] 남재우, 『安羅國史』, 혜안, 2003, 225~226쪽.

[9] "伽耶津 新羅伐伽耶國時 往來之事"(『梁山郡邑誌』 祠廟條)

고 성장하는 데에 커다란 역할을 수행한 나루들이 있었다. 황산진과 가야진이 그것이다. 신라로서는 이곳의 확보를 통하여 가야로 진출할 수 있고, 가락국의 경우 낙동강의 장악은 영남내륙 지역으로의 교통로 확보를 통한 교역루트를 장악하려 했던 것이다. 처음에는 황산강이 가락국에 속했지만, 이후 신라가 차지함으로써 가락국은 쇠퇴의 길을 걸을 수밖에 없었다.

4. 고려와 조선시기의 낙동강

1) 왜구의 침입로 낙동강

고려 말부터 조선 초기에 걸쳐 왜구의 침입이 잦아 그로 인한 피해가 극심했다. 고려와 조선정부는 왜구의 침입을 막기 위한 다양한 정책을 펼칠 수밖에 없었다.

고려말 왜구는 서·남해안 일대의 조운미가 집결되는 漕倉지역이나, 浦口와 漕運船 등을 침략의 대상으로 삼았다. 경남지역의 경우 합포현(마산)과 泗川이 왜구의 피해를 많이 입었다. 그것은 합포의 경우 石頭倉이 있어 울산, 김해, 양산지역의 조세가 집결되는 곳이었으며, 사천에는 通陽倉이 있었기 때문이다.[10]

왜구의 침략 때문에 공민왕은 7년(1358)에 연해지역의 창고를 내륙지역으로 옮겼다.[11] 우왕 2년(1376) 윤9월에는 전라·양광·경상도의 조운이 폐지되고 陸運을 통해 조세수취가 이루어졌다.[12] 육운으로의 변화는 왜구의 침입지역이 점차 내륙으로 바뀌는 계기가 되었다. 경상도지역의 경우 왜구침략이 많았던 지역은 密城郡(밀양, 11회), 金州(김해, 8회), 梁州(양산, 8회), 진주(8회)였다. 이들 지역은 수로와 육로 교통상의 요충지역에 해당하여 많은 피해를 입었던 것이다.[13] 이들 지역 중 진주지역을 제외하고는 낙동강을 이용해 경남과 경북 내륙지역으로 진출하는 길목이었으므로 왜구의 침입이 잦았

---

10) 朴宗基, 「고려 말 왜구와 지방사회」, 『한국중세사연구』 24, 2008, 183쪽.
11) 『고려사』 권39, 공민왕 7년(1358) 4월조.
12) 『고려사』 권133, 열전, 우왕 2년(1376) 윤9월조.
13) 박종기, 앞의 논문, 185쪽.

다. 즉 우왕 1년(1375) 11월 김해의 관아를 불태운 왜구가 다시 대구에서 전투를 벌이고 있는 것은 낙동강이 왜구의 침입로였음을 보여준다. 우왕 3년(1377) 4월 김해부사 朴葳가 황산강 어귀에서 왜구 29명을 목베었다. 조민수 역시 왜적의 배 수십 척이 김해로부터 황산강으로 들어와 밀성을 침범하므로 이를 공격하여 적 수십 명을 죽였다. 양산 역시 낙동강 하류지역에 위치해 있었던 교통로상 요충지였기 때문에 왜구피해가 많았다.

● 박위는 密陽 사람이다. 처음에 于達赤에 배치되었고 신우 때에 김해 부사가 되어 왜군을 黃山江에서 공격하여 29명을 베었는데 그 밖에 강에 투신하여 죽은 자도 많았다. 또 왜적은 선박 50척을 가지고 김해군 南浦에 가서 패쪽을 세워 나중 오는 적들에게 보이기를 "우리들은 바람을 이용하여 황산강을 쉽사리 거슬러 올라가서 바로 密城을 치겠다."라고 하였다. 박위는 이것을 정찰해서 알고 양쪽 강가에 복병시킨 다음 병선 30척으로써 이를 대기하고 있었다. 이때 적은 패쪽을 보자 그중 1척이 강어구에 먼저 들어오니 매복했던 군사들이 일어나고 박위도 급히 가서 막아 공격하였다. 적들은 허둥지둥하면서 자살하기도 하고 물에 투신하기도 하여 거의 다 죽어버렸다.(『고려사』 제116권 열전 29 박위)

● 조민수는 昌寧縣 사람이다.…신우 초엽에 경상도 도순문사로 되었는데 그때 왜적이 金海에 침입하여 제 마음대로 주민들을 학살하고 재물을 약탈하며 관청과 성문을 불살랐다. 이때 조민수가 싸워 패배하였고 또 大丘의 싸움에서도 역시 패배하여 安集 盧處中이 전사하였고 사졸의 사상자도 매우 많았다. 왜적의 배 수십 척이 김해로부터 黃山江에 들어와 密城을 침범하려 하였으므로 조민수가 이를 요격하여 적 수십 명을 죽였다. 이때 신우는 中使를 파견하여 의복과 술과 말을 주었다. 왜적이 또 晉州에 침입하였을 때 조민수가 淸水驛에서 싸워서 적병 13명을 죽이고 목을 베어 바쳤더니 신우가 사람을 보내 술을 주었다.(『고려사』 열전 126권 열전 제39 간신2 조민수)

조선시대에도 왜구의 침입과 약탈은 계속되었다. 이에 왜구의 침입에 대비하기 위한 邑城을 축조하기 시작했다. 고려말 이래 축조된 읍성은 외적의 침입이 빈번한 혹은 예상되는 지역에 주로 축조되는 沿海읍성이었다. 연해읍성이 축조되게 된 것은 고려후기에서 조선전기에 걸쳐 3남지방에 막심한 피해를 끼친 왜구에 대한 대비책이었다. 고려시대 후기에 축조된 29개소의 읍성 중 타도에 설치된 6개소를 제외한 나머지 23개소는 왜구의 가장 가까운 상륙지점인 경상도에 축성되고 있으며, 또한 29개소의 읍성 중 15개소가 우왕대에 축조되고 있어 연해읍성에 대한 중요성이 매우 강조되고 있었음을 알

수 있다.14)

　조선시대 태조에서 태종대까지의 對倭비변책은 산성의 유리함을 내세운 淸野入堡방책이 계속 유지되고 있었다. 이것은 평지 읍성이 수비하기 어렵다는 상황인식 때문이었다. 하지만 연해읍성을 축조하자는 제의가 태종 15년(1415) 문헌상 처음 등장하게 된다.15) 왜구를 해안선에서 막아 피해를 줄이고 백성을 보호하려는 적극적인 방어책이었다. 이후 태종 16년에 泰安邑城이 시축되었고, 이듬해에는 전라도의 長沙邑城이 축조되기 시작하였고, 경상도의 鎭海邑城이 축조되었다.

　본격적으로 연해지역에 읍성이 축조되기 시작한 것은 세종 때부터였다. 세종대에는 1419년의 대마도정벌을 계기로 왜구의 침입에 대비하기 위한 연해읍성의 축조가 시급히 요청되었던 것이다. 즉 세종대에 이르러서 연해지역과 섬지방의 공지화에서 벗어나 연해지역의 개척이 활발히 이루어졌고, 그에 따라 연해지역과 해도에 거주하는 인구가 증가되었다.

　하지만 조선시대의 읍성이 내륙지역에도 축성되었다. 이것은 왜구가 낙동강을 따라 침략하고 있었음을 보여주는 증거이다. 낙동강변에 자리 잡은 영산에 읍성이 축조되고 있는 것은 바로 그 이유이다. 조선시대의 읍성은 대부분 연해읍성으로서 왜구의 방비를 위한 것이었지만, 연해가 아닌 영산 등지에 읍성이 축조된 이유는 성종 8년(1477)에 하삼도의 축성 등을 조정에서 논의하는 과정에서16) 대략 짐작할 수 있다.

　　일찍이 政丞을 지낸 이와 議政府·六曹 및 일찍이 경상도 監司와 節度使를 지낸 이와, 忠勳府堂上 1품에게 명하여 闕庭에 모여 일을 의논하게 하였는데, 그 의논할 일은, ……沿邊의 城堡는 진실로 마땅히 빨리 쌓아야 하고, 內地의 성보 또한 불가불 쌓아야 하며, 또 그중에서 倭人이 경유하는 洛東江 변의 邑城은 더욱 마땅히 급히 쌓아야 할 것.
　　梁山·密陽·晉州·咸安·漆原·靈山·宜寧·彦陽·丹城·永川·大丘·淸道·慶山 등의 고을은 비록 內地라 하더라도 혹은 邊方에 가깝고, 혹은 倭客이 경유하는 길이므로, 城堡가 없는 것은 불가하니, 마땅히 급히 쌓아야 할 것입니다.
　　경상도 沿海의 여러 고을은 [땅이] 비록 작고 좁더라도 모두 城堡가 있는데, 연해에서 1,2

14) 심정보, 『韓國 邑城의 硏究 ―忠南地方을 中心으로―』, 연구문화사, 1995, 48쪽.
15) 전라도 도관찰사 林習이 장흥, 고흥, 광양 등 3읍이 바닷가에 있어 왜구가 배를 대는 곳인데, 이전에 설치한 城子가 무너지거나 기울어졌으므로 修築하자고 건의했다.(『太宗實錄』 卷30, 15年 8月 乙丑條)
16) 『朝鮮王朝實錄』 卷77 成宗 8年 閏2月 11 戊申.

일 路程인 내지의 여러 고을은 염려가 없다고 하여 일찍이 성을 쌓지 않았으니, 이미 失策입니다. 또 金海의 黃山江 위에서부터 尙州의 낙동강에 이르기까지는 倭人이 이 水路를 따라 왕복하는데, 만약 [이들이] 난을 일으키려고 한다면, 비록 1,2일 노정이라 하더라도 배를 타고 오르내리면 진실로 어렵지 않습니다. 沿江의 여러 고을에 성보가 없는 것도 또한 미편하니, 비록 한 달[期月] 만에 다 쌓지는 못하더라도 靈山 이하 여러 고을에 먼저 쌓고, 그 나머지 여러 고을은 밖에서부터 안으로 年限을 작정하여 큰 고을은 그 고을로 하여금 스스로 쌓게 하고, 작은 고을은 이웃 고을과 같이 힘을 합하여 쌓게 함이 실로 편리하고 유익할 것입니다. 또 산성도 또한 수축하지 않을 수 없으니, 간혹 한 城 내에 여러 고을의 곡식이 있으면, [수축할 곳을] 자로 재어 나누어 주어서 힘을 합하여 수축하게 함이 어떻겠습니까?

전교하기를, "……下三道의 沿邊과 內地의 여러 고을은 성을 쌓을 만한 곳을 監司로 하여금 審定하여 啓聞하게 한 뒤에 올 가을부터 쌓기 시작하고, …등의 일은, 당해 관청으로 하여금 의논하여 아뢰게 하라." 하였다.

이러한 논의는 다음과 같이 정리될 수 있다. 연변의 城堡는 진실로 마땅히 빨리 쌓아야 하고, 內地의 성보 또한 불가불 쌓아야 하며, 또 그중에서 倭人이 경유하는 洛東江 변의 邑城은 더욱 마땅히 급히 쌓아야 한다. 따라서 양산·밀양·진주·함안·칠원·영산·의령·언양·단성·영천·대구·청도·경산 등의 고을은 비록 內地라 하더라도 혹은 변방에 가깝고, 혹은 倭客이 경유하는 길이므로, 城堡가 없는 것은 불가하니, 마땅히 급히 쌓아야 한다는 것이었다.

하지만 沿江의 여러 고을에 성보가 없는 것은 미편하지만, 비록 한 달[期月] 만에 다 쌓지는 못하더라도 靈山 이하 여러 고을에 먼저 쌓고, 그 나머지 여러 고을은 밖에서부터 안으로 年限을 작정하여 큰 고을은 그 고을로 하여금 스스로 쌓게 하고, 작은 고을은 이웃 고을과 같이 힘을 합하여 쌓게 함이 실로 편리하고 유익할 것이라 주장하고 있다. 즉 영산 이하의 여러 고을에 성을 먼저 쌓을 것을 강조하고 있다.

강연변에 성 쌓기를 하는 목적은 변방에 가깝고 倭客이 경유하는 길이었기 때문이다. 즉 金海의 黃山江 위에서부터 尙州의 낙동강에 이르기까지 倭人이 이 水路를 따라 왕복하므로 왜가 난을 일으킬 수 있기 때문이다.

낙동강은 일본인들이 왕래하는 교통로이기도 했다. 즉 일본사신의 往還路로 활용되었다. 삼포개항(1426년) 이후인 세종 14년(1432)에 예조에서 일본인의 상경로를 정하였는데, 육로와 수로로 구분되었다. 낙동강수로를 이용하는 방법은 두 가지였다. 하나는

富山浦(釜山浦)에서 출발하여 양산과 창녕, 선산까지 이르렀다가 육로로 충주로 가서 광주를 거쳐 서울로 가는 것이고, 다른 하나는 乃而浦(薺浦)에서 출발하여 김해와 창녕, 선산까지 이르러서 다시 육로로 충주까지 도달하여 광주를 거쳐 서울로 이르는 것이다.[17]

낙동강 수로를 통하여 일본인들이 서울로 가는 거리가 너무 멀어 중간에 객관을 설치했다. 경남지역에 설치된 곳은 창원시 북면 낙동강변이었는데 그 장소는 정확히 알 수 없다.[18] 일본사신이 주로 정박한 나루는 밀양의 守山津이었다.

- 경상좌도 處置使가 아뢰기를, "기해년에 東征한 뒤로부터 倭寇들이 이미 天威에 굴복하여 감히 暴虐을 부리지 못하오나, 승냥이 같은 야심을 품고 잠시 붙어서 신하로 섬기다 잠시 동안에 배반하여 간사한 꾀를 헤아리기 어렵사오니, 예비책을 생각지 않을 수 없습니다. (중략) 신의 어리석은 생각으로는 바다에서 거리가 2, 3일정이 되는 洛東津·宜寧浦 및 뱃길이 서로 통하는 昌寧·靈山·宜寧·草溪 등의 강가에 倭館을 설치하고 烽火를 엄하게 단속하여, 왜선이 오거든 병선을 보내어 맞아 그의 온 뜻을 묻고, 그가 가진 書契를 상고하고 통사를 보내어 고찰하며, 상류로 거슬러 올라와서 왜관에게 접대하게 하되, 만약 그 배가 커서 館에 이를 수 없는 것은 작은 배로 바꾸어 실어 들어오게 하며, 장사하는 왜인과 상시로 거주하는 왜인도 이대로 하여 모두 관 아래에 옮겨 두게 하고 자원하는 대로 장사를 하여 살게 하며, 고기를 잡아 생계를 삼는 자에게는 差使員이 行狀을 주되, 한번 가는 데 2, 3명에 지나지 않게 하며, 작은 배를 타고 바다에 나아가 고기를 잡게 하되 오래 머무르지 못하게 할 것입니다."(『세종실록』 48권 12년 4월 12일 신사조)
- 의정부에서 예조의 정문에 의거하여 아뢰기를, "내이포에 정박했던 왜인들이 서울에 올라 왔다가 되돌아가는 길에는 모두 東萊溫井에서 목욕하는 까닭에, 길을 돌아서 역으로 달리게 됨으로 사람과 말이 모두 곤폐하오니, 금후로는 내이포에 정박한 왜인들은 영산 온정에서 목욕하게 하고, 부산포에 정박한 왜인은 동래 온정에 목욕하도록 하여 길을 돌아가는 폐단이 없게 하소서." 하니, 그대로 따랐다.(『세종실록』 80권 20년 3월 1일 을유조)
- 同知中樞院事 李思儉이 備邊策을 올리기를, "1. 倭人들은 잠깐 臣服하다가 바로 배반한다 하는데, 우리의 해변에 섞여 살면서 우리의 허실을 엿보니 진실로 염려됩니다. 이제부터

17) 全德在, 「조선시대 영남지역 포구와 나루의 변천 −낙동강유역의 포구와 나루를 중심으로−」, 『島嶼文化』 28, 2006, 454쪽.
18) 『新增東國輿地勝覽』 昌原都護府 山川條에, "主勿淵津은 부 북쪽 40리 지점에 있으며, 칠원현 買浦하류인데, 언덕 위에 작은 公館을 개설하여 배타고 왕래하는 외국시신을 접대한다."라고 하였다.

는 密陽·靈山 두 고을 중에서 마땅한 곳을 골라 客館을 옮겨 지어 장사치 왜인을 접대하면, 客倭는 토산물을 진상함에 있어 輸運하는 폐단을 줄게 되고, 장사치 왜인의 판매도 또한 편리할 것입니다. (중략)하니, 병조에 내렸다."(『세종실록』 86권 21년(1439) 9월 2일 정미조)

- 日本國 藤熙久의 使者 吾羅三甫羅가 병으로 靈山 溫井에서 죽으니, 경상도 관찰사가 예에 의하여 致祭하고, 또 棺을 갖추어 장사지냈다.(『세조실록』 4권 2년 5월 4일 임신조)
- 경상도 靈山縣에 가두었던 倭人 古時羅 등이 감옥을 뛰어넘어 도망갔다.(『중종실록』 16권 7년 5월 8일 신사조)

임진왜란시기 낙동강은 일본의 침입로였으며, 의병이 활동하던 공간이기도 했다. 1592년 4월 14일 부산과 동래성을 함락시킨 일본은 북상을 시작하여 구로다(黑田長政)가 이끄는 2만여 대군이 김해성을 빼앗고 계속 영산, 창녕을 점령한 후 4월 27일에 星州에 이르렀다. 이때 의령과 창녕의 경계지역인 낙동강의 정암진을 중심으로 郭再祐가 의병을 일으켜 포진하고 낙동강을 오르내리는 일본군을 쳐부수어 일본군의 군수물자 수송을 저지하였다.

- 備忘記로 政院에 전교하였다. "적이 洛東江을 거쳐 양식을 날라서 忠州에 도달할 염려가 없지 않다. 낙동강은 水戰하기에 합당한 곳이니 그렇다면 혹 장수를 정하고 복병을 두어 요격하는 등의 일을 각별히 더 조치하도록 미리 호령해야 할지도 모르겠다. 전에 들으니, 적이 松嶽山 위에 大鎭을 설치하여 중국군과 겨루었다고 하는데, 이 말이 經筵에서 나와서 山城을 만들려 하였으나 시행하지 못했다. 모든 險阨한 곳을 우리가 먼저 차지하여 적이 차지하지 못하도록 해야 할 것이다. 이런 곳에 우선 木柵을 설치하고 양식을 축적하여 지키는 등의 일을 의논하여 처치하는 것이 어떠한가? 비변사에 이르라." 하였다.(『선조실록』 82권, 29년(1596) 병신 11월 21일(계축))
- 경로가 아뢰기를, "적이 종일 목을 매어 두었다가 저녁에 그만 죽었다고 합니다. 적이 또 동래에 당도하자, 宋象賢이 西門 밖에서 패하여 北門으로 들어갔는데, 적이 작은 臺에 올라가서 무수히 포를 쏘아대므로 사람들은 감히 성을 지키지 못하였습니다. 적이 이내 성에 들어왔고 송상현과 高允寬은 모두 죽음을 당하였습니다. 소신이 熊川에 있을 때 적의 동태를 감시하던 자가 와서 '倭船 4백 85척이 黃山江으로 향하여 와서 金海를 함락하였다. 朴晉이 황산강에서 맞아 공격했더라면 적을 막을 수 있었을 텐데 복병을 배설하여 막지 않은 까닭에 鐵丸이 비처럼 쏟아져 성을 지키기 어려운 형세였고 박진도 성문을 나와서

도망갔다.' 하였습니다." 하였다.(『선조실록』 29권, 25년(1592) 임진 8월 7일(갑오))

2) 조운로와 교역로, 낙동강

낙동강은 일찍부터 조세의 운송로로서 기능하였다. 통일신라시대 조운의 경우 경주는 입지조건이 좋지 않았다. 동해연안지역의 경우는 영일만에서 형산강 수계로의 이용이 가능하지만 그 외의 지역은 육로로 진입해야 했다. 즉 신라의 조세운송방식은 水運이나 海運을 이용하여 최대한 경주 가까이 접근한 다음, 교통요지에서 陸運으로 전환하였던 것이다. 특히 9州에서 왕경인 경주로의 조세운송에 육상교통로의 이용이 빈번하여 내륙하천 수운을 적극 활용하였다.

이와 같은 과정에서 남-북으로 흐르는 낙동강은 東-西 횡단의 육상교통로와 교차하는 곳이었다. 즉 낙동강변의 주요 교차지점에 渡河시설이 분포하였다.[19] 당시 도하시설이 분포하는 낙동강의 주요 나루는 가혜진, 매리포, 가야진, 황산진 등이었다.[20]

고려시대부터 국가재정의 안정적인 확보를 위해 전국의 조세를 중앙으로 운반하는 조세운송체계가 마련되었다. 경남지역의 조창은 합포에 설치된 石頭倉이다. 하지만 석두창의 수세구역은 낙동강유역에 위치하지만 낙동강 수운을 적극적으로 이용하지는 않았다. 합포가 낙동강 흐름의 반대인 서남쪽 끝에 위치했기 때문이다. 그래서 석두창으로의 조세운송에는 金州道가 적극 활용되었다. 하지만 수세구역을 횡단하는 낙동강을 건너 금주도의 역도망을 연결하는 것은 낙동강변의 나루였다. 蔑浦, 主勿淵津, 磊津, 伽倻津, 黃山江(津) 등이 그것이다. 즉 낙동강 이북의 밀성군 관내의 조세는 멸포, 주물연진, 뇌진 등의 나루를 지나 마산만으로 남하하는 금주도의 영포역·자여역·금곡역을 통해 석두창으로 운반되었다. 그리고 낙동강유역의 양주(양산)도 가야진·황산진에서 낙동강을 건너 금주도를 이용하여 석두창으로 향하였다.[21]

이로보아 통일신라·고려시대의 낙동강은 조세의 운반에 활용되지 않은 것은 아니지만, 주로 낙동강변의 주요지점을 통하여 渡河되고, 육로를 통하여 조운되는데 그 역할

---

19) 韓禎訓, 「고려시대 교통과 조세운송체계 연구」, 부산대 박사학위논문, 2009, 21~22쪽.
20) 전덕재, 「삼국시대 황산신과 가야진에 대한 고찰」, 『한국고대사연구』 47, 2007.
21) 한정훈, 앞의 논문, 148~149쪽.

을 하였던 것이다.

조선시대에 들어서면 낙동강은 경상도의 漕運수로의 역할이 본격화되었다.

● 고려시대 이래 경상도의 조세를 개경 또는 서울의 京倉으로 수납하는 두 가지 방법이 있는데, 漕運과 陸運이다. 조운은 도내 각 읍의 조세를 낙동강을 따라 김해·창원·사천의 각 倉에 수합한 후, 수합한 후 조세를 남해와 전라도의 해안으로 우회하여 서해안을 따라 올라가서 경창으로 납입하는 방법이다. 육운은 낙동강을 거슬러 올라가 육로로 문경새재를 넘어 충주의 可興倉에 일시 적치했다가 다시 남한강에서 배에 실어 경창에 납부하는 것이다.(『세종실록』 지리지 慶尙道 道總條)

● 忠淸道·全羅道·慶尙道의 都巡察使 朴薑과 副使 具致寬 등이 경상도·전라도·충청도의 여러 鎭과 여러 浦를 두루 조사하고, 당연히 행할 사건을 아뢰어, 하나씩 하나씩 조목조목 나열하였다.…1. 경상도 尙州의 洛東江으로부터 草溪의 沙器所에 이르기까지 그 중간의 여울물이 모두 배가 운행할 만하니, 마땅히 水站을 두어야 할 것입니다. 또 金海의 都要渚는 비록 본디는 船隻이 있었지만, 그러나 薺浦와의 거리가 90리이고 富山浦에 이르기가 70里이므로, 왜인이 가지고 온 물건을 운반하기가 어려우니, 청컨대 梁山 東院津의 동쪽 부근에 水站을 두고, 가까운 고을의 金海·梁山의 公賤으로써 站夫로 정하고, 梁山郡守로 하여금 管察하도록 하소서.(『세조실록』 6권, 3년(1457) 정축 1월 16일(신사))

● "경상도 같은 데서 굽는 소금은 洛東江을 이용해 輸運하여 尙州·善山 등지에 전매하면 그 값이 반드시 소금을 생산하는 지방에서처럼 헐값은 안 될 것이며 갑절 혹은 다섯 갑절은 될 것입니다. 이와 같이 하면 轉運하는 폐단이 없으며 곡식을 무역하여 부족한 軍需를 보충하는 것이 전일의 갑절은 될 것입니다." 하였다.(『성종실록』 184권, 16년(1485) 을사 10월 8일(을유))

낙동강이 조세운반을 위한 수로였음을 잘 보여주고 있다. 조선 초에는 경상도의 조세를 전라·충청도 연안 해로를 따라 서울에 이르게 했다가, 수로가 험악하여 매번 파선하여 침몰되므로 태종 3년(1403)에 漕船을 폐하고 각각 농민들로 하여금 충청도의 충주 慶源倉[22]으로 바로 바치게 하였던 것이다. 즉 낙동강 하류의 각 고을(김해, 창원, 밀양,

---

[22] 조선시대에 지금의 충북 충주시 가금면 가흥리 남한강변에 있었던 조창이다. 세곡을 운반하는 조창인 수참창으로서 세조 11년(1465)에 설치되어 개항 전까지 존속하였다. 지금의 충북 충주시 금천면의 금천강 서안에 있었던 고려시대 德興倉의 후신으로 조선초기에는 경원창이라 불렀다가, 세종 때 덕흥창이라 개칭하였다. 세조 때 창터를 가흥역 근처로 옮기고 가흥창이라 불렀다.(한국학중앙연구원, 『한국민족문화대백과사전』)

양산, 함안, 초계, 창녕, 칠원, 진해, 의령)은 조세를 배에 싣고 尙州에 이르러 육로로 운반하여 慶源倉에 바치게 하였던 것이다.[23]

하지만 광해군 때부터 조세미를 낙동강 수로와 해로를 연결하여 운송하기도 했다. 즉 일단 江船에다 조세를 싣고 낙동강 수로를 통하여 낙동강 하구까지 도달한 다음 거기에서 다시 海船으로 옮겨 싣고 서해를 경유하여 서울에 납부한 것이다.[24] 창녕현의 경우에 마수원진에서 江船에 적재하고 영산의 경계를 경유하여 밀양 三浪津에 이르러서, 海船에다 옮겨 싣고 서해를 경유하여 서울에 납부하였다.[25]

낙동강은 교역로이기도 했다.

● 경상도는 김해 七星浦가 낙동강이 바다로 들어가는 목이 된다. 여기에서 북쪽으로 尙州까지 거슬러 올라갈 수 있고, 서쪽으로는 晉州까지 거슬러 올라갈 수 있는데, 오직 김해가 그 출입구를 관할한다. 경상 온 도의 수구에 위치하여 남북으로 바다와 육지의 이익을 다 차지하고, 공공 기관이나 개인이나 모두 소금을 판매하여 큰 이익을 얻는다.(『擇里志』卜居總論 生利)

● 潢水(洛東江이다)가 小白山에서 나와서 서쪽으로 흘러 尙州에 이르고 다시 꺾여서 남으로 흘러 咸安 북쪽에 이르며 여기서 灆水와 합류하여 가지고 동남으로 흘러 金海 동쪽에 이르러서 바다로 들어가는데, 그 사이의 물길이 4백여 리다. 상주의 여러 고을들은 동으로 寧海, 平海의 바다까지 3~4백 리인데 산길이 매우 험하여 비록 수레로 나르고 져서 나르더라도 東海의 소금을 가져올 수 없기 때문에 황수 좌우 연안의 고을들에서는 다 남방 소금을 먹게 되며 남방 배가 북으로는 상주에 이르고 서로는 丹城에 이르러서 소금이 구름같이 모여들어 산 같이 쌓이니 나라 안에 소금 이득이 영남만한 데가 없다.(『經世遺表』제14권 均役事目追議 1 鹽稅 嶺南)

● 우리나라는 3면이 바다로 싸이고 압록강(淥水)과 청천강(薩水)과 대동강(浿水)과 재령강(瀦水)과 임진강(帶水)과 한강(洌水)과 금강(泗沘水)과 영산강(㶏水)과 섬진강(潺水)과 낙동강(潢水)과 대화강(灆水)이 중간을 가로질러 강과 바다에 떠다니는 대·소 선박을 천이나 만으로 헤아릴 수 있으며 일체 곡식, 어염, 재목, 시탄(柴炭) 등속을 다 배로써 운반한다. 게다

---

23) 『세종실록』지리지, 경상도조.

24) 全德在, 「조선시대 영남지역 포구와 나루의 변천 −낙동강유역의 포구와 나루를 중심으로−」, 『島嶼文化』28, 2006, 463쪽.

25) 『昌寧縣邑誌』田賦. 마수원진은 『신증동국여지승람』 창녕현 산천조와 『여지도서』 창녕현조에 보인다.

가 또 우리나라에는 수레도 없고 말을 기르는 풍습도 없기 때문에 갖가지 일용 잡물을 배가 아니면 등짐으로 나르는 두 가지 방법뿐이다. 배에 대한 수요가 이처럼 전일하고 긴절하다.(『經世遺表』 제14권 均役事目追議 2 摠論)

일본인에게도 낙동강은 중요한 무역로였다.

의정부에서 아뢰기를, "이제 왜인들이 銅·鑞·鐵 등을 많이 가지고 끊임없이 오고 있사온데, 만약 종전 그대로 육로로 이를 수송하게 되면, 郵驛들이 잔폐하게 될 것입니다. 금후에는 모두 선편을 이용하여 洛東江으로 수송하게 하고, 이를 다시 낙동강 인근의 각 고을로 하여금 윤차적으로 金遷까지 轉輸하게 하고 나서, 站船으로 서울로 반입하게 하고, 인하여 왜인들에게 유시하여 결빙기에는 동·납·철의 물건들을 가지고 오지 말게 하옵소서." 하니, 그대로 따랐다.(『세종실록』 82권, 20년(1438) 무오 8월 5일(정사))

<표 1> 낙동강하류의 나루터

현지명 ＼ 출전	新增東國輿地勝覽	輿地圖書	기타
창녕	甘物(勿)倉津 梨旨浦 朴只谷津(朴津) 牛山津 馬首院津	甘勿倉津(玄倉津) 梨旨浦 朴只谷津 牛山津 蔚津 馬首院津	
영산	伽倻津(岐音江) 買浦津(蔑浦) 同步浦 松津	岐音江(伽倻津) 買浦津(蔑浦) 同步浦 雩浦津 松津	臨海淵津(『海東地圖』)
의령	亏叱浦 朴津	亏叱浦 朴津	
함안	道興津	道興津	
칠원	亏叱浦(兮叱浦) 蔑浦(買浦)	亏叱浦 蔑浦(買浦)	
창원	主勿淵津	主勿淵津	
밀양	守山津 龍津 五友津	守山津 龍津 海陽江(磊津)	三浪津(『海東地圖』)

김해	東院津(月唐津) 太山津 磊津	東院津 大山津 磊津	
양산	伽倻津 東院津	伽倻津 東院津	勿禁津(조선후기 지방지도) 黃山津(『三國史記』)
합천			栗旨津

5. 문화유산으로 본 낙동강[26)]

　낙동강 유역의 문화유산을 통해서 한국사의 발전과정에서 낙동강의 기능과 역할을 엿볼 수 있다. 낙동강 유역에는 선사시대부터 사람들이 살아왔던 삶의 흔적이 즐비하다. 신석기시대에 해당하는 창녕 비봉리패총은 낙동강변에 살았던 신석기시대 사람들의 삶의 모습을 보여주는 유적이다.[27)]

　청동기시대 정치세력의 성장을 보여주는 창녕지석묘와 창원 덕천리 유적은 해당지역의 정치집단의 규모를 잘 보여주고 있으며, 이들 집단들이 가야로 발전할 수 있었던 기반이었다. 낙동강은 고대 가야의 발전과 함께 했다. 지금의 경남지역에 속하는 낙동강변에는 가야의 여러 나라들이 위치해 있었다. 非火伽耶[창녕], 阿羅伽耶[함안], 駕洛國[김해]를 비롯하여, 卓順國[창원], 斯二岐國[의령지역?]이 있었으며, 浦上八國 중의 하나인 漆浦國이 칠원지역에 자리 잡고 있었다. 이러한 사실을 보여주는 가야시대의 유적이 낙동강 가까이 분포하고 있다. 유적에 보이는 유물들의 내용을 통해서 볼 때 이들 지역이 낙동강을 통해 교류하고 있었음도 알 수 있다. 창녕의 교동고분군, 계성고분군, 영산고분군, 창원의 다호리고분군, 의령의 중동리고분군 등이 대표적이다. 고려시대 이후로 낙동강은 조운로로 활용되기도 했다. 조선시대에는 조운로뿐만 아니라, 왜구의 내륙침입로, 일본의 사신왕래길, 혹은 무역로 역할을 하였다.

　낙동강유역을 따라 가장 많이 분포하고 있는 것이 관방유적이다. 이것은 낙동강이 이른 시기부터 국경의 역할을 하고 있었음을 알 수 있다. 앞에서 서술한 것처럼 낙동강은 가야와 신라의 국경이었다. 두 나라는 서로의 침입에 대비하기 위하여 낙동강변에 성곽

---

26) 〈표 2〉에 포함된 낙동강변이 문화유산에 대해서는 부록 참조 바람.
27) 국립김해박물관 · 창녕군, 『飛鳳里』, 2008.

을 축조하였다. 삼국시대에 쌓은 것으로 추정되는 산성은 가야와 신라간의 대립과정에서 축조되었을 가능성이 높다.[28] 조선시대에 축조된 영산읍성같은 경우에는 낙동강을 따라 내륙으로 침략해오는 왜구를 막기 위해 쌓은 성이었다.[29]

〈표 2〉 낙동강유역의 지정문화재

지역	문화재명	시대	분류	지역	비고
창녕	창녕신라진흥왕 척경비	신라	국보 제33호	창녕읍 교상리 28-1	
	창녕 화왕산성	삼국	사적 제64호	창녕읍 옥천리 산322	
	창녕 목마산성	조선	사적 제65호	창녕읍 송현리 산5-2	
	창녕비봉리패총	신석기	사적 제486호	부곡면 비봉리 43번지 일원	
	창녕 교동과 송현동고분군	가야	사적 제514호	창녕읍 교동 129 등 209필지	
	창녕지석묘	청동기	경상남도기념물 제2호	장마면 유리 산9	
	계성고분군	가야	경상남도기념물 제3호	계성면 사리	
	영산읍성지	조선	경상남도기념물 제59호	영산면 성내리	
	영산고분군	가야	경상남도기념물 제168호	영산면 동리 374외	
	고곡산성	가야 (추정)	경상남도 문화재자료 제83호	남지읍 고곡리 산193	임진왜란시 곽재우 장군이 왜군을 막기 위해 재축성
	신당산성		경상남도 문화재자료 제84호	계성면 신당리 산5	
	영축산성	삼국~조선	경상남도 문화재자료 제85호	영산면 교리 산1-2	임진왜란전투
	성산산성	조선	경상남도 문화재자료 제86호	이방면 성산리	곽재우장군이 왜군을 무찌른 곳
	창녕 남지철교	근대	등록문화재 제145호	남지읍 남지리961외	
의령	벽화산성지	가야	경상남도 기념물 제64호	의령읍 하리 산113-2 외 2필지	임진왜란 때 곽재우장군이 재축성
	호미산성		경상남도 기념물 제101호	정곡면 죽전리 산51-5 외 1필지	
	의령 중동리고분군	가야	경상남도 기념물 제189호	의령면 중동리 산6	

[28] 전덕재, 「삼국시대 낙동강 수로를 둘러싼 신라와 가야세력」『역사상의 강 물길과 경제문화』,주류성, 2009, 101~111쪽.
조효식, 「유적분포도를 활용한 영남지역 삼국시대 교통로와 방어체계검토」『지역과 역사』26,2010.
[29] 남재우, 「영산의 역사와 영산읍성의 의미」『영산읍성지 종합정비계획』, 창녕군, 2012.

	의령 운곡리고분군	가야	경상남도 기념물 제222호	용덕면 운곡리 산76	
	의령 가마산봉수대	조선	경상남도 기념물 제228호	정곡면 백곡리 산94	
	의령 미타산성		경상남도 기념물 제231호	부림면 묵방리 산136-1	
함안	칠원산성		경상남도 문화재자료 제202호	칠원면 유원리 산58	
창원	창원다호리고분군	가야	사적 제327호	동읍 다호리 237-3	
	창원덕천리유적	청동기	경상남도 문화재자료 제206호	동읍 덕천리 83외	
	주남돌다리		경상남도 문화재자료 제225호	대산면 가술리 590	
밀양	추화산성	삼국	경상남도 기념물 제94호	교동 376-1	
	작원관지	조선	경상남도 문화재자료 제73호	삼랑진읍 검세리	
김해	분산성	가야	사적 제66호	가야로405번안길 210-162 (어방동)	
	김해 예안리고분군	가야	사적 제261호	대동면 예안리 369-6	
	양동산성	가야?	경상남도 기념물 제91호	주촌면 양동 산 39-1,2	
양산	양산신기리산성	신라	사적 제97호	신기동, 호계동, 북정동	
	양산 북부동산성	신라	사적 제98호	북부동, 남부동, 중부동, 다방동	
	가야진용신제		경상남도 무형문화재 제19호	북부동 327-2	
	물금증산리왜성	조선	경상남도 문화재자료 제276호	물금읍 물금리 산38-1	
부산	구포왜성	조선	부산광역시 기념물 제6호	북구 덕천동 산93외 17필지	

〈표 3〉 낙동강변의 성곽

지역	이름	시대	위치		비고
창녕	화왕산성	삼국~조선	창녕읍 옥천리 산322일대		
	목마산성	삼국	창녕읍 송현동 산5-2		
	고곡산성	삼국~조선	남지읍 고곡리 산193		
	구진산성	삼국~조선	남지읍 고곡리 산220		
	신당산성	고려~조선	계성면 신당리 산5		
	영축산성	삼국~조선	영산면 교리 산11-2		
	성산산성	삼국~조선	이방면 성산리 산63-2		
	계성토성	삼국	계성면 계성리 전1080-2, 산1081-6, 1081-9		
	대산성	조선	고암면 간상리 산124번지 일대		
	왕령산성	조선(추정)	성산면 냉천리 산31-1		
	응곡리성지	미상	성산면 정녕리 옹골마을		

	도천리성지	미상	도천면 도천리 산4일대	
	우강성지	미상	도천면 우강리 성담산	
	전기산성	미상	남지읍 고곡리	
	등림산성	미상	이방면 등림리 산93	
	송곡산성	미상	이방면 송곡리	
	동리성지	삼국(추정)	영산면 동리	
	영산읍성지	조선	영산면 성내리 산14일대	
함안	무릉산성	삼국~조선	칠서면 무릉리 산198, 1027, 1025일대	
	용성리산성	삼국~조선	칠서면 용성리 488, 506, 508일대	
	성지봉산성	삼국~조선	칠북면 덕남리 산18, 산14-1, 산13일대	
	검단산성	삼국~조선	칠북면 검단리 산221, 218일대	
	안곡산성	삼국~조선	칠서면 회산리 산332, 산251-2, 대산면 대사리 산89일대	
창원	진례산성	통일신라	토월동 산44-1일대	
	염산성	조선	북면 지개리 산1, 동읍 덕천리 산4, 동읍 회양리 산152일대	
	무성리성지	가야~통일신라	동읍 무성리118, 273, 275일대	
김해	각성산성	삼국	대동면 덕산리 각성산 정상부일대	
	신답(농소)왜성	조선	주촌면 농소리 산25,26	
	마사왜성	조선	생림면 마사리	
밀양	가곡동성지	고려	가곡동	
	낙동성지	미상	삼랑진읍 삼랑리	
양산	신기리산성	삼국	신기동 산20, 북정동 산20, 호계동 산112, 260일원	
	북부동산성	삼국	북부동 산4-2일원	
	물금증산리왜성	조선	물금읍 물금리 산38-1외	
의령	유곡리성지	조선	부림면 유곡리	
	성산리산성	미상	지정면 성산리122일대	
	태부리산성지	조선	지정면 태부리 산4	
부산	구포왜성지	조선	북구 덕천동 산72-1	
	죽도왜성	조선	강서구 죽림동 787일대	

6. 결론

낙동강은 경남지역 역사 발전과정과 밀접한 관련을 가지고 있으며, 발전과정을 보여주는 다양한 문화유산이 자리 잡고 있다.

고대의 낙동강은 가야 여러 나라의 성장기반이었으며, 신라의 침략을 막아내는 교두보 역할을 담당하기도 했다. 낙동강은 가야와 신라의 국경이었던 것이다. 통일신라, 고려시기에는 낙동강이 조세의 운송에 이용되었으며, 왜구의 내륙침략을 위한 교통로가 되기도 하였다.

조선시대도 마찬가지였다. 낙동강을 따라서 조세가 서울로 운송되었으며, 왜구의 침입로, 일본사신의 교통로이기도 하였다. 임란시기에는 일본이 낙동강을 따라 내륙을 침입하였으며, 조선후기에는 낙동강이 주요한 교역로가 되어 생산물이 유통되는 중요한 루트가 되기도 하였다. 이것은 낙동강변의 나루터를 통해 잘 알 수 있다. 현대에 와서는 낙동강은 한국전쟁과정에서 피비린내 나는 격전지가 되기도 하였다.

따라서 한국사의 발전과정과 함께 해온 낙동강의 기능과 역할을 이해함으로써 경남지역의 역사를 이해할 수 있다. 그리고 낙동강 유역에 자리 잡고 있는 문화유산은 낙동강의 역할을 잘 보여주는 물질적 증거이기도 하다. 예부터 낙동강과 함께해 왔던 사람들의 삶의 경험을 바탕으로 오늘의 우리들이 낙동강을 어떻게 보존하고 관리하고 활용할 것인지에 대한 고민이 시작되어야 한다. 경남지역의 역사적 정체성과 낙동강은 무관하지 않기 때문이다.

시기에 따라 강의 역할은 변화하고 변화해 왔다. 앞으로도 그럴 것이다. 지금의 낙동강은 경남지역 사람들의 수자원으로서, 환경생태의 보고로서의 그 역할을 다하고 있다.

참 고 문 헌

김덕현, 「경남인을 키워온 낙동강」, 『경남의 민속문화』, 경상남도 · 국립민속박물관, 2013.

김태식, 『가야연맹사』, 일조각, 1993.

남재우, 『安羅國史』, 혜안, 2003.

남재우, 「영산의 역사와 영산읍성의 의미」, 『영산읍성지 종합정비계획』, 창녕군, 2012.

朴宗基, 「고려 말 왜구와 지방사회」, 『한국중세사연구』 24, 2008.

선석열, 「삼국시대 낙동강 하구의 황산진」, 『역사와 세계』 41, 2012.

심정보, 『韓國 邑城의 研究 −忠南地方을 中心으로−』, 연구문화사, 1995.

全德在, 「조선시대 영남지역 포구와 나루의 변천 −낙동강유역의 포구와 나루를 중심으로−」, 『島
      嶼文化』 28, 2006.

전덕재, 「삼국시대 황산진과 가야진에 대한 고찰」, 『한국고대사연구』 47, 2007.

전덕재, 「삼국시대 낙동강 수로를 둘러싼 신라와 가야세력」, 『역사상의 강 물길과 경제문화』, 주류
      성, 2009.

조효식, 「유적분포도를 활용한 영남지역 삼국시대 교통로와 방어체계검토」, 『지역과 역사』 26,
      2010.

韓禎訓, 「고려시대 교통과 조세운송체계 연구」, 부산대 박사학위논문, 2009.

낙남 합류지역의 임란 직후 시

장성진 | 창원대학교 국문학과

1. 머리말

근대 이전까지 낙동강은 자연지리적 경계는 물론 인문사회적 경계로도 큰 의미를 지녀서, 조선조에는 남류하는 강의 양쪽을 경상좌도와 우도 또는 영남좌도와 우도로 불렀다. 내성천과 합류하기 전, 곧 위천과 분천에서 화천에 이르는 소위 안동권은 뚜렷한 학문과 문학의 영역으로 위상을 차지하였으며,[1] 선산에서 현풍에 이르기까지는 洛中이라는 이름으로 불리기도 한다.[2] 황강과 합류하는 창녕 이남은 흐름이 현저히 느려지고 늪지를 넓게 거느려서 하류로서 성격이 강하면서 동시에 사회문화적으로도 그 위쪽과는 상당히 다르다. 그러나 이러한 구분은 관심 영역에 따른 편의상의 구분에 지나지 않는다.

---

[1] 시가 문학에서는 聾巖 李賢輔가 중심이 되었던 汾江歌壇이 영남가단의 본산이 되었으며, 학문적으로는 퇴계학파의 중심지이다.

[2] 아직 확정적이거나 고정된 이름은 아니지만, 낙동강 중류 지역의 문화를 논의하는 과정에서 이런 명칭이 제시되었다.
정우락, 「朝鮮中期 江岸地域의 文學活動과 그 性格」, 『한국학논집』 제40집, 계명대 한국학연구소, 2010, 203~258쪽 참조 ; 한충희, 「朝鮮初期 洛中 士林派의 形成과 展開」, 『한국학논집』 제40집, 31~60쪽 참조.

　남강과 합해져서 동류하는 남지 이하의 지역은 역사적으로 많은 역할을 남강과 공유하기도 하였는데, 특히 임진왜란을 겪고 극복하는 과정에서 그러하였다. 서진하는 왜군을 저지하는 의병들의 전선이 화왕산을 거점으로 남강과 낙동강 하류를 오르내렸으며, 이를 통해 인적 교류가 더욱 활발해졌다. 이러한 교류를 통하여 지역에 대한 이해와 관심이 깊어졌으며, 전란이 끝난 후에는 피난하였던 사람들이 돌아오면서 다른 지역의 문화를 가져오기도 하고, 자기 지역에 대해 새롭게 인식하기도 하였다. 이것이 학문 분야에도 일정한 영향을 주어, 이전 학문에 대한 연구와 함께 지역 사류를 결속시키려는 활동도 소극적으로나마 이루어졌다.

　임란 직후 피폐해진 이 지역 사류들에게 가장 크게 영향을 미친 인물은 寒岡 鄭逑와 忘憂堂 郭再祐이다. 정구는 이전에 창녕, 함안 등지의 군수를 지내면서 지역의 학문과 교육에 큰 공을 남겼으며, 곽재우는 임란 때 지역 의병들의 구심점이 되었기 때문인데, 이들이 지역 사류를 결속시키는 계기를 제공하였다. 여기에 정계 진출이 좌절되거나 뜻을 접은 사람들이 지역과 문중에서의 역할을 자담하면서 강을 통한 사류의 집회, 누정의 건립과 은거, 저술과 창작 등의 성과를 이루었다. 이들은 자의든 타의든 정치권과 어느 정도 거리를 유지하였으므로 특정 학파의 주장에 경도되지 않고, 복잡한 철학적 논쟁에도 가담하지 않은 채 비교적 자유로운 활동과 창작을 하였으며, 이러한 경향은 후대에 계승되거나 재현되기도 하였다.

　지금까지 낙동강 하류 유역의 문학에 대하여 지리적 접근은 좀처럼 이루어지지 않았다. 南冥學이 집중적으로 탐구되면서 그 문인들에 대한 관심이 높아지고, 그 과정에서 의령, 함안, 김해 지역의 사류에 대한 연구가 이루어진 것을 비롯하여, 인물 연구의 연장선에서 누정이 관심의 대상이 되기도 하였다. 문학을 하나의 문화적 담론으로 확대하는 오늘날 지리적 환경이나 삶의 터전을 중심에 놓고 살펴보는 일도 중요한 의의를 지닐 것이다.

　낙동강 유역의 문화와 문학의 특성을 종합적으로 규명하는 작업을 최종 목표로 삼는다면, 어느 지점과 시기를 지정하여 사실을 들추어 분석하는 일은 그 시작이라고 할 수 있다. 그런 의미에서 남강이 낙동강과 합류하는 지역에서 임진왜란 직후에 전개된 지역 사류들의 활동과 문학을 소박하게 살펴보고자 한다. 1차적 관심 대상 인물은 이 지역에서 오랜 동안 생활한 문인으로서, 의도적으로 근거지를 선택하거나 선택된 근거지에 의미를 부여하면서 활동한 인물이다.

2. 창암정과 곽재우의 도가적 시문

1) 곽재우의 후기 생애

忘憂堂 郭再祐(1552~1617)는 의병 활동으로 잘 알려져 있으며, 실제로 그의 의병 활동은 한국 의병사의 전범이 되기에 충분하다. 그러나 한 사람의 일생을 국가주의 내지 왕조 중심의 외적 가치를 지향하는 시각으로만 묶어둘 수는 없다. 개인이 지향한 가치와 주변에 끼친 영향을 기준으로 살펴보면, 곽재우는 상당히 큰 굽이를 이루는 삶의 단계를 거쳤다. 그의 시 창작은 주로 후반기에 이루어졌으며, 일견 이런 시 창작 태도와 내용은 앞선 시기의 의병 활동과 너무나 거리가 멀어 보인다. 그러나 생애를 종관하고 보면 그러한 태도의 차이가 이해된다. 그의 생애는 네 시기로 뚜렷이 구분되며, 주변 상황과 자신의 결심에 따라 각 단계 사이의 성향이 뚜렷하게 달라진다.

첫 번째는 생장과 수학의 단계이다. 문집의 연보에 의하면 곽재우의 가계는 고려조에서부터 현달한 가문으로서 대대로 관직을 이어왔으며, 조선조에 들어서도 정난공신, 청백리, 사화로 인한 향촌사림 등 정치사회적 상황의 중심에 선 엘리트의 길을 두루 거쳤다. 이러한 사림 계열 관료 집안 출신이기 때문에 가학의 여건이 좋았다. 부요한 외가에서 태어나 친가와 외가를 자주 왕래한 것으로 보이는데, 이미 세 살 때 모부인을 여의었음에도 불구하고, 18세 되던 해에 생장해 온 외가 마을에 집을 짓고 살았다는 연보의 기록을 보면 짐작할 수 있다.

수학 과정에 대하여 자세한 기록은 없지만, 14세 때 季父인 참의공 趍에게 춘추에 대하여 질의하여 인정을 받았으니 이미 이보다 앞선 시기에 상당한 경지에 올랐음을 알 수 있다. 16세에 창원에 사는 만호 金行의 딸에게 장가들었는데, 바로 남명의 외손녀이니, 이전에 남명에게 나아가 배우고 인정을 받았을 것이다. 20세 무렵에는 유학을 공부하는 여가에 육예를 배우고, 더욱이 병가의 글을 충분히 읽었다고 하여 다방면에 걸쳐 자유로이 독서를 하였음을 알 수 있다. 여기에 더하여 23세 되던 해에는 의주 목사로

부임하는 부친을 따라가서, 두 해 뒤에는 혼자 의주에 남아 전후 3년간이나 살았을 정도로 호방하게 세상을 체험하였다. 또 27세 때는 동지사로 북경에 가는 부친을 배행하여 중국에 들어갔으며, 몇 가지 일화를 남긴 것은 지적 호기심과 교유가 많았음을 뜻한다.

둘째는 전환기이다. 언제부터 과거를 보았는지 분명하지 않지만, 연보에 따르면 33세 되던 1584년 기록에 이미 이전에 東堂에 입격한 것이 세 번이라고 하였다. 말 그대로 동당 곧 문과에 합격했다고 할 수는 없고, 傳에서 이른바 "여러 번 鄕解에 으뜸을 차지했다."라는 말이 믿을 만하다. 마침내 34세 때인 1585년 庭試에 합격하였으나, 罷榜으로 인해 관리로 나갈 기회가 없어졌다. 파방의 이유가 "당태종이 전정에서 활을 쏘게 한 대대한 논의인데, 말이 거슬리는 바가 있었다."라고 하였으니, 파방의 원인 제공자가 그이고, 평소 호방한 성격으로 보아 논의가 과격하여 선조의 뜻에 거슬렸을 만도 하다. 더구나 그의 학문이 춘추에 확고한 뿌리를 두었던 만큼 역사 문제에 대한 논의가 제지당하는 데 실망을 크게 하였을 것이다. 여기에 더하여 이듬해에는 부친상을 당하여 3년간 집상을 하면서 세속적 삶을 멀리하였다.

38세 되던 해에 상례를 마치고, 과거 수업을 폐하고, 의령의 岐江 가에 정자를 짓고 평생 은거할 뜻을 정하였다. 이러한 은거는 과거 파방으로 인한 실망과 부친상으로 인한 상심 때문이기도 하지만, 향촌사림으로서의 능동적 선택이라고 보아야 할 것이다. 당대의 지식인들이 관직을 버리거나, 밀려났을 때는 향촌에서 수양과 학문으로 종신하는 것을 중요한 가치로 확립해 두었기 때문이다.

셋째는 의병활동기이다. 임란 발발 초기에는 아주 적극적으로, 그리고 정유재란부터 전란 직후 두세 해까지는 비교적 소극적으로, 그의 40대는 정치에 참여한 시기이며, 곽재우를 역사상의 인물로 우뚝 세운 계기가 되었다. 이 시기의 활동이 워낙 극적인 것이어서, 그 앞뒤 시기에 보여준 삶의 태도와 상당한 단절마저 느끼게 한다. 그렇지만 겉으로 표출된 활동이 아니라 그 속을 관류하는 그의 생각을 알고 보면 거기에는 일관된 흐름이 있다.

임란이 일어나자 최단시일에 창의하였으며, 조직에 있어서는 처음에 수십 명의 노비들에서 곧장 주변의 선비와 백성들로 규모를 키웠으며, 가산을 모두 팔아 군비로 삼았다. 이러한 일은 전란에 대응한 과감성과 민첩성을 돋보이게 하지만, 실제로는 이미 준비하고 계획을 세워두었던 것처럼 이루어졌다. 춘추대의와 역사의식에 투철한 사림 학자로서 국가와 사회에 대한 평소의 생각이 특정 상황을 맞아 표출되었다고 하겠다. 또한 초모 과정에서 의령 지역의 의병들이 따르는 것은 물론이고, 인근 합천과 삼가, 함안 등지의 의병부대들이 그를 중심으로 모여들어 규모가 커지고 응집력이 강해졌다. 뿐만 아니라 정암진을 포함한 남강과 낙동강, 화왕산 등지의 전투에서 지역민의 호응이 여러 차례 있었다. 이는 그가 평소에 높은 신망을 얻었기 때문에 가능한 일이었는데, 그 바탕은 향촌사림의 정신이다.

넷째는 퇴은기이다. 임진왜란이 완전히 끝난 이듬해, 48세 되던 곽재우는 경상도 좌병사로서 3대 추증을 받고 가묘에서 焚黃하는 일을 상징적 의미로 삼아 관직 생활을 사실상 끝냈다. 물론 그 후에도 거의 생애를 마칠 무렵까지 왕의 부름을 받고 가끔씩 나아가기도 했지만, 1600년에 산성 수축에 관한 의견이 받아들여지지 않아 관직을 버리고, 이로 인해 귀양을 갔다가 두 해 뒤 풀려나서는 영산의 낙동강가에 滄巖亭을 짓고 여생을 거기서 지냈으니 이를 퇴은기라고 하겠다.

이 시기의 곽재우에 대하여 도교 사상에 심취해 있었다는 견해가 많다. 그의 시를 통해서나 연보를 통해서 볼 때 솔잎을 먹고 벽곡을 하며 호흡법에 관한 내용을 자주 언급하는 등 도교적 수행을 했음에 틀림없다. 그러나 전체로는 개인적 심신의 수련에 치중한 것이지, 장수에 대한 욕망이나 신체의 변화 같은 신비적 경지를 추구하지는 않았다. 그가 도교를 유학과 대립적인 관계로 여기지 않고 자연스럽게 수용하였음은 이 시기에도 지속한 몇 가지 활동을 보면 알 수 있다.

사회에 대한 가장 현실적 관심은 산성론을 통해서 드러난다. 임란 중에도 그는 화왕산성을 중시하였는데, 난후에도 島山城 수축 일로 조정과 마찰을 빚기도 했으며, 인동의 천성산성을 쌓는 등 외적 방어에 대한 관심을 지속적으로 가지고 있었다. 지역의 사류들과도 제한적으로나마 교류하였으니, 56세 되던 해에 한강 정구와 여헌 장현광이 강정으로 찾아오자, 함께 함안의 용화산 아래 가서 同泛을 하였다. 이는 인근 30여 명의 학자들이 모여 풍류와 시회를 베푼 일종의 결사로서, 그가 향촌사림의 문화적 교류에 무관심하지 않았다는 뜻이다. 또 대의 정신에 입각하여 국가적 중대사에 발언을 하였다. 57세 때인 1608년 새로 등극한 광해에게 임해군의 죄를 다스리라는 상소를 두 차례나 하였으며, 두 해 뒤에는 「중흥삼책소」를 올리기도 하고 변방 원접사의 폐해를 논하였으며, 왕 5년에는 영창대군에 대한 처벌을 제지하는 상소를 올렸다. 매번 관직은 사양하면서 국가적 중대사에 선비로서 직언을 한 것은 전형적인 향촌사림의 모습이다.

곽재우가 선대의 세거지나 자신의 생장지를 떠나 영산의 낙동강변을 택하여 정자를 짓고 은거한 이유가 명확하지는 않다. 아마 의병활동을 통하여 이 일대의 산수가 낯익은 데다 강이 제공하는 세상과의 단절, 그러면서 선택적 소통 등의 요소가 자신의 이상과 맞았기 때문일 것이다. 여기서 전란 후 혼란한 사회에서 사림들이 꿈꾼 삶의 한 양식을 엿볼 수 있다.

2) 은거와 수행의 시

곽재우의 시문을 총괄해보면, 문장은 주로 40대 창의 이후 장기간에 걸쳐 이루어진 것이며, 시는 50대 이후 은거하면서 지은 것이다. 문장은 대체로 실용문의 범주에 들지만, 김수를 논죄한 창의문이나 김성일과 주고받은 논쟁적 서신, 김덕령 등과 주고받은 서신 등에는 문학적 요소가 풍부하다. 시에서는 현실적 문제나 정치 사회에 대한 발언이 극도로 자제되고 개인의 서정성이 돋보인다. 특히 시는 낙동강변 창암정에 은거하면서 쓴 것이 대부분이고, 강이라는 지리적 공간이 중요하게 인식되기도 하였으므로 지리적 공간에 주목하여 살펴볼 필요가 있다.

곽재우의 시는 많지 않다. 문집인『忘憂集』에 21편이 실렸으며, 근래에 나온 자료에는 37편이 수록되어 있다.[3] 이는 결코 많은 작품이 아니며, 그렇다고 그가 즐겨 시문을 창작했다는 언급도 없고 보면, 만년에 창암정에 은거하면서 틈틈이 짓거나 소수의 사람과 주고받은 정도로 시 창작에는 소극적이었던 듯하다. 주제도 큰 분류로 보면 한거를 벗어나지 않는다. 조금 더 세분해 보면 은거와 도가 수행에 대한 비중이 조금씩 다르다.

(1) 은거

은거는 혼자서 지낸다는 의미에 덧붙여, 세속에 나아가지 않는다든지 교유를 즐겨 하

---

[3] 문집에 수록된 23편 중 두 편은 다른 이의 원운이나 차운시이므로 제외된다. 여기에 증보하여 편집한 시집(윤재환 편,『강정으로 돌아오다』, 개미, 2009)에는 37편이 수록되었는데, 역시 원운이 하나 들어 있어서 곽재우의 시는 현재까지 36편이 발굴되어 있다.

지 않는다는 다소 적극적 의도가 포함된 삶의 방식이다. 다시 말해서 이전에 환로에 나아갔었거나 나아갈 만한 처지가 되는 사람이 나아가지 않는다는 뜻이다.

앞에서 본 바와 같이 곽재우는 50세 이후 평생 한 곳에 은거하였다. 유학자로서 이 나이에 치사를 하고 귀향하는 일은 흔한 예이다. 그러나 곽재우의 경우는 좀 다른 이해가 필요하다. 임진왜란 개전 초기에 빠르고 격렬하게 의병 활동을 전개한 사실과, 관직을 받은 상태에서 계모의 별세로 사직한 후 여러 차례 起復의 명을 거부한 점은 아주 대조적이다.[4] 또 경상감사 金睟가 목민관으로서 전란 중에 도망한 사실에 대하여 역모로써 명쾌하게 논척한 점과, 유배를 감수하면서까지 사직을 한 점도 역시 대조적이다.

처음부터 진출에 뜻이 없었다고 한다면 과거에 여러 차례 응시한 일이나 관직을 받아 수행한 점은 물론, 김수를 탄핵하는 글이나 김성일에게 항의하는 편지에서 설파한 관료론이 너무 적극적이다. 반대로 관료로서의 포부를 가졌다고 한다면 조정의 기복 요구나 임명에 대해 거부한 태도는 지나치게 완강하다. 그의 삶과 논설의 여러 곳에서 보이는 이러한 극단적 대비를 어떻게 해석해야 할까? 곽재우가 은거한 데는 몇 가지 요인이 복합적으로 작용하였을 것이다.

먼저 그는 기질이 강하면서 출처관이 뚜렷하였다. 이는 소시적부터 春秋를 탐독하였으며, 후기의 논설에서 인물론을 펼친 데서도 드러난다. 무엇보다 자신이 나아가고 물러날 때 그 이유가 무엇인지 극명하게 밝혀 보였다.

재우는 한 사람의 어리석은 백성일 뿐이지만, 국가의 위망이 조석에 박두해 있음을 보고는 동지들을 불러모았습니다. 가업을 이미 헐고 흩었으며, 처자식은 이미 떠나보냈습니다. 다만 한번 죽고자 하지만 아직 그 자리를 찾지 못하고, 북쪽을 바라보고 가슴이 찢어지며 눈물이 비 오듯 흘러내립니다. 만약 합하께서 능히 저를 알아주신다면, 선비는 자기를 알아주는 사람을 위하여 죽는 법이니, 장차 전횡(田橫)의 오백 군사에게 부끄러움이 있겠습니까?[5]

여기서 곽재우는 스스로 가업을 파산하고 처자식을 분리하였다고 밝혔다. 오로지 의병을 모으기 위해서이다. 실제로 그는 집안의 재산을 모두 팔아 의병의 군자금으로 쓰

---

[4] 『忘憂集』 권 1 「辭起復疏」. 정유재란을 당하여 절박한 상황에서 기복의 명을 사양하는 소를 세 번 올렸으며, 후에도 여러 차례 소직소를 올렸다.
[5] 『忘憂集』 권 1 「上招諭使書」.

고, 처자식은 지인에게 맡겼다. 유교 윤리가 가족의 혈연에서 비롯되며, 이것이 치국과 평천하로 확대되는 것은 기본 원칙이라는 점에서 그 의지가 결연했음을 알 수 있다. 나아갈 때는 분명히 나아갈 이유를 발견하고, 주저하지 않고 모든 것을 걸어야 한다는 생각이 잘 나타나 있다. 마찬가지 논리로 나아가지 않아야 할 때 물러나 있는 것도 결연한 의지가 필요하며, 오히려 나아갈 때보다 더 큰 이유를 지녀야 한다. 기복(起復) 요구에 대한 답변에서 극명하게 드러난다.

> 신이 진실로 재능이 있어서 나아가 종군하여 국가에 이익이 있다면 마땅히 한번 죽음으로써 천은에 보답할 일이옵니다. 그러나 신은 실제로 무용지인이옵니다. 몸뚱이는 살쪄서 둔하고 적에게 돌격할 용기도 없사옵니다. 생각은 짧고 얕아 임기응변의 지혜도 없사온지라, 비록 슬픔을 무릅쓰고 상복을 감춘 채 방어하는 일에 힘을 기울여도 털끝만큼의 이익도 없을 것이옵니다. 그런데도 한갓 윤리를 손상시키고 풍속을 패퇴시킬 따름이오매 진실로 기복함이 불가하옵니다.……임진년 변란 이후 조정에서 기복시킨 사람은 많지만 힘을 다하고 마음을 쏟아 전하께 충성한 자는 단 한 사람도 알려지지 않았습니다. 기복이 무익하다는 것은 지금 더욱 심한지라, 비단 무익할 뿐만 아니라 이륜이 패퇴되니, 사람들이 장차 스스로 오랑캐와 금수에 빠지면서도 스스로 알지 못하게 되옵니다. 그렇게 되면 훗날 누가 전하를 위하여 절의를 지켜 죽을 수 있을지 참으로 가슴아프오이다.[6]

계모 허씨의 상을 당하여 현풍 가태리에 임시로 안장해 두고 자신은 울진현에 피하여 상주로 지낼 때의 일이다. 기복 요구에 응할 수 없는 이유를 말하면서, 자신이 신체적으로나 정신적으로 무능해졌다는 점, 실제로 조정에서 기복을 주도했지만 효과가 없었던 점을 들고, 송대에 제도를 만든 뒤 오히려 역효과를 냈던 점 등을 예로 들었다. 그러나 이것이 핵심은 아니고, 윤리의 근본이 없어진다는 점을 우려하였다. 그런 임시방편 때문에 常道가 허물어지고, 이로 인해 이륜이 패퇴된 백성들이 다시는 절의를 알지 못하는 상태가 되고, 이후에 위기가 닥칠 때 죽음으로 절의를 지킬 사람이 없어진다는 것이다. 이는 개인의 도덕성이 사회적 왕도정치로 이어진다는 향촌사림의 가치관을 드러낸 발언이다. 윤리에 常變의 응용을 두지만, 뚜렷한 원리를 앞세우고 방편을 활용해야 한다는 논리이다.

---

6) 『忘憂集』 권 1 「辭起復疏」.

그러나 그의 은거를 원론적인 역사관이나 윤리관만으로 다 설명하기는 어렵다. 현실적인 상황에 대한 절망감도 작용하였을 것이다. 그는 이미 30대 말에 의령의 기강에 정사를 짓고 평생 은거를 결심하였다. 이때는 과거에 합격하여 포부를 펼칠 기회를 맞이하고도 자신의 역사의식을 담은 글 때문에 파방을 당한 뒤이니 현실 정치에 크게 절망했을 것이다. 여기에 이어 부친상을 당하고 삼년상을 마치자 평생 은거할 뜻을 표명하기에 이른다. 전란과 관직은 뜻밖에 찾아온 일이었으므로 그러한 사유가 종료되자 원래 계획대로 돌아갔다고 할 수 있다. 위의 글을 쓸 때도 의병 활동 과정에서 겪은 실망감이 작용하였다. 임지를 떠난 경상감사 김수를 극단적으로 탄핵하자 조정과 초유사 김성일 같은 관료 세력이 "불궤"로 규정하였으며, 회유 차원에서 관직을 주기도 하였다. 뜻을 같이 한 김덕령 같은 인물이 반역으로 몰려 죽는 현실에 대한 회의도 있었을 것이다.

> 충신과 열사가 정당하지 못한 죽음을 당한 일은 예로부터 있습니다. 재우도 또한 스스로 불측한 화가 반드시 다다를 줄 알았지만, 합하마저 재우가 발호한다고 여기실 줄이야 어찌 생각이나 했겠습니까? ……그러나 假將이 의병을 모아 일어난 것은 君父를 위한 일이지 합하를 위한 일이 아니며, 왜적을 토벌하고 원수를 갚는 것은 국가를 위함이지 합하를 위함이 아닙니다. 그러니 어찌 합하의 한마디 말씀이 저의 뜻을 가로막고 저의 기운을 꺾을 수 있겠습니까? 이해와 화복을 돌아보지 않고 죽은 뒤에라야 그만두는 것이 재우의 초심입니다.[7]

초유사 김성일에게 올린 편지이다. 의병을 일으켜 목숨을 내건 터에, 많은 관료들로부터 의심을 받고, 급기야 발호한다는 오해까지 받은 상황에서 김성일을 향하여 자신의 의지를 밝혔다. 다른 관료에 비해 비교적 우호적이면서도 여전히 의심하는 마음을 가진 김성일에게 "정말로 그리 생각하면서도 내 목을 베지 않는다면 당신도 천하 후세에 불충이라는 이름을 면할 수 없다."는 말과 함께 한 말이다. 결정적 발언권을 가진 초유사에게 자신의 결백을 호소하는 것이 아니라 오히려 철저하지 못한 처사를 꾸짖고 있다.

이런 정황들을 종합해 보면서 곽재우의 만년 생활이 스스로 택한 은거임을 알 수 있다. 세상에 도가 있으면 나아가 그 도를 행하고, 세상에 도가 없으면 물러나 홀로 도를 간직한다는 유가의 출퇴관에 비추어, 당대를 난세로 규정한 곽재우의 선택이다. 그런데

---

7) 『忘憂集』 권 1 「上招諭使書」.

처음 은거할 뜻을 가졌을 때도 의령의 기강 가에 정자를 지었으며, 만년에도 영산의 강가에 정자를 지었다. 험절한 곳이 아닌 만큼 세속을 등지는 정도는 아니고, 그저 저자를 피하는 정도의 뜻이 보인다.

誤落塵埃中	어설프게 세상 판에 뛰어들었다가
三千垂白髮	백발만 옴팡 뒤집어 써버렸네.
秋風野菊香	갈바람에 들국화 향기 속으로
策馬歸江月	말 달려 달 밝은 강정으로 돌아왔지.

「강정으로 돌아오다(歸江亭)」

세속과 강정이라는 공간, 그 속에서 자신의 삶을 대비적으로 서술하였다. 제목은 강정으로 돌아온다는 것인데, 시에서는 세속에서의 삶이 더 강하게 표출되었다. 기구에서 세상은 티끌이라고 하여 분명히 부정적으로 규정하였으며, 승구에서는 그 티끌을 뒤집어쓰고 나의 머리가 온통 희게 세어 늘어졌다고 탄식하였다. 이에 비해 전구의 가을 바람에 흩날리는 국화 향기는 강정을 미화한 표현이기는 하지만 특정 공간이 아니라 포괄적인 세계이다. 결구의 달빛 비치는 강은 틀림없이 맑고 깨끗한 곳이며, 말을 채찍질해 달려온다는 것은 강물을 좋아하는 작자의 심경을 잘 드러내었다.

이와 같이 이 시에서는 강정의 편안함보다는 세상의 고단함을 더 강조하였다. 강정이 특별한 이상을 실현시켜주는 공간이 아니라, 사람을 지치고 늙게 만드는 세속으로부터 벗어날 수 있는, 그러면서 원래의 공간이다. 시기적으로 그가 관직을 그만두고, 그로 인해 2년간 유배 생활을 하고 나서 은거를 시작할 때 지은 작품으로 보인다.

강물과 달빛이 맑기는 해도 그것을 조망하는 장소가 필요하다. 그 공간이 정자이다. 정자나 재실은 그것을 앉히는 위치 뿐 아니라, 그 규모와 모양에서 주인공의 생각을 드러내어 준다.

斥土治巖階自成	흙 파내고 바위 쪼아 계단 절로 이루니
層層如削路危傾	층층이 깎은 듯해 길이 아찔 가파르네.
莫道此間無外護	이 사이에 울도 담도 왜 없냐고 말을 마소
李三蘇百玩空明	태백 동파 즐기던 맑은 달 있으니.

「창암강사를 처음 짓고(初構滄巖江舍)」

작자의 자연관과 그것을 표출하는 기법이 빼어난 작품이다.

정자를 짓고 나서 지은 시인데 정작 정자는 시 속에서 모습을 드러내지 않는다. 전절에서는 흙을 파고 돌을 다듬어 계단을 만드는 과정을 읊었으니 정자와 강을 잇는 세계이다. 그 길이 높고 가파르다고 하여 물과 정자 사이가 멀다는 것을 보여준다. 후절에서는 정자를 둘러싸는 울도 담도 치지 않고 저 우주와 더불어 즐기겠다고 했으니 정자와 달이 이어져 하나의 세계를 이룬다. 결국 강정은 강물과 달을 향하는 하나의 연결지점이다. 강물에서 달까지의 거리를 하나의 세계 속에 넣었으니 정자는 무엇을 가두는 공간이 아니라 통과시키는 한 점이 되는 것이다.

이 작품은 강물에서 달에까지 이르는 스케일과, 숨길 것을 숨기고 드러낼 것을 드러내는 기법도 빼어나지만, 결구의 用事는 더욱 빛난다. 달과 연상하여 이백과 소동파를 용사하였다. 이들은 달을 통하여 신선을 꿈꾸고 스스로 신선이 되고자 했던 사람들이니, 이백 같은 이 세 사람과 동파 같은 이 백 사람, 곧 천하의 신선들이 함께 모인다는 의미가 된다. 그러나 이 시에서 추구하는 의미는 풍류에서 그치지 않는다. 이백의 「月夜獨酌」에서 사람과 그림자와 달이 한데 어우러져 춤을 춤으로써 우주적 합일을 이룬다.[8] 동파의 「赤壁賦」에서는 인생의 덧없음을 탄식하는 객을 향해 강 위에서 불어오는 맑은 바람과 산 위에 떠오르는 밝은 달빛이야말로 조물자가 무진장 마련해 두어서 아무리 쓰고 보아도 닳지 않는 보배라고 하여 우주의 영원함을 설명하였다.[9] 결국은 이백의 달과 동파의 달이 마음에 따라서 벗도 되고 보물도 되듯이, 강정의 물과 달도 우주적 질서를 보여준다.

아무리 우주적 공간이 훌륭하다고 하더라도 그 속에 사람이 살지 않으면 무의미하다. 사람이야말로 하늘과 땅 사이에서 우주를 완성시키는 존재이다.

巖間犬吠知聲應　　　바위 사이에 개 짖으니 소리 울림 알겠고

[8] 이백의 「月下獨酌」 첫 수에서 "술잔을 들어 달을 맞이하니(擧杯邀明月) 그림자 마주하여 세 사람일세(對影成三人)"라고 하여, 달과 그림자와 사람을 구분하지 않았다. 또 둘째 수에서 "듣자니 맑은 술은 성인에 비하고(已聞淸比聖) 흐린 술은 현자와 같다고 하네(復道濁如賢) 성현을 이미 마신 바에야(聖賢旣已飮) 구태여 신선을 구할 게 뭐람(何必求神仙)"이라고 하여 천지와 융합되는 경지를 신선이라고 하였다.
[9] 蘇軾의 「前赤壁賦」에서 적벽 달빛 아래 뱃놀이하는 자신을 신선이 되었다(羽化而登仙)고 하고, 후반부에서 달빛과 맑은 바람이 무진장하다고 하여 그것이 신선의 세계임을 보여주었다.

水裏鷗飛見影孤   물 속에 갈매기 나니 외론 그림자 보이네.
江湖閑寂無塵事   강호는 한적하여 세속 일 없으니
月夜磯邊酒一壺   달밤 모래톱에서 술병이나 기울이리.
　　　　　　　　　　　　　　「강정에서 읊조림(江舍偶吟)」

강변에서 달밤에 술을 마시며 지내는 한적한 경지를 읊은 시이다.

기구에서는 밤에 개가 짖어 바위에 울리니, 아무것도 없는데 소리만 있다. 승구에서는 물에 갈매기 한 마리 나니 보습만 있다. 전구에서는 이러한 세계에 사람의 일이 아무것도 없다고 하고, 결구에서는 달밤에 물가에서 혼자 술병을 기울인다고 하였다. 아주 고요하고 한적한 세계를 그렸다. 그러나 그냥 사물이 없어서 고요한 것은 아니다.

개 짖는 소리는 직접 들리지 않고 바위에 부딪혀 되돌아오는 메아리이다. 갈매기는 공중에 있지 않고 물에 되비쳐 보이는 그림자이다. 이런 세계 속에서 혼자 술병을 기울임으로써 명징하게 세상을 바라보는 것이 아니라 감각과 이성을 내려놓고, 무아의 경지에서 또다른 나를 찾아보자는 뜻이 들어있다. 자신마저 자연 속에 완전히 놓아버림으로써 우주와 합일을 이루는데, 그는 강정을 그런 공간으로 인식하였다.

(2) 도가적 취향

곽재우의 시에 나타나는 삶의 태도는 분명히 도가의 신선을 추구하는 경향이 강하다. 한국문학의 전통에서 일반적으로 신선사상은 뚜렷이 부각되지 않은 채 유학자의 은일적 태도에 포괄적으로 나타난다. 그런 점을 고려하면 곽재우의 시에서 보이는 도가적 태도는 비교적 선명한 것이다.

곽재우가 도교에 대하여 직접 기록한 문장은 보이지 않지만, 이미 조선조의 문헌에서 그를 도교의 중요한 인물로 여겨 소위 道脈에 위치시키기도 하였다. 李圭景의 「五洲衍文長箋散稿」에 「海東傳道錄」의 도맥을 소개하였는데, 여기서 곽재우는 핵심적인 도맥에는 위치하지 않은 채 스승의 전수 없이 득도한 여러 사람 중 하나로 분류되기도 하였다.[10] 그러나 홍만종 전집의 「海東異蹟」에는 단군에서 곽재우에 이르는 40여 명의 仙家

---

10) 李圭景, 『五洲衍文長箋散稿』「道藏總說」, 민족문화추진회 역, 1980, 23~25쪽.

에 위치하여 그 비중이 높게 평가되었다.[11]

조선 전기의 인물 중에는 김시습이 가장 중요한 인물로 기록되었으며, 실제로 도교의 기본 정신이나 수행에 관련된 기록을 남기고 있다. 이에 비해 곽재우는 이름만 소개되어 있어서, 글을 남기지 않았지만 유명인으로서 대접을 받은 면도 있다.

儒家明性理　　유가는 본성과 이치를 밝히고
釋氏打頑空　　불가는 어리석음 떨쳐낸다네.
不識神仙術　　신선이 되는 길 알지 못하니
金丹頃刻成　　금단을 순간에 이룰 수 있을까?

「영회(詠懷)」

유교와 불교에 대해 상대적으로 도교를 인식한 시이다. 유가에서 성리를 밝히는 일이나 불가에서 어리석음을 깨치는 일은 궁극적 인간 완성을 뜻하는데, 이미 유가의 성인이나 불가의 석가모니에 의해 이루어졌다. 이러한 완성에 해당하는 도가의 공부는 신선이 되는 것인데, 그 방도는 金丹을 이루는 것으로서 그것이 경각이 이루어질 수 있을지 회의하고 있다. 여기서 곽재우는 유가와 불가에 비해서 도가의 수행이 한결 어렵다는 점을 간접적으로 내보이고 있다. 다른 사상은 이치를 밝히는 데서 완성되지만, 도가는 실제로 신선이 되어야 하고, 그것은 금단이라는 구체적 사물을 통해야 되기 때문이다.

그런데 이 시에서 금단을 사물에 한정하지 않고 "이룬다"는 행위의 대상으로 보고 있는 점이 중요하다. 조선조에는 도교를 단학이라고 이를 만큼 금단이 큰 관심사였다. 한반도에 독자적인 도맥을 이룬 수련적인 도교는 그 도법의 연원을 鍾離權에 둔 것으로 보아 중국 全眞敎의 영향에 있었으며, 그 가장 중요한 것은 舊來의 금단으로 불리는 仙藥을 鍊操한다는 집념에서 탈피하고 자신의 수련을 통해 功行을 쌓아 자기 몸에 단을 이룩한다는 본성적인 것으로 전환시킨 金丹道를 고취한 점이다.[12] 그렇다면 곽재우가 추구한 신선의 방도로서 금단은 선약을 조제하는 것이 아니라 스스로의 수양을 통해 도달하는 하나의 경지인 것이다.

그렇기 때문에 이 시에서 곽재우가 신선 또는 도교를 분명하게 다른 사상 체계와 대

11) 洪萬宗, 『洪萬宗全集』 「海東異蹟」.
12) 車柱環, 『韓國道敎思想의 硏究』, 서울대 출판부, 1986, 233쪽.

비되는 하나의 실체로 인식하였지만, 그 최종의 경지를 유교나 불교의 자기 완성과 같다고 한 것이다.

朋友憐吾絕火煙	화식을 끊고 나니 벗들이 안타까워 해
共成衡宇洛江邊	낙동강 가에다 집 한 간 마련해 줬네.
無飢只在啗松葉	배고프지 않음은 솔잎을 먹어서이고
不渴惟憑飮玉泉	목마르지 않음은 옥천 물을 마셔서라네.
守靜彈琴心澹澹	고요히 거문고 타니 마음이 담담하고
杜窓調息意淵淵	창을 닫고 숨 고르니 생각이 깊어지네.
百年過盡亡羊後	어설프게 백년을 다 보내고 난 뒤
笑我還應稱我仙	나를 웃는 사람들도 신선이라곤 하겠지.

「강사에서 읊조림(江舍偶吟)」

이 시에서 보이는 신선은 상당히 현실화해 있다. 그리고 그 성취 과정은 두 가지의 방식으로 확연하게 구분되어 있다.

전반부에서 화식을 끊고, 솔잎을 먹고, 옥천을 마시는 일은 밖으로부터의 사물을 통해 신선이 되는 도가적 양생술이다. 도교라는 것이 워낙 여러 갈래이고, 수련에 대해서도 유파와 시대에 따라서 수없이 많은 견해가 있다. 그러나 기본적으로 도교는 신선설이 중심이 되어 있고, 不老長生이라는 것을 주요한 목적으로 삼고 있기 때문에 그 목적을 달성하기 위해 辟穀이니 服餌니 導引이니 房中이니하여 각종의 양생술이 다루어졌고, 금단의 연조를 비롯한 허다한 장수약과 각종 질병에 對症投藥하는 여러 가지 처방이 생겨났고, 질병의 예방 내지 치유를 위한 符籙, 符水, 呪祝 등의 방법이 쓰이게 되었다.[13) 이 시에서는 이러한 도교적 외방에 바탕을 두되 최대한 상식과 일상에 닿아 있다.

후반부에서는 내적 수련을 읊었다. 벗들이 마련해 준 집에 살면서 거문고를 타고 숨을 고르며 깊은 명상에 잠기고, 그러기를 백년 하고 나면 그것이 곧 신선의 삶이라는 것이다. 이러한 수양은 굳이 도가 수행자가 아니더라도 은일적 유자들이 보통 하는 일이기도 하다. 그렇지만 조선 학자들은 대체로 이런 정도를 도교라고 생각했다. 조선 전

---

13) 車柱環, 위의 책, 69~79쪽.

기 단학파는 도교의 일파이지만 도교를 종교로 인식하지는 않았기 때문에 집단적인 종교활동은 하지 않았으며, 그들이 치중한 것은 不老長生을 위한 자기수련적인 양생술이었다.[14] 평생을 말하면서 백년이라고 쓴 것도 종교적 의미의 신선과는 거리가 멀며, 남들이 우스개 삼아 신선이라고 칭하는 것도 도가와는 거리를 두는 모습이다. 이런 정도를 신선으로 여기는 것이 곽재우가 스스로 정한 한계라고도 할 수 있다. 따라서 그의 신선 취향은 굳이 목숨을 연장하거나 신비주의에 빠지는 것이 아니라 수양의 한 방편임을 알 수 있다.

辭榮棄祿臥雲山   영화 녹봉 다 버리고 구름낀 산에 누워
謝事忘憂身自閒   세상 근심 잊고 보니 몸이 절로 한가로워.
莫言古今無仙子   예로부터 신선이 없다고 말을 마오.
只在吾心一悟間   내 맘 하나 깨달으면 바로 거기 있다오.
「회포를 읊음(詠懷)」

이 작품은 이미 신선의 세계에 들어선 경지를 읊었다. 영화와 녹봉을 이미 사양하였으며, 세상일을 버리니 거기에 따라 얽혔던 근심도 잊어버리고, 몸이 저절로 한가해졌다. 예나 지금이나 남들은 신선이 없다고 말하지만, 신선이 있고 없음은 내 마음의 깨달음에 달려 있다고 하였다. 여기서 곽재우가 규정한 신선은 바깥의 사물이나 공간에서 오는 것이 아니라 온전히 내적인 깨달음에서 온다.

그런데 이 시에서 "신선(仙子)"이라는 단어 하나를 제외하면 도교 사상이라고 한정할 근거가 없다. 기구의 영화와 부귀를 버리고 구름 낀 산에 눕는 경지는 산림에 처하는 유학자도, 도의 경지에 든 불가도 흔히 하는 일이다. 세상일을 잊고 몸이 저절로 한가로운 것도 모두가 추구하는 삶이다. 내 마음의 깨달음 하나에 달려 있다는 앎은, "一切唯心造"라는 불교의 격언이나 "虛靈不昧"라는 유학의 규정이 오히려 도가보다 더 직접적이다.

여기서 곽재우가 추구한 신선 또는 신선의 경지란 것이 극명해진다. 그것은 결코 불로장생이나 무소불능의 도사나, 심지어 생사를 초탈하는 마음의 경지조차 아니다. 특정

14) 孫燦植, 『朝鮮朝 道家의 詩文學 硏究』, 國學資料院, 1995, 32쪽.

사상이나 종교의 관점에 서지 않으면서 참으로 한가한 경지에 노니는 것 그 자체, 신선이라고 말할 정도도 아닌 그 상태가 이미 신선의 경지라는 것이다. 곽재우에게 있어서 신선이란 온전한 수양과 같은 의미이다. 그렇기 때문에 심산유곡도 아니고 선경처럼 경관이 빼어난 곳도 아닌 낙동강변의 정사에서 한가로운 삶을 이상으로 여기고자 한 것이다.

3. 합강정과 조임도의 유가적 시

1) 조임도의 생애

남강이 낙동강에 합류하는 지점에서 불과 수백 미터 아래 용화산 기슭에 合江亭이 있다. 이 정자는 강에 바로 면해 있어서 풍광을 활용하기는 하지만 원래는 合江精舍로 지어졌다.[15] 말하자면 경치를 완상하고 풍류를 즐기기 위한 시설이 아니라 사색과 학문을 위한 시설로 만들어졌다는 뜻이다. 이 정자는 이 지역 출신 유학자 趙任道(1585~1664)가 만년에 학문과 저술에 전념하기 위해 지은 건물이다.

조임도는 관직에 나아가지 않은 채 일생 산림학자로 살았던 인물이다. 그렇기 때문에 전 생애에 걸쳐 신분상의 큰 변동이나 사상의 변화가 없는 편이다. 그러나 비록 초야에 묻혀 지냈더라도 파란 많은 시대에 유학자로서 태도를 분명히 표명하였고, 그로 인하여 거처를 옮기는 등 생애의 굴곡이 없지는 않았다.

함안의 검암에서 태어난 그는 8세 때 임진왜란을 당하여 부친을 따라 합천의 산골로 숨어들었다가, 정유재란 때는 청송, 영주, 봉화 등지를 거치면서 이 지역의 학문을 배웠다. 15세 때 스승인 槃泉 金中淸을 따라 청량산에서 본격적으로 독서를 하였다. 반천은 趙穆의 문하이기 때문에 이때 퇴계학맥을 접한 것으로 보인다. 이듬해에는 역시 대학자인 杜谷 高應陟에게 나아가고, 17세 때는 선산으로 옮겨가 당대 최고 학자인 旅軒 張顯光의 문하에 들어가 2년을 공부하였다. 이후 52세 때까지 몇 년 터울로 여섯 차례 여헌

---

15) 현재도 누마루 집에 "合江精舍"라는 현판이 그대로 걸려 있다.

을 찾아가 머무르면서 학문을 익혔으니 그는 여헌학맥의 정통이다. 19세 때 고향으로 돌아와 학문에 매진하여 20세 때는 향시에 합격하기도 하였다.

조임도는 고향 검암에서 공부하던 중 23세 되던 1607년에 부친을 모시고 寒岡 鄭逑가 주도한 용화산 동범에 참여하여 기록을 담당하였다. 청년 조임도는 이때 함께 배를 타고 온 여헌 장현광과 망우당 곽재우 같은 대가를 한꺼번에 곁에서 모시고, 동범한 선비 35명에 대한 기록을 정리한 일을 훗날까지 중요한 경험으로 간직하였다. 그러나 이때까지 줄곧 그를 이끌고 스승을 찾아다니던 부친 立巖 趙埴이 이 해에 세상을 떠나자 그는 예를 실천하는 데 관심을 집중하였다. 27세 때는 퇴계의 문묘종사를 배척하는 疏會가 정인홍의 뜻에 따라 열렸는데, 여기에 참석하라는 요구에 대하여 스스로 퇴계 학맥임을 밝히고 참여를 거절하였다. 맹자의 逄蒙章을 근거로 들어, 자기의 스승인 반천이 월천에게 배우고, 월천이 퇴계의 문도이기 때문에 퇴계를 배척하는 일에 참여할 수 없다고 하여 사승관계를 분명히 하였다. 이후 31세 때 향시에 합격하였으나 이듬해 회시에 낙방하고는 과거 공부를 버렸다. 이때까지는 실제로 수학과 모색의 시기였다.

34세 되던 해에는 仁穆大妃 폐모론의 부당성을 주장하는 등 대북파와 갈등을 겪고 칠원의 내내리로 피신차 숨어들었다. 그곳이 궁벽하고 민심이 순박하여 좋다고 하였으니 그 지향하는 바가 은거에 있었음이 분명하다. 이미 앞서 퇴계의 문묘종사 문제로 집권 세력인 북인들의 요구를 거부한 데다 폐모론 문제로 생각을 달리했으니 위협을 느낄 만하였다. 이때부터 현실과의 거리를 두었으며, 뒤이어 강 언덕에 翔鳳亭을 짓고 산수와 시문에 마음을 붙였다. 37세 때 모부인의 상을 당하여 슬픔을 지극히 하였으며, 더욱 세상에 나갈 뜻이 없어졌다. 이후로는 자주 여헌 선생을 배알하거나 서신을 주고받으면서 학문에 전념하는 한편 예를 실천하는 데 충실하였다. 이 시기는 고민과 갈등의 시기였다.

그러다가 49세 되던 해(1633)에 영산의 용산촌으로 이거하고, 강 건너 용화산 기슭에 합강정사를 지었는데, 정사는 望慕庵, 沙月樓, 臥雲軒으로 구성되었다. 여기서 그의 대표적 저술인『金羅傳信錄』을 포함한 많은 글을 지었다. 50대 이후에는 주로 저술, 서원 향사 관련 예의 집전, 선배 유림의 행장이나 문집 발문 기술, 시문 창작과 같은 일에 전념하여 많은 자료를 남긴 시기이다. 이 기간에 정묘호란과 병자호란이 일어나자 비분강개하여 시를 쓰기도 하였지만 실제로 나아가지는 않았으며, 관직을 내리기도 하였으나 부임하지 않았다. 연보에는 의병장에 추대되었을 때도, 몇 차례 관직을 내렸을 때도 병 때문에 부임하지 못하였다고 하였으나 실제로는 일관되게 은거 생활의 뜻을 실천한 것으로 보인다.

　그가 태어난 곳도 물론 낙동강에 가까운 곳이지만, 상봉정을 지은 때부터 쳐도 생의 절반을 훨씬 넘는 45년간 낙동강가에서 살았으니, 그의 학문과 문학은 대부분 낙동강 양안 십리 안쪽에서 이루어진 셈이다. 따라서 그의 문학에는 향촌사림으로서의 지향이 잘 나타나 있다.

2) 윤리 회복을 위한 교훈시

　여헌 학맥으로서 유학의 이론과 수양에 철저했던 조임도는 임란 후 피폐해진 향촌의 실생활과 흐트러진 윤리 의식에 심각한 고민을 하였다. 관직에 나아가지 않은 향촌사림으로서 전자의 문제에는 직접 나설 수 없었지만, 후자에 대해서는 결코 무관심할 수 없었다. 그래서 시문을 통해서 교화를 실현하고자 하였다. 그 방법 중 하나가 실제 향촌에서 윤리적 모범을 실현한 사람을 찾아내어 칭양하는 것이었다. 조임도는 이를 통해 윤리와 지역적 자존감을 동시에 표출하려고 하였다.

> 　대개 인걸은 지령이라 하는데, 이제 함주 한 고을을 살펴보면 그 말이 믿을 만하다. 험준한 여항산과 우뚝한 파악과 빼어난 광려산이 동남쪽을 둘러 진호하고, 정호, 풍탄, 낙동강이 넘실거리면서 서북쪽을 가로지른다. 고려 때부터 본조에 이르기까지 충신, 효자, 절부, 장수, 경상, 문장, 명필, 은덕, 염퇴의 선비들이 서로 이어 배출되었으니…… 이토록 의관이 융성하고 풍속이 아름다운 것은 그 까닭을 궁구해 보면 인사가 닦여진 것이 불과한데, 인사가 닦이는 것은 비록 그 조목이 한둘이 아니지만 그 강령을 요약해보면 군신, 부자, 부부에 지나지 않는다.……16)

　「三綱九絶句跋文」에서 이렇게 함안의 지세가 아름답고 역대 문물이 빛났으며, 그것이 삼강에서 비롯되었음을 열거하여 군민의 자부심을 높여주려고 하였다. 뒤이어 삼강을 실천한 대표적 사례를 셋씩 들어서 아홉 편의 절구를 지었다. 이때가 33세 되던 해

---

16) 趙任道, 『澗松先生文集』 권 3, 「三綱九絶句跋文」.

(1617년)이니, 임란의 상처가 아직 남아 있고 대북파의 강압에 갈등을 느끼던 시기여서 윤리적 당위성을 더욱 절실하게 느낀 것으로 보인다.

辛勤甘旨涉鵝州　　좋은 음식 봉양코자 거제까지 건너가고
愛日丹誠老未休　　세월 아낀 그 정성 늙도록 변함없었네.
足不出廬終禮制　　여막에서 나서지 않고 예제를 마쳤으니
公年七十有三秋　　공의 나이 칠십 하고 삼세였다네.

작품 끝에 주석을 붙여 내용을 알게 하였다. 주인공인 李冞는 어머니에게 좋은 음식을 대접하기 위해 거제 훈도를 자청하여 나갔으며, 노령에 모친상을 당하여서는 예제를 철저히 지켜서 정려를 받고 『輿地勝覽』에 기록되었다고 하였다. 일반적으로 효에 대하여 읊은 시나 효자의 전기에 비추어보면 내용이 담담하다. 효자를 칭송하는 시문에는 흔히 겨울에 잉어를 얻었다거나 계절이 아닌 때에 죽순이 솟았다는 등 고사에 기대어 관념적으로 기술하거나, 부모를 소생시키기 위해 손가락을 베에 피를 흘려넣었다는 자극적 기술을 하는데, 이 시에서는 주인공이 실천한 예를 사실적으로 기록하였다. 그것은 조임도의 일관된 저술 태도로 보인다. 그가 지역 문화를 재건하기 위해 쓴 역저『금라전신록』은 정구의 『함주지』를 모태로 했으면서도 잉어, 죽순, 단지 화소는 쓰지 않았다.[17] 이는 작자가 실존 인물의 실제 삶을 제시하여 실천하게 하고자 하는 뜻을 드러낸 표현이면서, 교훈의 대상을 여러 계층의 사람으로 확대한 뜻이 보이는 면이다.

醜虜長驅海嶠昏　　오랑캐들 몰려들어 산해가 어두울 때
紛紛鼠竄背君恩　　어지러이 숨어들어 군은을 저버렸네.
當時列郡誰男子　　이런 때 여러 고을 어느 누가 사내던가?
獨有堂堂大笑軒　　오직 홀로 당당하긴 대소헌 그 어른.

대소헌 조종도는 임진왜란 때 창의한 인물이며, 정유재란이 일어나자 함양의 전임군수로서 황석산성으로 달려가 지켰다. 그러나 수성장이 성을 허물고 도망하자 성이 함락되고, 그는 싸우다가 순절하였다. 이런 정황 때문에 이 시에서는 숨거나 도망간 관리들

---

17) 박순남, 「澗松 趙任道의 "三綱九絕句"에 대하여」, 『국제지역 통상연구』 2, 2005, 44쪽.

에 대한 질책과 대소헌의 충절에 대한 존모가 함께 표출되었다. 실제로 기승전구까지는
왜군이 침입해온 상황에서 조선 사내들의 패덕하거나 비겁한 모습을 들추어내었으며,
결구에 가서야 대소헌의 충절을 드러내었다. 이 점 역시 충신에 대한 과장된 칭송보다
현실적 상황에 대한 관심이 높았음을 보여주는 면이다.

沒齒不咬葷與肉	양념 바른 고기는 입에도 넣지 않고
一生長慟所天亡	한평생 남편 죽음 애통해 하였네.
春秋賴有旌閭在	봄 가을로 정려에 제사를 드리니
行路猶聞未沫香	끊어지지 않는 향기 행인들이 맡으리.

　　효자인 이교의 딸이자 강운의 처인 인천이씨가, 남편이 죽은 후에 종신토록 맛좋은
음식과 고기를 먹지 않았으며, 3년 동안 머리를 감지도 않고 빗질도 하지 않았으며, 몸
이 쇠약해질 것을 근심하여 부모가 좋은 음식을 권하여도 울면서 사양하였다고 하였다.
전절에서는 주인공의 절행을 드러내고, 후절에서는 정려가 내려져 고을 사람에게까지
교훈을 준다고 하여 풍속 교화의 자료로 삼고자 하는 뜻을 내비쳤다.
　　임진왜란 이후 여성 문제는 사회적으로 관심이 집중된 것이었다. 17세기 초에 편찬된
『東國新續三綱行實圖』의 임란 상황만 보아도 열은 효와 충을 합한 것보다 비교되지 않
을 정도로 많아 여성의 정절에 대한 문제를 중요하게 부각시켰다.[18] 전란이 계속되는
동안 함안은 왜군의 침탈을 심하게 겪었기 때문에 개인의 윤리와 공동체의 가치관 확립
이 더욱 절실했을 것이다.
　　한편 이러한 인물시는 삼강이나 오륜 같은 덕목에만 한정되지 않고 남다른 인품을 가
진 대상을 칭송하는 데로 확장된다.

功成恬退未曾聞	공 이루고 물러난 일 들은 적이 없는데
公乃超然獨出群	공만은 초연히 무리에서 벗어났네.
十七年間忘寵辱	열 일곱 해 총애와 욕됨 잊어버린 채
回看楡塞漲腥氛	변방을 돌아보니 비린내가 넘쳐나네.

---

18) 박순남, 위의 논문, 41쪽.

함안 출신의 장수 匡西 朴震英을 칭송한 시이다. 박진영은 정구의 문인으로서, 임진 왜란 때 창의하였다가 무관에 올랐으며, 이후 이괄의 난을 평정하는 데 공을 세웠다. 그 때마다 자신의 공을 내세우지 않았을 뿐 아니라, 성공한 후에는 향리에 물러나 학문에 전념하였다. 후에 병자호란이 일어나자 68세의 노령임에도 창의하여 남한산성으로 가 는 도중에 화의가 성립되었다는 소식을 듣고 돌아와 다시는 나아가지 않았다.[19] 후에 武肅公이라는 시호를 받을 정도로 공이 많은 인물이지만, 이 시에서는 공적은 나타나지 않고 초연히 물러나는 인품이 부각되었다.

기구에서는 사람이 공을 이루고 물러나는 것이 얼마나 어려운 일인가를 보여주기 위 해서 들은 적조차 없다고 하고, 이어서 승구에서는 광서공이 홀로 그리하였다고 하였 다. 전구에서는 오랜 세월동안 총애를 받은 것도 욕됨을 당한 일도 마음에 두지 않고 오로지 정의롭게 나선 태도를 간접으로 칭송하였으며, 결구에서는 마침내 오랑캐의 전 횡이 이루어지는 북쪽 변방에 대하여 탄식함으로써 공과 같은 인물이 얼마나 소중한지 를 잘 보여주었다.

이러한 작품들은 모두 특정인의 공을 내세우려 하지 않고, 성패를 떠나서 윤리적 당 위를 실천한 면을 부각시켜 전란 후 피폐해진 향촌의 질서를 유교적 이상주의에 입각하 여 다시 일으키려는 학자적 노력을 보여준다.

3) 지역 인물지 저술과 강재영

지역 문화에 대한 관심 아래 합강정에서 이룩한 대표적 업적은 『금라전신록』을 편찬 한 일이다. 이 책은 조임도가 55세 되던 1639년에 완성되었으니, 자료의 수집 과정을 고 려하면 합강정사를 지은 49세 이후 곧장 편찬을 시작하였을 것으로 보인다.

이 책은 함안의 인물과 문학 자료집이다. 상권은 인물에 관한 자료이며, 하권은 시문 이다. 상권에는 사대부들의 碑銘, 墓誌, 行狀, 祭文 그리고 정자의 題詠이나 記文, 序文, 傳, 贊 등을 수록하였다. 하권에는 고금의 고을 사람들이 지은 詩, 文, 書, 啓, 賦, 策, 疏 등의 글을 두루 기록해 두었다. 선정 기준에 대해서 더러는 그 글을 쓴 사람은 우뚝이 드러나지 못하였더라도 시와 문장이 훌륭하면 글이 좋아서 채록하였으며, 더러는 시와

---

19) 『匡西先生實記』「年譜」.

문장은 그다지 귀하지 않더라도 그것을 쓴 사람이 아까우면 사람을 아껴서 취하여 두었다고 하였다.[20]

편찬자 스스로는 이 책이 『咸州誌』의 보유편이자 속편격이라고 하였는데, 이는 글의 전통을 중시한 발언이자 선현에 대한 계승 의지를 드러낸 말이다. 『함주지』는 한강 정구가 지방관으로 가는 곳마다 지은 읍지 중 유일하게 남은 자료로서, 이 두 책은 조선 중기에 지역을 중심으로 자료를 엮는 틀을 제시한 귀중한 문헌이기도 하다. 편찬 취지는 스스로 쓴 서문에 명시적으로 나타나 있다. 임진왜란을 겪고 나서부터 전해오던 풍습은 흔적도 없이 사라지고, 문헌은 고증할 수가 없어졌다. 그러니 고을의 후생들이 비록 전대의 고적을 찾고자 하나 어디에서도 구할 수 없었다. 다행스럽게도 정한강 선생이 찬한 『함주지』 한 본이 전란에 불타지 않고 남아 상고할 근거를 얻을 수 있었다. 그러나 거기에 기록된 내용은 인물과 산천과 풍토의 범주를 넘지 않았으며, 고금의 서적류는 들어있지 않다. 또 시기적으로 임진왜란 이후의 사적에까지는 이 책이 미치지 않았다. 이런 점이 이 책을 편찬하는 까닭이라고 하였다.

한편 합강정사는 주변의 자연과 더불어 선비 조임도가 꿈꾼 하나의 세계를 표상한다. 조선조의 유학자들은 누정이나 재실을 지어 놓고 각자의 이상 세계를 현실 속에서 꿈꾸고 체험하였다. 물론 거기에는 몇 가지 유형이 있었다. 서원을 왕도정치의 모형으로 설정하기도 하고, 재실에서 거경궁리의 철학을 추구하기도 하고, 누정에서 합자연의 풍류를 즐기기도 하였다. 이 중 조임도는 합강정사에서 처사적 삶의 이상을 꿈꾸면서, 건물과 주변에 배치된 자연을 시로 읊어 하나의 자족적 세계를 설정하였다. 그것이 「江齋十二詠」이라는 열두 편의 시로 표출되었다.

望慕何由見	우러러 사모한들 어떻게 만나보랴?
松間宿草荒	솔숲에는 해묵은 들풀만 황량해라.
空懷風樹恨	공연히 불효했던 한만 품고서
莊誦蓼莪章	숙연히 육아시만 읊조리노라.

「망모암(望慕庵)」

---

20) 趙任道, 『金羅傳信錄』 「序」.

시 속에 쓰인 "풍수한", "육아" 같은 용어만으로도 부모를 그리워하는 내용임을 알 수 있다. 실제로 조임도 부모의 묘소는 합강정 언덕 너머 용화산 남쪽에 있으니, 이 시는 매우 사실적이다. 개인적으로만 보면 부모의 묘소가 있는 산 언덕에 정사를 지어 놓고 돌아가신 부모를 사모하는 시이지만, 전구의 풍수탄이나 결구의 육아시는 흔히 살아 있는 부모가 늙어감을 탄식하는 내용인 만큼, 보는 이로 하여금 부모 봉양을 절실하게 깨우치려는 뜻이 있다.

魚躍千尋水　　깊디깊은 물에서는 고기가 뛰고
鳶飛萬仞天　　높고높은 하늘에는 솔개가 나네.
天機能自動　　천지의 조화는 스스로 움직이니
至理此昭然　　지극한 이치는 이로 보아 훤하네.
「연어대(鳶魚臺)」

인공물이 아닌 자연을 통해서, 감성이 아닌 이치를 밝히고 있다. 기구와 승구에서는 시경의 "鳶飛戾天魚躍于淵"을 거의 그대로 옮겨 놓았다. 승구와 결구에서는 그 의미를 천지의 조화와 이치로 풀이하였는데, 이것 또한 『중용』에서 "우주의 이치가 위 아래에 드러난다."라고 해석한 이래 유학자들에게 일종의 상식이 된 해석이다. 그러고 보면 이 시는 객관적 진리를 압축해 두었다. 첫 편인 앞의 시가 윤리적 당위의 상징이라면 이 편은 객관적 당연의 상징이다. 결국 하나의 작은 공간이 진리와 윤리의 압축 공간으로 인식된 모습이다.

4) 반구정과 유역 유림의 동범

합강정으로부터 몇백 미터 하류 강변에 경치를 조망하기에 더 좋은 정자가 하나 있다. 조임도의 숙부인 조방이 지은 伴鷗亭이다. 조방은 임진왜란 때 창의하여 곽재우와 함께 화왕산성 등지에서 많은 전공을 세웠지만, 전란이 끝나자 곧장 물러나 용화산 기슭에 정자를 짓고 은거하였다. 그의 행장에는 맞은편 강 언덕 창암정의 곽재우와는 작은 배로 자주 내왕하였다고 기록되었다.

이 반구정을 거점으로 하여 1607년 봄에 동범 모임이 이루어졌다. 동범이란 여러 사람이 배를 타고 풍류를 즐기는 일이다. 성주에서 한강 정구가 용화산 기슭 도흥 나루로 왔는데, 이때 동행한 사람이 칠곡의 여헌 장현광과 영산 창암정의 곽재우였다. 함안군수 朴忠後를 비롯하여 함안, 영산, 창녕, 현풍, 성산, 고령 등지에서 선비들이 모여서 총 35명이 하루 동안 배 위에서 또는 강안에 내려서 산천경개를 구경하고, 저녁에 조방 형제가 마련한 술자리에 참여하고, 진사인 李明怘가 기록을 남겼다.

당시 부친과 季父를 모시고 참석했던 조임도는 그날의 기록이 없음을 못내 안타까워하다가, 14년이 지난 어느 날 종매부인 安挺으로부터 우연히 동범록 초고를 얻어, 그 사이 한강과 망우당 등 많은 분들이 세상을 떠났음을 한탄하면서 다시 정리하여 묶었다. 화공을 구하여 그림을 그리고 글씨를 써서 圖錄을 만들어 두루말이로 보관하였다고 했는데, 이 도록은 전하지 않는다. 동범에 참여했던 인물 중 朴震英이 있는데, 그의 후손인 朴尙節이 조임도의 기록을 그 후손에게서 얻어 율시 한 편과 더불어 서문을 쓰고, 이전 동범 장면을 상상하면서 용화산 경관과 함께 시로써 기록하여 두었다.

第一龍華巖　　첫째는 용화의 바윗돌이니
峨峨枕碧流　　우뚝이 푸른 물결 베고 누운 듯.
猗歟師友會　　아름다워라, 사우들의 그날 모임에
吾祖昔同遊　　우리 조상 그 옛날 함께 노닐었지.
　　　　　　　　　　　　　　　　　「용화승집(龍華勝集)」

第二靑松寺　　둘째는 청송사 절집이러니
鐘聲薄暮廻　　종소리는 땅거미에 울려 퍼지네.
收心一妙法　　마음을 거둠에 묘법 하나 있으니
傳得紫陽來　　주자 선생 전해온 그 법이라네.
　　　　　　　　　　　　　　　　　「청송모경(靑松暮景)」

전체 8폭의 목판 그림과 함께 기록된 시 8편 중 앞 두 수이다. 당시에 직접 기록한 것이 아니라서 긴장감은 다소 떨어진다. 그러나 용화산의 동범이 지속적으로 이루어져 이 지역의 독특한 풍속이 되었다는 점에서는 중요한 의의를 지닌다.

한편 조임도 자신이 주체가 되거나 빈객을 맞아서 몇 차례 동범을 하기도 하였다. 그가 관직에 나아가지 않았고, 지역에 은거했기 때문에 동범의 규모는 작았지만 이를 시문으로 남긴 것이 여러 편이다. 정구의 용화산 동범 약 20년 후인 1628년에 조임도는 자기를 찾아온 지역의 선비들 8명과 경양대 아래서 선유를 하고, 그 과정과 참여한 인물들의 인적사항을 기록한 「景釀臺下船遊記」를 남겼다. 경양대는 용화산의 동남쪽 절벽으로서, 선유를 하기에 가장 경치가 뛰어난 곳이다. 조임도는 여기에서 자주 선유를 하기도 하고, 맞은편의 창암정으로 건너다니기도 하였다. 이를 계기로 삼아 그의 문집에는 배를 타고 승지를 유람한 시가 여러 편 있다.

蘭舟輕似葉	목란배는 가볍기가 나뭇잎 같아서
載酒弄滄波	술을 싣고 강물 위에서 출랑거리네.
沙遠鳥難狎	모랫벌은 멀어서 새 놀리기 어렵고
江澄魚可叉	강물이 맑으니 물고기를 움키겠네.
煙霞供暮景	연하가 뒤섞여 저녁 풍경 꾸며 주니
觴詠勝淸歌	잔 들고 읊조림이 노래보다 낫구나.
乘興歸來晚	흥에 겨워 늦게야 돌아오니
長林月影多	긴 수풀엔 달 그림자 가득하구나.

「선유 이튿날 성현 찰방 권도부의 시에 차운하여(船遊翌日追次省峴察訪權道夫韻)」

어느 때의 선유를 말하는지는 알 수 없고, 선유 장소를 적시하지는 않았지만, 선유를 하고 나서 감흥을 적었다. 조임도의 시에서 경양대 아래서 선유를 하였다는 작품이 여럿 있고 선유기를 남기기도 했으니, 장소는 역시 용화산 아래일 것이며, 시기는 내내에 거처를 마련한 50대 이후일 듯하다. 내내는 소나무 숲이 아름답게 우거졌다는 기록이 있어서 더욱 그 관련성을 알 수 있다.

용화산 부근 낙동강의 동범은 지역 유림의 결사인 동시에 지역 문화를 계승시키는 일종의 의식이었다. 이러한 생각이 있었기 때문에 이 동범은 후에도 크고 작은 규모로 지속되어 풍속을 이루었다. 그것은 임란 후에 행해진 정구 일행의 동범이 원형으로 인식되었기 때문이다.

4. 맺는말

낙동강 유역의 문학을 총체적으로 이해하기 위한 시도의 하나로, 남강과 낙동강이 합류하여 동류하기 시작하는 지역의 임란 직후 문학 활동에 대하여 일별해 보았다.

곽재우는 임란 의병의 전형이 되기에 충분한 인물이다. 41세 때 임진왜란이 일어나자 즉시 창의하여 세력을 급격히 확장하고, 이후 관직을 겸하면서 전투와 정책 제안 활동을 하였다. 그러나 전쟁이 끝난 후인 49세 때 임지를 떠난 죄로 귀양을 갔다가, 해배 이후 50대에는 영산의 낙동강가에 창암강사(망우정)를 짓고 세상을 떠날 때까지 10여 년을 은거하였다 이 시기의 은거는 개인적 능동적 선택에 의한 것으로서 중요한 의미를 지닌다. 가끔씩 글로써 조정의 부름에 응하기는 하였지만, 한 번도 강사를 떠나지 않은 채 몇 편의 시문을 남겼기 때문이다.

곽재우의 시는 문집에 실린 21편을 포함하여 36편이 전한다. 이들은 거의 강사 은거 시기에 지은 것으로, 은거와 신선 수행을 내용으로 한다. 은거를 읊은 시에는 강정에서 지내는 일이 한없이 고요하고 즐거운 삶으로 그려졌다. 천지와 합일되어 현실을 초월한 것이다. 도가적 수행을 읊은 시에서는 신선이 되기 위해서 먹는 약과 음식, 호흡법 등이 시에 직접 나타나서 그가 신선을 꿈꾼 사실은 알 수 있지만, 구체적으로 수명 연장이나 도술 같은 것은 보이지 않는다. 결국 그의 시에서 신선이란 현실에 초연하게 자연 속에서 자신을 찾고자 한 수양의 한 방식이다.

조임도는 함안에서 태어나 소년 시절 피난 경험을 통하여 퇴계의 학맥에 접하고, 장현광의 문도로서 일생 향촌에서 학문과 저술에 몰두한 인물이다. 그는 임란으로 피폐해진 향촌의 전통을 수복하기 위해 지역의 실존 인물 중 윤리적 모범이 될 만한 사람들의 행적을 시로 읊었다. 지역의 인물과 그들의 시문을 모아 저술로 남기기도 했으며, 스스로 정사를 지어 윤리적 철학적 이상향으로 삼기도 하였다.

또 이 지역에서는 정구, 곽재우, 장현광 등 당대의 대표적 유학자들과 지역의 사류들이 함께 동범을 하여 지역적 결속과 자존감을 확립하고, 이것이 기록으로 전승되는 한편 동범이 계속 이어져 시문이 양산되었고, 하나의 문학적 계보를 형성하였다.

요약하자면, 임진왜란 직후 이 지역 양쪽 강안에서는 지역에 대한 인식과 인물들의 결속을 통하여 하나의 문화적 전통을 확립하려는 노력이 적극적으로 이루어졌으며, 이

것이 후대에 계승되었다. 그리고 그 일부는 오늘날에도 지역 문화로 이어진다.

참 고 문 헌

慕賢亭 刊, 『淇洛編芳』, 2003.

박순남, 「澗松 趙任道의 "三綱九絶句"에 대하여」, 『국제지역 통상연구』 2, 2005.

孫燦植, 『朝鮮朝 道家의 詩文學 硏究』, 國學資料院, 1995.

윤재환 편, 『강정으로 돌아오다』, 개미, 2009.

장성진, 『옛시로 읽는 경남』, 도서출판 선인, 2010.

장인채 편저, 『여헌학단』 I, 한솔출판사, 2009.

정우락, 「朝鮮中期 江岸地域의 文學活動과 그 性格」, 『한국학논지』 40, 계명대학교 한국학연구소, 2010.

趙鍾業, 「忘憂堂의 詩硏究」, 『伏賢漢文學』 9, 伏賢漢文學會, 1993.

최재호, 「壬亂 戰爭實記에 나타난 慶尙右道 義兵의 意識과 視覺」, 『남명학연구』 18, 남명학연구원, 2012.

한충희, 「朝鮮初期 洛中 士林派의 形成과 展開」, 『한국학논지』 40, 계명대학교 한국학연구소, 2010.

咸安郡誌 編纂委員會, 『咸安郡誌』, 2013.

洪萬宗, 『旬五志』(李民樹 譯), 乙酉文化社, 1985.

한국 근대문학과 낙동강

박정선 | 창원대학교 국문학과

1. 인간, 장소, 문학

인간은 누구나 특정한 장소(place)[1]를 기반으로 하여 생을 영위해 간다. 그렇기 때문에 장소는 인간에게 삶을 가능케 하는 자연적, 사회적 조건이란 의미를 지닌다. 나아가 장소는 인간의 사고와 행위의 총체인 생활양식에 커다란 영향을 끼친다. 지구상에 존재하는 여러 인종적, 민족적, 지역적 생활양식들의 차이는 그것들이 바탕을 둔 장소적 조건들의 상이함에서 연원한다. 예컨대 산간벽지와 해안가는 서로 다른 장소적 특성을 지니는데, 이런 장소성(placeness)의 차이가 거주민들의 생활양식의 차이를 발생시킨다. 그런 점에서 장소는 인간이 자기정체성과 삶의 감각을 획득하고, 유지하는 데에 주된 요인으로 작용한다. 그러나 인간이 장소라는 물리적 환경에 다만 수동적인 상태로 놓여 있는 것만은 아니다. 인간은 장소에 능동적으로 반작용하면서 장소를 자신의 삶에 유리한 터전으로 만들고, 변화시키기도 한다. 렐프는 "사람은 곧 자신이 살고 있는 장소이

[1] '공간(space)'은 인간의 경험과 무관하게 존재하는 추상적인 것이고, '장소(place)'는 인간이 경험을 통해 의미를 부여한 구체적인 것이다. 이-푸 투안, 구동회·심승희 역, 『공간과 장소』, 대윤, 2007, 19쪽 참조.

고, 장소는 곧 그곳에 살고 있는 사람이다."라거나 "사건과 행위가 장소의 성격에 영향을 주지만, 장소의 성격에 의해 사건과 행위가 윤색되고 영향을 받기도 한다."라고 주장했는데,[2] 이 말이 인간과 장소의 관계를 간명하게 일러주고 있다. 즉 인간과 장소는 서로 불가분의 관계를 맺으며, 상호인과적으로 각자의 정체성을 형성한다.

　문학이 인간의 삶을 바탕으로 창조된 것이고, 작품 속의 세계가 실존적 장소를 토대로 만들어진 것이란 점은 상식에 속한다. 이는 작품 속의 세계가 구체적 장소성을 지니든 그렇지 않든 간에 변함없는 사실이다. 거기에는 작가의 존재론적 상황이 개입되기 때문이다. 작가도 여타의 인간들처럼 한 사회의 일원으로서 특정한 장소에 뿌리를 내리고 살아가므로 환경에 영향을 받는다. 그리고 작가가 경험한 실존적 장소는 지각과 상상력에 의한 재구성 과정을 거쳐 문학작품 속의 장소라는 표상(representation)으로 나타난다. 그 같은 작품 속 장소는 대개 작가 자신의 고향이나 생활근거지에 뿌리를 두고 있다. 그렇지 않다 하더라도 최소한 작가의 장소 경험과 연관된 곳이어야 한다. 그래야만 작품에 나타날 수 있다. 그런 장소에는 실존적 장소에 대한 작가의 정서, 관점, 태도, 가치판단이 투영되어 있다.[3] 인간이 장소와 무관할 수 없는 것처럼 문학 역시 장소와 밀접히 관련되어 있다.

　한반도는 지리적 특성상 수많은 산을 포함하고 있다. 그 때문에 한반도에는 하천과 강 또한 많다. 그리고 한반도의 서쪽 지역은 너른 들로 이루어져 있으며, 삼면은 바다로 둘러싸여 있다. 따라서 산, 강, 들, 바다는 한국인의 삶에서 주된 장소적 조건이 된다. 이 조건 속에서 산촌, 농촌, 어촌과 같은 자연 촌락이 형성되었고, 큰 강을 끼고 국가와 도시가 발달했다. 이러한 장소성을 바탕으로 한국인의 고유한 생활양식이 형성되었다. 이 지점에서 우리는 한국인의 삶의 주된 장소 가운데 하나로 낙동강을 만나게 된다. 주지하듯이 낙동강은 강원도 태백의 황지에서 발원하여, 안동을 지나면서 지류들을 합치고, 상주 낙동에 이르러 비로소 제 이름을 얻은 후, 구미, 왜관, 대구, 고령을 거치며 경상북도를 관통한다. 또한 경상남도 합천을 지나며 황강과 합쳐지고, 남지 부근에 이르러 진주에서 흘러온 남강과 합류하며, 삼랑진에서 밀양강과 섞여 거대한 흐름을 형성한

2) 에드워드 렐프, 김덕현·김현주·심승희 역, 『장소와 장소상실』, 논형, 2005, 88쪽 및 103쪽.
3) 박용찬, 「고령문학의 공간과 장소성」, 『퇴계학과 한국문화』 45, 경북대학교 퇴계학연구소, 2009, 269쪽 참조.

다. 그 뒤 물금의 좁은 수로를 통과하여 마침내 부산과 김해 사이의 삼각주를 지나 남해에 도달한다. 총 길이 525km로 한반도에서 압록강 다음으로 긴 강이다.[4] 영남지방 전체에 두루 걸쳐 있는 이 강은 고대로부터 식수로서, 농업용수로서, 고기잡이의 터전으로서, 수송의 통로로서 이 지역 거주민들에게 생존의 토대가 되어 주었다. 이처럼 낙동강이 영남 사람들의 삶의 드라마가 펼쳐지는 주된 무대가 되었기 때문에 이 강의 본류와 지류에는 수많은 사람들의 역사가 스며들어 있다.

따라서 한반도에서 인간의 역사가 시작된 이래로 낙동강이 노래의 소재와 이야기의 배경이 되어 왔을 것임은 어렵지 않게 추론할 수 있다. 근대 이후의 문학에만 국한해 보더라도, 낙동강은 소설의 배경이나 시적 형상화의 대상으로 많이 다루어졌다. 일제강점기에는 이광수, 조명희, 양우정, 김용호, 김대봉, 임화 등의 작품에 낙동강이 등장한다. 또한 해방 후 문학에서도 낙동강은 한국문학의 주된 모티프의 하나로 다루어져 왔다. 하나의 장소에는 다양하고 복잡한 자연적, 문화적 요소들이 뒤엉켜 있고, 그러한 장소는 우리가 어떤 방식으로 경험하고 느끼는가에 따라 다양한 양상으로 지각된다.[5] 그런 이유에서 낙동강은 근대문학에서 생존의 터전으로, 역사적 사건의 무대로, 민족애를 환기하는 장소로, 존재론적 성찰의 매개로, 최근에는 생태 파괴의 현장으로 다양하게 표상되었다. 그러므로 근대 작가들이 낙동강을 어떻게 지각했고, 그러한 지각의 결과로 낙동강은 문학에 어떻게 표상되었는지를 살펴보는 것은 분명 학술적 의의가 있다.

근대문학사에서 낙동강과 관련된 작품으로서 가장 먼저 주목받은 것은 조명희의 「낙동강」이다. 이 소설은 초기 프로소설이 지닌 즉자성과 자연발생성을 어느 정도 극복한 작품으로서 이른바 '제2기 작품 논쟁'을 야기했을 정도로 카프 내에서 주목받았고,[6] 1980년대 말의 월북작가 해금조치 이후 프로문학 연구가 성황을 이룰 때 다시금 관심의 대상이 되었다. 그리고 지금까지도 이 소설에 대한 연구가 여러 측면에서 진행되고 있다.[7] 이 가운데 이 소설을 장소의 문제와 관련지은 고찰은 조진기에 익해 이루어졌다.

---

[4] 흔히 낙동강의 길이를 '천삼백 리'라고도 하고 '칠백 리'라고도 한다. 전자는 태백 황지부터 을숙도까지의 길이를 가리키고, 후자는 상주 낙동에서 을숙도까지의 길이를 일컫는다.

[5] 렐프, 『장소와 장소상실』, 77쪽 참조.

[6] 김재용·이상경·오성호·하정일, 『한국근대민족문학사』, 한길사, 1993, 336쪽.

[7] 이 소설을 새로운 각도로 고찰한 최근 논문으로는 다음을 들 수 있다. 천정환, 「근대적 대중지성의 형성과 사회주의(1) ─초기 형평운동과 「낙동강」에 나타난 근대 주체」, 『상허학보』 22, 상허학회, 2008 ; 이화진, 「조명희의 「낙동강」과 그 사상적 지반 ─낭만성의 기원」, 『국제어문』 57, 국제어문학

조진기[8]는 이 소설을 공간의식의 측면에서 접근하여 국토, 민족, 변화와 지속이란 낙동강의 상징적 의미가 서술 양식과 인물 행위 양식을 통해 드러난다는 점을 규명하였다. 그리고 한국시에 나타난 낙동강에 처음으로 주목한 연구자는 박태일이다. 박태일[9]은 경남권역의 낙동강 본류를 다룬 시편들을 대상으로 한국시에 나타난 낙동강의 양상을 자연지리, 생활공간, 역사지리, 일제강점기의 수탈, 한국전쟁, 생태위기의 여섯 가지로 범주화하여 살폈다. 한편 황선열[10]은 일제강점기의 사회적 모순이 해방 후 지금까지 지속되고 있고, 리얼리즘 문학은 탈근대적 지향을 모토로 한다는 전제에서 출발하여 낙동강 연안 민중들의 삶과 의식을 반영한 시, 소설을 탈근대성 개념으로 조명하였다.

 박태일, 황선열의 연구는 일제강점기부터 최근까지의 문학 가운데서 낙동강을 다룬 작품들을 사적으로 고찰한 것인데, 이처럼 고찰 대상의 시기적 범주를 확장하는 것은 낙동강을 소재나 배경으로 한 문학을 계보학적으로 파악할 수 있게 해 준다는 점에서 의의가 있다. 그러나 그 때문에 개별 작품에 대한 섬세한 분석과 폭넓은 해명에는 상대적으로 소홀할 수밖에 없다는 문제가 발생한다. 따라서 거시적인 차원의 통시적 개관과 더불어 미시적 차원의 공시적 분석도 함께 이루어질 필요가 있다.[11] 그리고 조진기의 연구는 조명희의 「낙동강」에 초점을 맞추고, 장소성과 관련하여 작품을 정밀히 분석한 것이다. 이 소설의 장소성을 이만큼 자세히 고찰한 논의는 찾기 어렵다. 그러나 한 작품만을 대상으로 하고 있어서 일제강점기의 여러 작품에서 다양하게 표상된 낙동강의 양상을 살피는 데에는 한계가 있다. 본고는 이상의 문제의식하에서 근대문학에 나타난 낙동강의 표상을 살피고자 한다. 그러한 연구의 첫 번째 단계로서 대상 시기를 일제강점기로 좁히고, 경남권역을 공간적 범주로 하여 근대문학에 나타난 낙동강[12]의 다양한 표상 양상을 고찰해 보고자 한다.

 회, 2013.

 8) 조진기, 「지리공간의 문학적 수용과 변용 −포석의 「낙동강」을 중심으로」, 『가라문화』 8, 경남대학교 가라문화연구소, 1990.

 9) 박태일, 「낙동강과 우리시」, 『한국 근대시의 공간과 장소』, 소명출판, 1999.

 10) 황선열, 「낙동강 문학의 탈근대성 연구」, 『한국문학논총』 43, 한국문학회, 2006.

 11) 근대문학에 나타난 낙동강을 한국전쟁기 문학에 국한하여 살핀 논문이 두 편 있다. 조갑상, 「한국전쟁과 낙동강의 소설화에 대한 연구」, 『동남어문논집』 20, 동남어문학회, 2005 ; 문선영, 「한국전쟁기 시와 낙동강」, 『동남어문논집』 20, 동남어문학회, 2005.

 12) 본고에서 '낙동강'은 낙동강 자체를 가리키는 용어일 뿐만 아니라 그 연안의 들판과 마을 등 낙동강변에서 살아가는 이들의 생활 근거지까지 포함하는 환유적 용어로도 쓰인다는 점을 미리 밝혀 둔다.

2. 민중의 터전과 지옥의 양가적 장소

낙동강은 농경을 기반으로 문명과 역사를 이어온 한국인에게 삶의 터전으로서 오랜 기간 동안 중요한 역할을 해 왔다. 낙동강의 이 같은 의미는 趙明熙의 「낙동강」[13]에 잘 표현되어 있다. 이 소설은 일제강점기 낙동강 연안 농민들의 빈궁과 사회주의적 이상을 그린 소설이다. 이 소설은 귀향하여 사회주의 운동을 하다 수감된 '박성운'이 고문 후유증 때문에 건강이 악화되어 보석으로 귀향하는 장면에서 시작되어, 수감되기 전 그의 귀향과 농민들의 의식화, 조직화 과정에 대한 서사로 이어지다가, 결국 그는 죽고 애인인 '로사'가 그의 유지를 받든다는 내용으로 귀결되는 단편이다. 이 소설에는 낙동강 하구를 공간적 배경으로 하고 있어 장소성이 구체적으로 드러나며,[14] 인물들의 대화가 경상도어로 되어 있어 리얼리티가 살아 있다. 또한 이 소설은 '자연발생적 투쟁에서 목적의식적 투쟁으로'라는 1920년대 사회운동의 요구와 프로문학의 과제를 담고 있는 기념비적 작품이다. 이러한 특징을 지닌 「낙동강」은 낙동강이 농민들에게 어떤 의미를 지닌 강인가에 대한 서술로 시작된다.

> 낙동강 칠백 리 길이길이 흐르는 물은 이곳에 이르러 곁가지 강물을 한몸에 뭉쳐서 바다로 향하여 나간다. 강을 따라 바둑판 같은 들이 바다를 향하여 아득하게 열려 있고, 그 넓은 들 품안에는 무덤무덤의 마을이 여기저기 안겨 있다.
>
> 이 강과 이 들과 거기에 사는 인간―강은 길이길이 흘렀으며, 인간도 길이길이 살아왔었다.
>
> ―조명희, 「낙동강」 일부[15]

---

13) 이 소설은 『조선지광』 1927년 7월호에 발표되었는데, 검열로 인해 伏字로 처리된 부분이 여러 군데 있다. 조명희는 1928년 7월에 소련으로 망명한 후 이 부분을 복원했다. 복원한 작품은 『포석 조명희 선집』(소련과학원, 동방도서출판사, 1959)에 수록되어 있다. 『조신지광』본과 『선집』본을 비교해 보면, 표기나 문장부호가 약간 달라졌을 뿐 둘의 차이는 없다는 점을 알 수 있다. 본고에서는 복자가 복원되어 있는 『선집』본을 텍스트로 했다. 다만 인용할 때에는 현재의 어문규정에 따라 약간 수정했다.

14) 발단부에 노래가 삽입되어 있는데, 그 가운데 "봄마다 봄마다/ 불어내리는 낙동강물/ 구포벌에 이르러/ 넘쳐 넘쳐 흐르네"라는 구절이 있다. 조명희, 「낙동강」, 『포석 조명희 선집』, 소련과학원 동방도서출판사, 1959, 296~297쪽. 이 구절로 보아 이 소설은 낙동강 하구, 특히 구포 인근을 실제적 배경으로 하여 창작된 것임을 알 수 있다.

15) 조명희, 「낙동강」, 296쪽.

인용문은 낙동강과 그 연안을 묘사한 부분이다. 지류를 합치며 유유히 바다로 흘러가는 낙동강과 강을 따라 펼쳐진 들판, 그리고 들판에 점점이 흩어져 있는 마을의 정경이 개괄적이면서도 목가적으로 묘사되어 있다. 이러한 묘사는 강과 들판과 인간이 서로 불가분의 관계를 맺으며 뒤엉켜 장소의 정체성[16]을 형성하고 있음을 보여준다. 즉 강이라는 물리적 환경과 인간의 노동이 가미된 들판, 그리고 강과 들판에 대한 인간의 장소감(sense of place)[17]이 합쳐져 이 지역의 정체성을 형성하고 있는 것이다. 그리고 둘째 문단은 강의 흐름과 인간의 삶이 상동성을 지니며 이어져 왔다는 표현을 통해 장소와 인간의 밀접한 연관성을 암시한다. 아울러 누천년 변함없이 흐르는 낙동강은 시간의 변화 속에서도 무한하고 불변하는 가치를 표상하면서 유한하고 가변적인 인간의 삶에 안정성과 영속성을 부여해 주고 있다.

이와 함께 주목되는 부분은 "넓은 들 품안에는 무덤무덤의 마을이 여기저기 안겨 있다"라는 표현이다. 이 표현은 매우 의미심장한데, 그 이유는 이것이 장소가 지닌 모성성과 자연의 순리를 따르는 농경적 생활양식을 환기하기 때문이다. 다시 말해 "안겨 있다"라는 표현 속에 안는 주체의 모성성과 안기는 존재의 순종성이란 의미가 내포되어 있기 때문이다. 이는 이 뒤에 삽입된 노래의 구절, 즉 "철렁 철렁 넘친 물/ 들로 벌로 퍼지면/ 만 목숨 만만 목숨의/ 젖이 된다네"나 "이 벌이 열리고/ 이 강물이 흐를 제/ 그 시절부터/ 이 젖 먹고 자라왔네"[18]라는 구절에서 보다 명확해진다. '젖'이 낙동강물을 의미한다는 점을 생각하면, 낙동강은 어머니로 표상됨을 알 수 있다. 그 어머니는 수많은 목숨을 살리는 존재이다. 그러니 그 연안에서 영위되는 삶은 어머니인 강의 순리를 따르는 삶일 수밖에 없다. 어린아이가 어머니를 "물리적·정신적 안락의 근원이며 필수불가결한 보

16) 장소를 구성하는 세 가지 요소는 자연과 문화가 결합된 '물리적 환경', 장소와 관련된 '인간의 활동', 인간의 관점과 의도와 경험을 바탕으로 생성되는 '의미'인데, 이것들이 상호작용하면서 장소의 정체성을 구성한다. 렐프, 『장소와 장소상실』, 110~115쪽 참조.

17) '장소감(sense of place)'은 어떤 경계 내부에 있다는 느낌이며, 개인으로서 그리고 공동체 일원으로서 자신의 장소에 속해 있다는 느낌이다. 이러한 소속감은 집이나 고향, 좀더 확장하면 지역이나 국가와 같은 친밀한 장소를 근거로 하여 발생한다. 장소감은 장소의 의미를 생성하는 기본적 조건이다. 렐프, 『장소와 장소상실』, 150쪽 참조.

18) 조명희, 「낙동강」, 297쪽. 이 노래는 박성운이 아버지와 함께 서북간도 이주민들 틈에 끼어 낙동강을 건널 때 불러 그들로 하여금 눈물을 자아내게 했던 것이다. 소설에는 「봄마다 봄마다」란 제목을 지닌, "경상노의 독특한 지방색을 띠인 민요 〈닐리리조〉에다 약간 창가조를 섞은"(303쪽) 노래로 설명되어 있다.

금자리"[19]로 인식하는 것처럼 낙동강 연안 주민들은 낙동강을 그러한 장소로 인식하고 있다.

낙동강이 민중의 보금자리이자 어머니 같은 장소임은 金容浩의 「낙동강」에도 표현되어 있다. 이 시가 발표된 『사해공론』에는 제목 위에 '長詩'라는 양식적 표지가 명기되어 있다. 실제 이 작품은 총 10부로 분절되어 있고, 약 200행으로 이루어져 있다. 그리고 "내 사랑의 강! 낙동의 강아!"라는 부제가 붙어 있는데, 이것이 제3부를 제외한 나머지 부분의 첫머리를 장식한다. 이러한 장형화와 반복구를 비롯해 배역 화자, 영탄적 어조, 대화적 구조, 돈호법과 설의법, 서사와 서정의 전경화 등의 양식적 특성을 보인다. 게다가 이 시는 낙동강변 마을에서 살아가는 농민들의 빈궁과 이향을 형상화한 작품으로서 리얼리즘 문학의 범주에 속한다. 공교롭게도 이런 것들은 임화 시에 나타나는 특성이기도 하다. 김용호는 경남 마산에서 출생하여 경남 지역을 근거지로 활동했던 시인이다. 그는 1930년대 중반부터 작품을 발표하기 시작했는데, 바로 이 무렵에 임화가 마산에 머물고 있었다. 당시 김용호는 임화와 교유하면서 그로부터 문학에 관한 이야기를 듣곤 했다고 한다.[20] 그런 점에서 「낙동강」의 양식적 특성은 임화 시로부터 영향을 받았다고 볼 수 있다. 낙동강에 대한 장소애(topophilia)[21]가 강렬히 발산되는 다음 부분을 보자.

칠백 리 굽이굽이 흐르는 네 품속에서
우리들의 살림살이는 시작되었다

우리들은 너 함께 길이길이 살 약속을
오목조목 산비탈에 깃발처럼 세웠다

내 사랑의 강!
낙동의 강아!

19) 이-푸 투안, 『공간과 장소』, 54쪽.
20) 경남문인협회 편, 『경남문학사』, 불휘, 1995, 19쪽.
21) '장소애(topophilia)'는 장소에 대한 인간의 애정, 장소와 인간의 정서적 유대 등을 의미하는 개념으로, 이-푸 투안이 만들어 썼고, 이후 인문주의 지리학자들이 장소와 인간의 관계를 설명하기 위해 활용했다. 이 개념에 대한 초기의 논의를 살펴보려면, 이-푸 투안, 이옥진 역, 『토포필리아』, 에코리브르, 2011, 8~9장을 참조할 것.

> 너는 얼마나 아름다운 요람이었더냐
>
> 너는 얼마나 그리운 자장가였더냐
>
> — 김용호, 「낙동강」 일부[22)]

인용 부분은 이 시의 도입부이다. 이 시에서 낙동강은 조명희의 소설에서와 거의 비슷한 양상으로 나타난다. 낙동강 연안 거주민의 삶은 낙동강의 "품속"에서 시작되었고, 그들을 기른 낙동강은 "아름다운 요람", "그리운 자장가"로 표상된다. 이러한 표상체계는 전통적으로 모성성의 의미를 지닌 것이다. 시적 화자가 이처럼 고양된 어조로 낙동강을 모성적 표상으로 내세우는 데에는 그의 유년시절의 아름다운 추억이 낙동강에 서려 있기 때문이다. 인용 부분 바로 뒤에 화자는 유년시절의 행복했던 경험을 서정적으로 노래하고 있는데, 이 경험이 낙동강과 관련되어 있다. 낙동강은 어른들에게는 생계 유지를 위한 일터였지만, 유년의 화자에게는 더 없이 좋은 놀이터이자 어머니의 품속 같은 곳이었다. 낙동강이 시 속에서 모성적 표상으로 나타나는 것은 그 때문이다.

그러나 낙동강이 그 연안 거주민들에게 언제나 삶의 터전으로서, 어머니로서 행복한 지각(perception)[23)]의 대상이 된 것만은 아니었다. 그들에게 낙동강은 또한 생존을 위협하는 재앙으로도 지각되었다. 그것은 그들이 해마다 되풀이되는 홍수를 육체를 통해 직접적으로 체험했기 때문이다. 수해는 매년 여름철이면 한반도 전역에 걸쳐 두루 나타났다. 하지만 낙동강은 시기에 따라 유량의 차이가 크게 나는 강이다. 그런 탓에 그 유역 주민들은 매년 커다란 피해를 당했다. 특히 수해는 낙동강 하류에 집중적으로 일어나 그곳 거주민들에게 심대한 고통을 안겨 주었다. 그런 때문에 낙동강은 근대문학에서 민중의 삶의 터전이면서 다른 한편으로는 지옥으로도 표상되었다.

李光洙의 『무정』은 근대문학사에서 이 재난을 처음으로 다룬 장편소설이다. 청춘의 사랑을 배음으로 하여 계몽주의적 이상을 그린 이 소설은 '이형식', '김선형', '박영채' 간의 애정 갈등을 중심축으로 서사가 진행되다가 결말부에 이르러 계몽이란 주제를 선명

---

22) 김용호, 「낙동강」, 『사해공론』, 1938.9, 48쪽.

23) '지각(perception)'은 감각을 통해 세계를 인식하는 활동이다. 인간은 육체에 깃든 오감을 통해 자신이 속한 장소를 지각한다. 그리고 실존적 세계가 지각을 통해 의식에 재현된 것이 '표상(representation)'이다. '세계→오감→지각→표상'으로 이어지는 이러한 활동은 인간의 본원적 속성에 속한다. 이-푸 투안, 『토포필리아』, 23~33쪽 참조.

히 부각시키는데, 그것의 촉매가 바로 삼랑진역 인근의 수해이다. 삼랑진역은 낙동강 본류와 밀양강이 합수하는 지점 인근에 위치해 있다. 이형식 일행은 일본 유학길에 수해로 선로가 파손되어 열차 운행이 중단되자 삼랑진역에 잠시 내리게 된다. 그들은 다른 승객들처럼 수해로 모든 것을 잃고 산으로 간신히 피신한 사람들을 구경한다. 그 와중에 산모를 간호하고, 수재민을 위한 자선음악회를 개최한다. 그들은 이러한 일련의 사건을 겪으면서 서로 간의 애정 갈등과 내적 번민을 해소하고, 지식인의 민족적 소명 의식을 획득한다. 이런 사건들의 사이에 수해로 고통스러워하는 민중의 모습이 사실적으로 잘 묘사되어 있다.

그럼에도 이 소설이 지닌 문제점은 민중이 약하고 어리석고 미련하고 무감각하여 "교육으로, 실행으로" 가르치고 인도해야 할 존재로만 대상화되어 있다는 점이다.[24] 이는 물론 이광수의 계몽주의가 지닌 엘리트주의적 성격에서 말미암은 것이지만, 작품 속에서는 등장인물 특히 이광수의 아바타라 할 수 있는 이형식이 여행자의 관점으로 대상을 바라보는 데에서 비롯된 것이다. 여행자의 관점으로 장소를 바라보는 것과 거주민의 관점으로 장소를 바라보는 것은 분명히 다른 장소 경험이다. 전자의 경우에 장소는 다만 관찰의 대상일 뿐이지만, 후자의 경우에는 자신의 일부로 지각된다. 따라서 수해에 대한 인식의 내용이나 정도, 그리고 해결의 의지도 서로 다를 수밖에 없다.

> 횡포한 권력자 너는
> 가난한 백성의 동무가 아니었구나
>
> …(중략)…
>
> 전답과 농작물
> 가축과 세간
> 아! 형제들의 생명까지도
> 기탄없이 탈취해 가 버린
> 너 가증할 권력의 강이여!
>
> ― 양우정, 「낙동강」 일부[25]

---

24) 이광수, 『이광수전집1』, 삼중당, 1971, 204~205쪽.
25) 양우정, 「낙동강」, 『조선문단』, 1935.5, 201쪽.

『무정』에서 수해가 여행자의 눈에 비친 타자의 사건으로 포착된다면, 그것이 거주민의 눈에 비친 자신의 사건으로 포착되는 작품을 상상해 볼 수 있다. 梁雨庭의 「낙동강」이 그런 작품이다. 양우정은 이 시에서 홍수로 삶의 터전을 잃고 절망에 빠진 민중의 모습을 바로 그들, 거주민의 시선으로 그리고 있다. 이 시의 말미에는 "홍수 지는 낙동강반(洛東江畔)에서"라는 부기가 달려 있다. 양우정[26]의 고향은 경남 함안군 북촌리인데, 이곳은 남강과 낙동강이 합류하는 남지에서 멀지 않다. 게다가 이 시는 그가 귀향해 있을 때 쓰였다. 발표 시기를 고려할 경우, 이 시는 낙동강 유역에 막대한 피해를 입힌 1934년 여름의 대홍수를 배경으로 쓰인 작품임에 틀림없다. 따라서 이 시는 귀향한 양우정이 낙동강 수해를 자신의 고향에서 실제로 목격한 경험을 토대로 쓰인 것이라 할 수 있다. 이 작품에서 낙동강은 과거엔 "가난한 백성의 동무"였지만, 지금은 "횡포한 권력자"로 표상되어 있다. 거대한 물로 모든 것을, 심지어 생명까지도 앗아갔기 때문이다. 양우정은 "가난한 친구들", "형제들"과 같은 시어로써 민중과 자신을 동일시하고 있다. 그런 만큼 수해는 이재민의 관점에서 그려지고 있다. 그래서 이 시에는 이광수의 소설과 달리 "장소와의 동일시, 즉 장소에 대한 정체성"[27]이 뚜렷이 나타난다.

낙동강의 홍수 피해는 하류로 갈수록 심각했고, 저지대인 김해평야 일대가 극심했다. 『동아일보』에 수록된 1920년의 기사는 "칠백 리 낙동강수가 급격한 홍수대(洪水隊)를 지어 피안(彼岸) 전부(구(舊) 덕도면(德道面) 전부)를 밀어들어 불의의 참화를 당한 인민은 다만 '하나님!'을 부를 뿐이다. 가옥은 수면의 노립(蘆笠)을 복렬(覆列)하였고 인두(人頭)는 강중(江中)의 부압(鳧鴨)을 환작(幻作)하였도다."[28]라며 김해 지역, 특히 덕도면[29]의 참혹한 홍수 피해를 전하고 있다. 홍수와 그로 인한 피해를 막기 위해 이곳 주민들은 매년 제방을 쌓고 보수했는데, 이 해에는 제방이 붕괴될 정도로 커다란 홍수가 발생했다. 강을 낀 사구인 만큼 대홍수가 닥칠 경우에는 속수무책으로 당할 수밖에 없었던

---

[26] 양우정에 대해서는 다음 논문들이 참조가 된다. 서범석, 「양우정의 시 연구」, 『국어교육』 98, 한국어교육학회, 1998 ; 후지이 다케시, 「양우정의 사회주의운동과 전향 ─가족, 계급, 그리고 가정」, 『역사연구』 20, 역사학연구소, 2011.

[27] 렐프, 『장소와 장소상실』, 116쪽.

[28] 「김해의 대홍수」, 『동아일보』, 1920.7.29.

[29] 덕도면은 대저면과 함께 낙동강 하류 삼각주를 구성하는 큰 섬이다. 1914년 행정구역 변경에 따라 서낙동강 건너 가락면에 합쳐졌다가 1970년대 말에 부산에 편입되었다. 현재의 행정구역상으로는 부산시 강서구 강동동에 속한다. 부산광역시 강서구청 홈페이지(http://www.bsgangseo.go.kr) 참조.

것이다. 이런 재난은 1920년만이 아니라 그 이전부터 그 이후까지 줄기차게 발생했다.

이런 피해를 막기 위한 치수사업은 오랜 역사를 지니며, 일제강점기에도 지속되었다. 낙동강 하류 지역이 현재의 모습을 갖추기 시작한 것은 일제에 의해 남강치수사업이 추진되던 1920년대부터라고 한다.[30] 남강치수사업은 일제의 산미증산계획의 일환으로 실시된 것으로, 강수량과 유량이 많은 남강을 관리 및 통제함으로써 낙동강 연안의 홍수를 예방하고 저습지를 농경지로 개발하려는 목적에서 실시되었다. 이와 더불어 낙동강 하류 전역에 걸친 치수사업이 역시 1920년대부터 전개되었다. 그리하여 남지평야, 하남평야, 대산평야, 김해평야 등 경남 일대의 대규모 농경지는 모두 수해 피해를 막기 위한, 그러나 사실은 식량 수탈을 극대화하기 위한 일제의 치수사업의 결과로 탄생한 개척지이다. 일제가 치수와 수해복구에 지속적으로 힘을 쏟은 것은 이러한 개척지를 지키기 위함이었다.

그럼에도 낙동강은 빈번히 범람했다. 일제강점기 신문에는 거의 매년 여름마다 낙동강의 홍수와 이재민의 참상을 전하는 기사가 게재되었다. 홍수로 낙동강 하류 지역 민중의 터전이 폐허가 된 상황은 金大鳳의 「濁浪의 낙동강」에 잘 묘사되어 있다. 이 시는 김해평야에 속한 河中島 가운데 가장 큰 섬인 大渚島를 배경으로 하여 수해로 고통받는 농민들의 비참한 실상을 사실적으로 그려낸 작품이다. 김대봉[31]은 경남 김해에서 출생해 동래고등보통학교를 거쳐 평양의학강습소를 졸업한 의사였다. 강습소를 졸업한 후에는 고향에서 의원을 열었고, 경성제대 부속병원에서 근무했다. 그는 1927년부터 꾸준히 작품을 발표함으로써 시인으로 활동하기도 했다. 그는 장마와 태풍에 따른 홍수로 범람하는 낙동강, 그로 인한 김해지역의 재난을 성장기 내내 보고 자랐다. 또한 짧은 생애를 살았지만 평생 휴머니즘 정신에 입각해 의료와 문학의 일치를 추구했다. 이러한 사실들을 고려할 때, 그가 낙동강 유역의 재해와 수재민의 고통을 외면하지 않고 시로 표현한 것은 당연한 일이 아니었을까 싶다. 수마가 휩쓸고 지나간 지리를 "전쟁이 끝난 싸움터"에 비유하여 민중의 참상을 묘사한 다음 부분을 보자.

---

[30] 일제의 낙동강 하류 치수사업에 대해서는 김덕현, 「경남문화의 지리적 이해」, 『경남문화연구』 30, 경상대학교 경남문화연구소, 2009, 17~18쪽 참조.

[31] 김대봉의 생애에 대해서는 다음의 논문을 참조했다. 한정호, 「포백 김대봉의 삶과 문학」, 한정호 편, 『포백 김대봉 전집』, 세종출판사, 2005.

그만큼 잔학하게 짓밟힌 자취자취는

살기 띤 음풍(陰風)과 비비(霏霏)한 음우(霪雨) 아래

혁명군같이 격충(激衝)한 탁랑(濁浪)의

무상(無上)의 파괴와 지극한 전횡의 탓이었나니

달포 동안 사박(死迫)하는 기아와 싸우던 대중은

모―든 구휼과 구조가 일시적임 알고

수양(首陽)이 지절(志節)을 게양했지만

집을 앗긴 자

수곡(水穀)을 뺏긴 자

부모를 여읜 자

병상에 신음턴 자

탁류에 행방불명한 자

그 후 대체 어떻게 되었단 말인가

―김대봉, 「탁랑의 낙동강」 일부[32]

  이 시가 발표된 시기가 1933년 11월인 점으로 미루어 작품에 나타난 수해는 1933년 여름에 발생한 대홍수를 바탕으로 형상화된 것이다. 이 대홍수는 남부지역 전체를 휩쓸었는데, 그중에도 낙동강 하류 지역에 심각한 타격을 주었다. 만 명이 넘는 이재민을 발생시켰고, 김해평야 대부분을 탁랑의 바다로 만든 대참사였다.[33] 김대봉은 시에서 수해로 인한 민중의 피해 상황을 탄식조로 묘사하고, 수해의 모든 원인은 낙동강에 돌리고 있다. 그래서 낙동강은 '잔학', '파괴', '전횡' 등의 부정적 시어들과 연관된다. 또한 인용 부분에는 없지만 낙동강을 "새빨간 혈해(血海)에 잠긴 마녀"로 표상한다.[34] 그래서 그는 낙동강을 향해 "흘러가라 흘러가라"라고 반복적으로 외치며 수해로 불어난 강물이 어서 빨리 줄어들기를 바란다. 예로부터 김해평야 일대는 '홍수의 중심지'로 일컬어져 왔는데, 이듬해인 1934년에 또 다시 대홍수가 발생해 대저도를 비롯한 하류 삼각주는 물론이고 서낙동강 건너 가락 일대도 폐허가 된다.[35] 이때에도 김대봉은 「洪水餘韻」[36]이란

32) 김대봉, 「탁랑(濁浪)의 낙동강」, 『신동아』, 1933.11 ; 한정호 편, 위의 책, 78쪽.

33) 배종철, 「일망무제 이해탁랑(泥海濁浪), 촉처(觸處)마다 재민(災民) 참상」, 『동아일보』, 1933.7.5.

34) 낙동강의 부정적 표상은 김용호의 「낙동강」에서도 보인다. 이 시에서 낙동강은 주민들에게 사흘 밤낮으로 불안과 공포를 몰고 오는 "노아의 주구", "폭군 네로"에 비유되고 있다. 김용호, 「낙동강」, 52쪽.

35) "김해평야가 생기고는 처음 가는 대참화를 당하게 되었으니 그 농민들이 다시 그 흙을 갈고 살아갈 수

시에서 대홍수로 인한 참상과 "홍수란 구적(仇敵)"에 대한 분노, 재해 극복의 염원을 노래한 바 있다. 이처럼 낙동강은 김대봉의 두 시에서 공히 '마녀'나 '원수'로 표상되어 있다. 그런데 사실 낙동강 그 자체는 악마적인 존재라고 할 수 없다. 낙동강의 수해는 그 유역의 지리적 환경, 해마다 되풀이되는 장마와 태풍, 부실한 제방공사와 치수관리 탓에 발생한 것이기 때문이다. 그럼에도 낙동강이 지옥을 몰고 오는 사악한 존재로, 지옥 자체로 표상된 것은 그만큼 범람하는 낙동강이 생존을 위협하는 직접적 공포로 거주민들에게 육박했기 때문일 것이다.

3. 농민 수탈과 추방의 전형적 현장

카프의 해산과 신병의 악화로 정신적, 육체적 고통을 겪던 카프 서기장 임화는 몇몇 요양처를 전전하다 1935년에 마산으로 가게 된다.[37] 그곳에서 그는 지하련의 간호를 받으며 신병을 치료하고, 그녀와 결혼하여 안정된 생의 감각을 획득한다. 그러는 한편 새로운 의지로 프로문학의 정신을 이어가기 위한 문학적 구상에 골몰했다. 임화 개인에게는 물론이고 프로문학에게도 '갱신과 모색의 시대'라 일컬을 수 있는 이런 일련의 과정을 거치면서 그는 자신이 거주하는 마산 상남동 일대를 자주 산책하곤 했다. 그리고 산책길에서 목격한 경남 지역 민중의 삶의 실상을 담은 몇 편의 산문을 남겨 놓았다. 임화는 그중 하나인 「남방비행편」에서 경상도가 창부의 주요 원산지 중 하나라는 오명을 덮어쓰게 된 원인을 경상도 사람들의 선천적 기질에서 찾는 견해에 단호히 반대한다. 그러면서 그 원인으로 빈부의 격차, 신분제의 잔재, 주기적 天災의 세 가지를 들고 있다.[38] 신분제는 차치하더라도 빈부의 격차와 주기적 천재가 일제강점기 경남 민중의 삶을 절망적 상황으로 내모는 주된 원인이었음을 알 수 있다. 특히 천재(수해)는 재난 대

있을지가 의문이겠다."라는 기사는 이 대홍수가 얼마나 심각했는지를 잘 보여준다. 강대홍, 「김해평야 생긴 후론 처음 당하는 대참화, 그 흙 다시 갈고 살게 될는지」, 『동아일보』, 1934.8.3.

36) 김대봉, 「홍수여운(洪水餘韻)」, 『신동아』, 1934.10 ; 한정호 편, 앞의 책, 90~91쪽.

37) 임화의 마산시절은 다음 논문에 재구되어 있다. 박정선, 「임화와 마산」, 『한국근대문학연구』 26, 한국근대문학회, 2012.

38) 임화, 「남방비행편」, 『사해공론』, 1936.10 ; 박정선 편, 『언제나 지상은 아름답다 ―임화 산문선집』, 역락, 2012, 118~119쪽.

비에 취약한 민중의 삶터를 지속적으로 파괴함으로써 그들을 더욱 빈궁의 나락으로 떨어뜨렸다. 이런 상황에서 가족의 목숨을 연명하기 위해 딸을 파는 비극이 벌어진 것이다.

그런데 더욱더 비극적인 것은 여기에 수탈이라는 또 다른 고통이 가중되었다는 점이다. 일제강점 초기부터 조선총독부가 추진한 토지조사사업과 산미증산계획으로 많은 자작농이 몰락하여 소작농으로 전락했고, 동양척식주식회사와 일본인 대지주의 가혹한 소작제로 많은 소작농이 궁핍에 허덕였다. 이러한 상황은 낙동강 유역을 따라 펼쳐져 있는 평야 지대에서 우심했다. 그래서 낙동강은 농민 수탈의 현장이라는 또 다른 표상을 얻는다. 김대봉의 「탁랑의 낙동강」에는 수해에 수탈까지 겹친 이중고로 고통스러워하는 경남 민중의 현실이 표현되어 있다.

> 이와 같이 네가 일체를 멸각하는 동안
> 노예의 목장인 대저(大渚)들은
> 불법의 생산지 대저(大渚)들은
> ××××의 탐욕처인 대저(大渚)들은
> 거미줄 같은 소작(小作)의 연명선(延命線)을 빼앗아 갔나니
> — 김대봉, 「탁랑의 낙동강」 일부[39]

앞서 언급했듯이 이 시는 낙동강 하구 대저도라는 실제 장소를 배경으로 한 작품이다. 김대봉은 이 시에서 대저도 주민들이 수해로 모든 것을 잃고 "노예의 목장", "불법의 생산지", "××××의 탐욕처"로 변한 대저들판에서 소작농으로 전락했다가, 끝내 소작권마저 빼앗긴 상황을 격앙된 어조로 고발하고 있다. 시에서 경작지로 표현된 대저들은 1930년 무렵까지만 하더라도 대부분 蘆田이었다. 이 인근 빈민들은 여기서 자라는 갈대로 각종 수공품을 만들어 팔아 부족한 생계비를 보충했는데, 점차 일본인 대지주들이 염가로 노전을 매입하고 수리시설을 갖춘 후 이곳을 농지로 개간하여 빈농들에게 소작을 주었다.[40] 결국 그들은 일본인 대지주가 경영하는 농장의 소작인이 되어 핍박과 착취를 견디며 근근이 목숨을 이어갔고, 그 중에는 소작지를 받지 못해 쫓겨나는 이들도

---

[39] 김대봉, 「탁랑의 낙동강」, 79~80쪽.
[40] 권환, 「김해평야 점묘」, 『동아일보』, 1939.3.7~3.10.

많았다. 김대봉은 '노예', '불법', '탐욕'이란 시어를 통해 대저도 주민들을 궁지로 내몬 일제의 식민지 농업정책의 문제점을 우회적으로 비판하고 있다.

흥미롭게도 이와 유사한 상황이 조명희의 「낙동강」에서도 보인다.[41] 이 소설에서 마을 앞 "낙동강 기슭에 여러 만 평 되는 갈밭"은 마을 사람들의 생업에 도움을 주던 공유지였는데, 십 년 전 국유지로 편입되었다가 한 일본인의 손에 넘어가고 만다. 그 때문에 농민들은 삶의 주된 터전 하나를 잃는다. 그 이후의 마을 정경은 5년 만에 귀국한 박성운의 관점으로 그려진다. 고향에는 인가가 엄청나게 줄었고, 거대한 동양척식주식회사 창고가 초가집들을 위압하듯 서 있다. 그리고 중농은 소농으로, 소농은 소작농으로, 소작농은 파산하여 낯선 곳으로 흩어졌다. 일제의 농민 수탈이 향촌공동체를 어떻게 파괴했는지를 이 소설은 간명하게 보여주고 있다.

> 과연 그네는 뭇강아지떼같이 이 땅 어머니의 젖꼭지에 매달려 오래오래 동안 살아왔다. 그러나 그 젖꼭지는 벌써 자기네 것이 아니기 시작한 지도 오래였다. 그러던 터에 **엎친 데 덮친다고 난데없는 이리떼 같은 무리가 닥쳐와서 물어박지르며 빼앗아 먹게 되었다.**
> 인제는 한 모금의 젖이라도 입으로 들어가기 어렵게 되었다. 하는 수 없이 이 땅에서 표박하여 나가게 되었다.
>
> — 조명희, 「낙동강」 일부[42]

조명희의 소설에서 낙동강이 어머니로 표상된다는 점은 앞서 확인하였다. 위 인용문에서는 그 연안 토지까지도 어머니로 표상되어 있다. 그런데 그 토지는 이미 농민들의 것이 아니고, 게다가 그나마 가진 것도 "**이리떼 같은 무리**"에게 수탈당함으로써 그들은 제 땅에서 쫓겨날 수밖에 없는 처지에 놓인다. 일제강점기에 많은 농민들이 일제의 식민지 농업정책 때문에 토지를 빼앗기고 소작농으로 전락했다가, 결국 그런 상태에서 버틸 수 없어 고향에서 쫓겨났다. 예컨대 1925년의 경우 절대빈곤에 허덕이다 이농한 인구는 15만 명을 넘었으며, 이러한 상황은 갈수록 심화되었다.[43] 이 소설에서는 당대 농민들의 그 같은 현실이 적확히 서술되어 있다. 낙동강은 이 소설에서 농민 수탈의 현장

---

41) 조명희, 「낙동강」, 312~313쪽.
42) 조명희, 「낙동강」, 298쪽. 강조한 부분은 조명희에 의해 복원된 부분이다. 이하 동일.
43) 강만길, 『고쳐 쓴 한국현대사』, 창작과비평사, 1994, 128~129쪽.

일 뿐 아니라 농민 추방의 현장으로도 표상된다. 그런 의미에서 낙동강은 일제강점기 농민의 현실을 전형적으로 보여주는 장소라고 할 수 있다.

양우정의 또 다른 「낙동강」44)도 낙동강이 농민 수탈과 추방의 현장이란 점을 명시적으로 표현한 작품이다. 이 시는 전체 5부로 구성된 장시로서 낙동강 유역 민중들의 삶의 애환을 서정적인 필치로 형상화한 것이다. 또한 민요 특유의 3음보 리듬을 체현하고 있고 후렴구가 첨가되어 있어서 민요시의 특성을 지닌다. 양우정은 여타의 카프 작가들과는 달리 주로 고향 함안에 머물면서 농촌과 농민을 소재로 한 향토성 짙은 시를 썼다. 그런 연유에서인지 그는 민요에 큰 관심을 갖고 있었다. 그는 이 시를 발표한 후 「민요소고」45)에서 민요의 중요성과 창작민요의 필요성을 역설한 바 있다. 따라서 이 시는 민요에 대한 그의 관심의 소산이다.46) 양우정은 이 시에서 "낙동강 칠백 리/ 옥야천리(沃野千里)엔/ 낯설은 사람들만/ 모여서 드네/ 십리만석 보고는/ 죄다 남 주고/ 이 땅의 백성들은/ 다 쫓겨가네"라며 문제적인 현실을 고발한다. 여기서 '낯선 사람들'이란 동양척식주식회사 관련자들이나 일본인 대지주들을 가리킬 것이다. 양우정은 일제의 식민지 농업정책의 전위부대 내지 수혜자인 그들에게 땅을 빼앗긴 채 쫓겨나는 농민들의 상황을 간략히 서사화하고 있다.

　　세월은 하나의 밀물이던가
　　삼십 리 밖 읍내의 못 보던 경이(驚異)는
　　차츰차츰 이곳에도 몰려오기 시작하였다

　　붉은 기!
　　흰 기!

---

44) 양우정, 「낙동강」, 『중외일보』, 1928.11.13~11.16.

45) 양우정, 「민요소고」, 『음악과 시』, 1930.9, 8~9쪽.

46) 양우정은 이 시 외에도 「낙동강곡(洛東江曲)」(『조선일보』, 1930.3.11)이란 민요시도 썼다. 흥미로운 점은 이 시에 조명희의 「낙동강」 삽입가요와의 상호텍스트성이 나타난다는 점이다. 일부를 제시하면 다음과 같다. ① 조명희의 「낙동강」: "철렁 철렁 넘친 물/ 들로 벌로 퍼지면/ 만 목숨 만만 목숨의/ 젖이 된다네/ 젖이 된다네 에―헤―야// 이 벌이 열리고/ 이 강물이 흐를 제/ 그 시절부터/ 이 젖 먹고 자라 왔네/ 살아 왔네 에―헤―야", ② 양우정의 「낙동강곡」: "낙동강 칠백 리 흐르는 물은/ 이 나라 백성들 젖줄이라네/ 이 땅의 백성들 만만 목숨이/ 낙동강 젖 먹고 살아 왔다네/ 얼널널 상사뒤 어여뒤여/ 상사뒤". 이를 단순한 베끼기로 보기보다는 선배 프로작가에 대한 오미주로 보는 것이 옳을 것이다.

　　돌돌 말렸다 풀렸다 하는 땅을 재는 자(尺)
　　어느새 새끼쇠줄이 논바닥 위에 드러눕고
　　흙구루마는 영이와 풀싸움하던 그 언덕을 짓밟고 달아났다

　　기어이 귀신이 산다는
　　은행나무의 목이 달아난 그날 아침

　　마을의 할부지 할무니들은
　　'이젠 동리 사람이 모다 죽는다'고
　　땅을 뚜드리고 통곡하였다

　　　　　　　　　　　　　　　　　　　　　　－김용호, 「낙동강」 일부[47]

　　한편 농업 수탈에 식민지 근대화가 겹치면서 농촌에서 오랫동안 유지되던 장소적 정체성마저 파괴된다. 식민지 근대화는 김용호의 「낙동강」에서 '경이의 물결'이란 반어적 표현으로 나타난다. 전통적 장소의 변형은 그러한 '경이'의 구체적 현현이다. "붉은 기!/흰 기!"가 등장하고, 줄자가 "어느새" 논바닥에 드리워지며, 리어카는 언덕을 "짓밟고" 달아난다. 아마도 이는 일제강점기에 진행된 도로(신작로) 공사 장면을 묘사한 것일 터이다. 또한 은행나무가 베어진 것은 도로 공사에 방해가 된다는 이유에서였을 것이다. 그리고 이렇게 만들어진 도로를 따라 동양척식주식회사와 일본인 지주들이 들어오고, 마을에는 그들의 저택과 창고와 사무소가 세워지며, 낙동강 유역에서 생산된 쌀이 또한 이 도로를 거쳐 일본으로 실려 나갔을 것이다. 따라서 시적 화자의 고향은 이제 장소성을 잃고 식민지 근대화의 시스템 속으로 편입된다. 이를 일컬어 토지와 식량 수탈에 수반된 '장소 수탈'이라 부를 수 있을 것이다.

　　그런데 장소성과 관련하여 이 시에서 특히 주목되는 것은 귀신이 산다는 은행나무의 목이 베어지고, 그 때문에 촌로들이 통곡한다는 부분이다. 여기서 은행나무는 당산나무, 즉 마을의 수호신이 깃들어 있다고 믿어지는 나무를 의미하는 것 같다. 향촌공동체는 예로부터 이 신성한 나무를 섬기며 마을의 안녕을 빌어 왔다. 그러므로 은행나무는 향민들에게는 의미로 가득한 나무, 생활세계의 중심이 되는 나무이다. 그래서 나무가 베

---

47) 김용호, 「낙동강」, 50~51쪽.

어지자 촌로들이 공포와 절망에 통곡한 것이다. 반면 일제에게 이 나무는 아무런 의미가 없는, 장소의 재구성에 방해되는 나무이다. 향민들의 반대에도 "기어이" 나무를 벤 것은 그런 연유에서이리라. 시간의 변화에도 불구하고 어떤 장소가 장소성을 유지할 수 있는 것은 "장소가 영구적이라는 감성을 강화시키는 의식과 전통"[48]이 존속되기 때문이다. 은행나무는 그 같은 신성한 의식의 중심이었다. 그러나 은행나무가 사라짐으로써 시적 화자의 고향은 중요한 장소적 표지를 상실한 채 무장소성(placelessness)[49]의 공간으로 획일화된다. 화자는 이러한 상황을 두고 "그 경이의 밀물도/ 끝내 제살붙이는 되지 않았"고, 고향은 "하루하루 호박넝쿨 시들 듯 시들어갔다"[50]라고 증언한다. 여기서 제살붙이란 동일한 혈통이나 민족을 가리키며, 혈연성이나 친밀성이란 의미를 내포한다. 따라서 경이의 밀물이 제살붙이가 되지 않았다는 것은 식민지 근대화가 향민들에게 그리 우호적이지 않았음을 암시한다. 고향이 호박넝쿨처럼 시들어갔다는 표현이 그것을 증명한다. 화자와 그 또래들이 선망했던 '새것의 경이(驚異)'는 결국 그들을 위한 경이가 아니었던 것이다.

> 우리들은 숟가락 몇 개 바가지를 찼다
> 그렇게도 가뜬한 우리들의 살림살이었다
>
> …(중략)…
>
> 아하!
>
> 기쁨의 물결이 일 당신들의 얼굴얼굴이
> 왜 그렇게도 앙상한 나뭇가지처럼
> 뻣뻣하고 어둡고 차단 말씀입니까
>
> — 김용호, 「낙동강」 일부[51]

---

48) 렐프, 『장소와 장소상실』, 83쪽.
49) '무장소성(placelessness)'은 "장소의 독특하고 다양한 경험과 정체성이 약화되는 현상"을 말한다. 렐프, 『장소와 장소상실』, 35쪽.
50) 김용호, 「낙동강」, 51쪽.
51) 김용호, 「낙동강」, 53쪽.

일제강점기 낙동강 유역의 많은 농민들이 조선총독부의 수탈로 토지를 빼앗겼고, 동양척식주식회사와 일본인 대지주의 횡포로 소작권도 박탈당하며, 매년 되풀이되는 수해로 집과 세간과 가족을 잃는 쓰라린 경험을 했다. 거기다가 그들은 식민지 근대화로 고향에 대한 장소감마저 잃은 채 "사모치는 원한과/ 절망의 구덩이 속에서/ 또 다시 털고 일어"52)서기 위해 만주로의 이주 길에 올랐다. 인용 부분은 이러한 처지에 놓인 당대 농민들의 심경을 잘 보여준다. 시적 화자 일가는 단출한 살림살이를 꾸려 "북쪽"으로 길을 떠나려 한다. 그 길은 당대의 많은 이주민들이 그랬듯이 이민열차를 타고 가는 길이다. 그런데 할머니와 어머니는 "쇠마차"(기차)를 타 보고 싶다는 평생소원을 이루었음에도 기뻐하지 않는다. 그 이유가 이향의 슬픔과 미래에 대한 불안 때문이라는 점은 어렵지 않게 짐작할 수 있다.

렐프는 장소애를 인간의 중요한 욕구로 규정하고, 한 장소에 뿌리내림은 "세상을 내다보는 안전지대를 가지는 것"이고, "사물의 질서 속에서 자신의 입장을 확고하게 파악하는 것"이며, "특정한 어딘가에 의미 있는 정신적이고 심리적 애착을 가지는 것"을 의미한다고 말했다.53) 그런 점에서 살던 장소를 떠나 낯선 곳으로 이주하는 것은 일차적으로 안전지대와 자기정체성, 애착감을 상실함을 의미한다. 남들에겐 아무리 형편없이 누추하고 황폐한 곳이라 하더라도 선조가 살았고 자신이 나고 자란 곳일 경우, 그곳은 그에게 가계와 이웃의 역사가 서려 있는 곳, 친밀감과 안녕감을 주는 곳이 된다. 그러므로 그런 곳을 떠나고 싶은 사람은 별로 없을 것이다. 게다가 땅을 기반으로 생을 영위하는 농민에게 이향은 존재의 뿌리뽑힘이란 인식과 그에서 비롯된 절망과 비애와 공포를 안겨준다. 그것이 일제강점기 이주민들처럼 타율적인 힘에 의한 것일 때, 문제는 한층 더 심각할 수밖에 없다.

> 노하지 마라 너의 아버지는 소 같구나.
> 빠가! 잠결에 기대인 늙은이의 머리를 밀쳐도,
> 엄마도 아빠도 말이 없고 허리만 굽히니……
> 오오, 물소리가 들린다 넓고 긴 낙동강에……

---

52) 김용호, 「낙동강」, 52쪽.
53) 렐프, 『장소와 장소상실』, 94~95쪽.

대체 어디를 가야 이 밤이 샐까?
애들아, 서 있는 네 다리가 얼마나 아프겠니?
차는 한창 강가를 달리는지,
물소리가 몹시 정다웁다.
필연코 고향의 강물은 이 꼴을 보고 노했을 게다.
— 임화, 「야행차 속」 일부54)

   제 땅에서 살 수 없는 농민들 중 많은 이들이 머나먼 만주로의 이민 길에 올랐다. 이들은 일제가 특별 편성한 이민열차를 이용했는데, 임화는 경성과 마산을 오가는 열차에서 목격한 이들의 모습, 그리고 마산의 집 인근에 있던 구마산역에서 목격한 이들의 모습을 토대로 시 「야행차 속」과 장편서사시 『이민열차』를 썼다. 비록 『이민열차』는 출간되지 못했지만, 인용한 「야행차 속」은 발표되어 당시 만주 이주민들의 처지를 짐작케 한다. 이 시는 이민열차를 타고 북행길에 오른 한 일가를 묘사한 작품이다. 임화는 이들과 함께 열차를 타고 한밤중에 북쪽으로 향하고 있다. 초라한 행색과 살림살이, 보잘 것없는 식사가 이들의 처지를 잘 말해준다. 그리고 "빠가!"라는 외침과 아버지의 굽실거림에 대한 묘사로써 민족적 차별과 이주민들의 비애55)를 보여준다. 임화는 이 같은 현실을 목격하며 고향의 강물, 즉 낙동강에 비겨 자신의 분노를 표현하고 있다.

   그러나 그렇게 떠난 이들의 미래는 그리 밝지 않았다. 임화는 「춘래불사춘」이란 산문에서 당시 만주에서 유행하는 노래를 소개했다. 이 노래는 팔려 시집간 딸이 자신의 신세를 한탄하는 내용으로 이루어져 있다. 임화는 이 노래와 연관하여 "그들은 낮도 안 씻고 자고 일어나면 흙 파고 밤이면 술 먹고 노름하고 딸 시집보내 빚 갚고 또 빚지고…"56)라며 만주 이민들의 비참한 처지를 안타까워했다. 이 글을 통해 수해와 수탈이 없는 세

---

54) 임화, 「야행차 속」, 『동아일보』, 1935.8.11 ; 임화문학예술전집 편찬위원회 편, 『임화문학예술전집1 − 시』, 소명출판, 2009, 149~150쪽.

55) 이 무렵 만주 이민들의 심정을 잘 보여주는 기사가 있다. 일제는 1934년의 대홍수 뒤 이재민 문제를 해결하기 위해 만주 이민을 대대적으로 모집하고 이들을 열차로 수송했다. 이 열차에 동승했던 기자는 신의주 역에 이르러 열차 안 풍경을 이렇게 묘사했다. "밤중임에도 불구하고 어린애들을 제외하고는 모두 잠들지를 못하고 이제는 참말 조선을 떠나고야 마누나 하는 비탄에 잠겨 움푹 기어들어간 두 눈에 눈물을 머금고 창밖을 멍하니 내어다 보고 있어 한참동안 기자로 하여금 말문을 열지 못하게 하였다." 채정근, 「내 땅의 끝! 여기가 신의주라오」, 『동아일보』, 1934.10.21.

56) 임화, 「춘래불사춘」, 『조광』, 1937.4 ; 박정선 편, 앞의 책, 125쪽.

상을 희망하며 떠났던 일제강점기 농민들의 처지가 그 이전에 비해 조금도 나아지지 않았음을 확연히 알 수 있다.

4. 민중의 재생과 저항의 토대

낙동강은 일제강점기 경남 지역 민중에게 애증의 장소였다. 낙동강은 그들이 태어난 곳이자 어린 시절의 놀이터였고, 성장한 후에는 목숨을 연명하게 해 주는 밑바탕이었다. 요컨대 그들에겐 어머니와 같은 존재였다. 하지만 그곳에는 자연적 재난과 인위적 수탈이 상존하고 있었다. 그래서 그곳은 그들을 끝없는 고통에 허우적거리게 하는 삶의 진창이기도 했다. 앞서 언급했듯이 이러한 상황에서 많은 이들이 살길을 찾아 이향의 도정에 올랐다. 그들은 도시로 이주하여 도시 외곽의 빈민이 되거나, 산속으로 들어가 화전민이 되거나, 일본으로 건너가 하층 노동자가 되었다. 그리고 어떤 이들은 일제의 이재민 정책과 만주이주 정책에 따라 새로운 터전을 찾아 이역만리 눈물의 이민 길을 떠났다. 이 같은 디아스포라는 그 실상이 아직까지도 완전히 밝혀지지 않았을 정도로 규모가 컸고, 일제강점기 내내 지속되었다.

그러나 또한 많은 이들이 고향에서의 삶을 선택하고 수해와 수탈과 압제의 고난을 견뎠다. 그들 역시 낙동강을 절망과 증오를 불러일으키는 장소로 지각했지만, 떠난 이들에 비해 고향에 대한 애착심과 이향의 공포감을 훨씬 더 크게 느꼈기 때문에 그렇게 했을 것이다. 어쨌든 그들은 재난과 궁핍과 억압 속에서도 끈질기게 생존을 이어갔는데, 이 지점에서 오래된 비유 하나가 떠오른다. '民草'라는 유서 깊은 수사학이 말해 주듯이 민중은 오래 전부터 풀에 비유되어 왔다. 『표준국어대사전』은 이 어휘를 "백성을 질긴 생명력을 가진 잡초에 비유하여 이르는 말"[57]로 풀이하고 있다. 이 정의에서 눈길을 끄는 부분은 "질긴 생명력"이다. 풀은 유약하고, 가을이 되면 죽는다. 그러나 씨앗이나 뿌리 상태로 살아 봄이 되면 다시 싹을 틔운다. 그리고 풀은 어느 땅에든 뿌리를 내리며, 밟아도 다시 살아나고, 뽑아도 금세 생겨난다. '민중=풀'의 수사학은 민중이 이처럼 끈

---

57) 국립국어원 『표준국어대사전』 홈페이지(http://stdweb2.korean.go.kr) 참조.

질긴 생명력을 지닌 풀을 닮았다는 인식에서 탄생한 것일 터이다.

　그렇다고 그들이 살아남기 위해 외적인 힘에 소극적으로만 반응한 것은 아니었다. 그들은 자신이 처한 상황을 개선하기 위해 적극적으로 노력하기도 했다. 그들은 생존을 위해 자연과도 싸웠고, 체제와도 싸웠다. 홍수가 마을을 폐허로 만들면 힘을 합쳐 마을을 재건했고, 수탈이 가중될 때에는 집단적으로 소작쟁의를 일으키기도 했다. 따라서 일제강점기에 낙동강은 민중의 생명력과 재생 의지를 실증하는 대표적 장소이자 민중적 저항을 상징하는 장소라는 의미도 아울러 지닌다. 일제강점기에 낙동강을 다룬 작품들에는 이들의 생존 투쟁이 어떻게 그려져 있을까? 이것이 본고에서 마지막으로 검토해 보려는 문제이다.

　그것을 위해 앞서 살펴본 작품들을 다시 펼쳐 검토해 보자. 하지만 이 작품들에서 낙동강 일대 민중들의 생존 투쟁의 양상은 잘 보이지 않는다. 김용호의 「낙동강」과 임화의 「야행차 속」은 공통적으로 삶의 터전을 잃고 만주로 떠나는 이민들의 상황을 형상화한 작품이다. 따라서 이 두 작품에는 민중의 생존 투쟁을 다룰 여지가 애초에 봉쇄되어 있다. 그래서 전자는 이향의 슬픔과 낙동강에 대한 그리움으로, 후자는 민중을 고향에서 내모는 현실에 대한 분노로 끝맺고 있다. 그리고 김대봉의 「탁랑의 낙동강」은 홍수 피해 상황에 대한 묘사에 초점을 맞춘 작품이어서, 재난 극복에 대한 집단적 의지는 나타나지 않고 화자의 주관적 바람이 말미에 약간 제시되어 있을 뿐이다. 그의 「홍수여운」도 그러한 언술 구조로 이루어져 있다. 그렇다면 남은 것은 양우정의 「낙동강」과 조명희의 「낙동강」인데, 바로 이 작품들에 민중의 상황 극복 의지가 드러난다. 양우정의 시는 자연과의 투쟁을 통해, 조명희의 소설은 체제와의 투쟁을 통해 삶의 고통을 극복하려는 의지를 표출한다. 이제 이러한 양상을 구체적으로 살펴보도록 하자.

> 희망에 사는 우리는 근로하는 사람들
> 바람이 자고 비가 개이면
> 거치른 이 강 두던에
> 새로운 마실을 건설하리니
>
> 멀지 않어서 아! 그렇다 멀지 않어서
> 석양이 강물에 비칠 때

물 긷는 강촌의 시악씨 백사장에서 가슴을 조우리라
달밤에 노를 저어서 님 찾아가는 젊은 사공도
강풍에 우는 칠월의 포플러 숲 사이에서
새로운 마실의 새로운 풍경을 찬미하리라

부노(父老)들 주름살 펴소
부녀(婦女)야 너도 웃어라
내일을 바라고 살아가는 우리가 아니냐

—양우정, 「낙동강」 일부58)

　양우정의 「낙동강」은 민중의 삶의 터전이 수해로 폐허가 된 상황을 묘사하고, 그에 대한 비탄과 분노를 표현한 작품이다. 그러나 이 시는 다만 거기서 끝나지 않는다. 인용 부분은 이 시의 말미인데, 여기서 양우정은 재해로 인한 절망을 극복하고 삶터인 마을을 재건하려는 민중의 의지를 강건한 어조로 표명하고 있다. 그러한 의지는 "희망에 사는 우리"나 "내일을 바라고 살아가는 우리"라는 시구에서 드러난다. 장소와 장소성의 회복에 대한 열망은 이전의 삶을 안정적으로 지속하고자 하는 열망의 표현이다. 이 시는 파괴, 절망, 의지의 순서로 전개되면서 그러한 열망을 표현하고 있다. 낭만적이고 목가적인 비전 탓에 다소 현실감이 떨어지고, 상황 극복의 문제를 주체의 의지의 문제로 국한시키며, 낙관적 전망을 별 근거 없이 제시한 점은 분명 이 시의 문제점으로 지적할 만하다. 그렇긴 하지만 이 시는 절망 속에서도 다시 일어서는 민중의 끈질긴 생명력을 잘 표현했다고 평가할 수 있다.

　그런데 양우정은 조선공산당 재건 운동과 프로문예 운동에 가담했고, 실천적 활동과 농민시 창작을 통해 당대 농민의 현실을 변혁하기 위해 노력했다. 그런 점에서 그가 이 시에서 수해 극복의 노력을 단지 자연과의 투쟁 차원으로 환치한 점은 다소 납득하기 어렵다. 낙동강의 수해는 天災이지만, 관청의 치수 실패로 인한 人災이기도 했기 때문이다.59) 또한 수재민들의 삶의 형편은 마을의 물리적 재건보다는 불합리한 소작제도의

58) 양우정, 「낙동강」, 201쪽.
59) 임화는 "해마다 삼복 우기엔 이 꼴을 당하면서도 또 이듬해 무너지고 물이 넘을 정도밖에 수리를 하지 않는 관청 심사를 알 수 없다 한다."라며 수해 복구와 치수에 태만한 관청에 분노를 표출한 바 있다. 임화, 「남방비행편」, 115쪽. 이를 통해 낙동강의 수해가 다만 천재이기만 한 것은 아니었음을

개선으로써 제대로 나아질 수 있기 때문이다. 식민지 조선 농촌의 현실을 날카롭게 직시하고 있었던 양우정이 이 점을 몰랐을 리 없다.

양우정은 1920년대에 고향 함안을 거점으로 언론활동과 청년운동을 전개했고, 카프에 가입하여 프로시와 프로동요를 꾸준히 발표했다. 그는 1931년 이른바 '『군기』사건'으로 카프에서 제명당한 후 귀향하여 농민운동을 전개해 나가다가, 이 해 가을에 소작쟁의를 주도했다는 혐의로 조사받던 중 조선공산당 재건운동 조직 가운데 하나였던 '중국공산당 동만특위 조선국내공작위원회'에 가입하여 활동한다는 사실이 발각되어 경성으로 송치되었다. 그리고는 옥중에서 이른바 '上申書'라고 불린 전향서를 썼고, 1934년 6월에 있은 경성지방법원 언도공판 후 석방되어 귀향한다.[60] 그가 석방될 수 있었던 결정적 이유는 전향서를 썼기 때문이지만, 그렇다고 그가 완전히 전향한 것 같지는 않다. 그는 귀향 후 "프롤레타리아문예협회라는 비밀결사"[61]에 가담하여 활동했기 때문이다.

쓰루미 슌스케는 1930년대 이후 일본에서 일어난 전향을 "국가 권력 아래에서 일어난 사상의 변화"로 정의하고, 이러한 변화에는 국가의 강제성과 개인의 자발성이 함께 작용한다고 설명한 바 있다.[62] 식민지 조선의 경우 전향 정책이나 전향 양상은 일본의 경우와 차이가 있었지만, 전향의 의미나 원리는 일본의 그것과 크게 다르지 않았다. 그런데 식민지 조선에서 국가의 강제성은 일제강점기라는 시기적 특성상 언제나 작용하고 있었으므로, 사회주의자의 전향을 판단하는 기준은 개인의 자발성 여부에 있다고 해야 할 것이다.[63] 그가 석방된 후에도 고향에서 사회주의 문예단체 활동을 했다는 점에서 적어도 이 시기까지는 그의 전향이 실제로는 위장전향이거나 준전향의 성격을 띠었다고 할 수 있다. 그러나 어쨌든 그는 공식적으로는 사회주의를 포기하고 고향과 가족의 품으로 돌아간 것이기 때문에 현실 비판적인 시를 쓸 수 없었을 것이다. 양우정이 이 시에서 재난 극복의 전망을 마을 경관을 회복하는 차원에서 제시한 데에는 이 같은 실

알 수 있다.

[60] 이 사건으로 인한 양우정의 피검과 재판 과정, 전향서 내용에 대해서는 후지이 다케시, 「양우정의 사회주의운동과 전향 —가족, 계급, 그리고 가정」, 256~261쪽을 참조할 것.

[61] 「2개월의 취조 완료, 5명을 검국 송치 —프로문예연구의 간판 밑에서 적색비사(赤色秘社)를 조직한 것」, 『조선중앙일보』, 1935.5.3.

[62] 쓰루미 슌스케, 최영호 역, 『전향』, 논형, 2005, 33쪽.

[63] 박정선, 「일제 말기 전시체제와 임화의 「찬가」 연작」, 『임화 문학과 식민지 근대』, 경북대학교출판부, 2010, 235쪽 참조.

존적 조건이 작용했기 때문으로 보인다.

양우정의 시가 상황의 극복 문제를 주체의 의지의 차원으로 축소한 작품인 반면, 이 것을 시대현실이라는 보다 큰 맥락 속에 놓고 수해, 수탈, 이향의 삼중고에 처한 민중의 현실을 극복할 구체적 방법을 제시한 작품이 조명희의 「낙동강」이다. 이러한 차이는 물 론 1935년과 1927년이라는 두 작품의 발표 시기의 차이, 그리고 두 작가의 실존적 조건 의 차이에서 발생한 것이리라. 양우정이 이 시를 쓸 때는 변혁운동이 전체적으로 퇴조 하고, 카프의 강제 해산으로 프로문학이 위축되던 때였다. 아울러 앞서 언급했듯이 이 때 양우정은 '전향자'였다. 그러므로 사회주의적 투쟁과 전망을 표현할 수 없었다. 그러 나 조명희가 이 소설을 쓸 때에는 식민지 사회 전반에 사회주의가 맹위를 떨치고 있었 고, 각 부문에서 사회운동이 활발하게 전개되던 시기였다. 게다가 프로문학이 본격적으 로 전개되던 무렵이었고, 그는 카프의 맹원 가운데 한 사람이었다. 조명희의 소설은 그 러한 시대적 배경이 존재했었기 때문에 탄생할 수 있었다.

그럼 이제 조명희의 「낙동강」에 제시된 투쟁과 전망의 문제를 살펴보도록 하자. 이 소설의 전반부에는 토지를 빼앗기고 서북간도로 쫓겨 가는 농민들의 상황이 묘사된 뒤, 이례적으로 보일 정도로 작가의 논평이 길게 서술되어 있다. 그 내용은 원시공산제 사 회의 출현과 계급사회로의 전화, 그리고 사회주의 사회로의 지향으로 이어지는, 역사유 물론적 관점에서 개관한 인류의 역사이다. 사실 이런 논평은 서사의 전개상 없어도 무 방하다. 게다가 이런 논평적 개입은 이 소설의 서사 구조를 불안정하게까지 한다. 그럼 에도 조명희가 자신의 생각을 다소 장황하고도 직설적으로 드러낸 것은 사회주의적 전 망을 설파하고자 하는 강렬한 목적의식성 때문이었을 것이다. 그는 인류사를 개관한 후 다음과 같이 확신에 찬 어조로 말한다.

그 뒤에 이 땅에는 아니, 이 반도에는 한 괴물이 배회한다. 마치 나래치고 다니는 독수리 같이. 그 괴물은 곧 **사회주의**다. 그것이 지나치는 곳마다 기어가는 암나비 궁둥이에 수없는 알이 쏟아지는 셈으로 또한 알을 쏟아 놓고 간다. 청년**운동**, 농민**운동**, 형평**운동**, 노동**운동**, 여성**운동**…. 오천년을 두고 흘러가는 날씨가 **인제는 먹징구름에 싸여간다. 폭풍우가 반드시 오고야 만다.** 그 비 뒤에는 어떠한 날씨가 올 것은 뻔히 알 노릇이다.

— 조명희, 「낙동강」 일부[64]

인용문은 사회주의 사상의 전파와 그에 힘입어 각층에서 변혁운동이 활발히 일어나던 1920년대 식민지 조선의 상황을 근거로 미래를 예측한 것이다. 인용문에 명시되어 있듯이 그는 "<u>폭풍우가 반드시 오고야 만다</u>. 그 비 뒤에는 어떠한 날씨가 올 것은 뻔히 알 노릇이다."라고 단언했다. 폭풍우는 사회주의 혁명을, 비 갠 뒤의 날씨는 사회주의 사회를 가리키는 알레고리이다. 역사의 미래가 너무나 명징하게 보였던, 아니 보인다고 믿었던 1920년대의 시대적 상황이 이 같은 확신에 찬 단언을 가능케 했다고 할 수 있다.

역사의 전망이 뚜렷하다면, 해야 할 일 역시 분명하다. 그것은 전망을 현실화하는 실천이다. 이 소설의 주인공 박성운은 혁명과 새로운 미래를 만들기 위해 실천하는 혁명가로 그려진다. 그는 귀향하여 '대중 속으로!'라는 구호 아래 "<u>선전, 조직, 투쟁</u>"을 골자로 하는 대중운동을 전개한다.[65] 야학을 운영하고, 공동생활을 영위하며, 소작조합을 만들어 소작쟁의를 주도한다. 비록 계속되는 탄압에 소작투쟁은 힘을 잃어가지만, 그래도 그는 절망하지 않는다. 결국 그는 고문 후유증으로 사망하지만 로사가 그의 뒤를 잇는다는 결말의 설정을 통해 조명희는 저항만이 수탈과 추방의 현실을 극복할 유일한 방법임을 제시하고 있다. 그리고 로사가 성운이 갔던 길을 걸어 다시 돌아올 것이란 다짐으로 소설을 마무리함으로써 낙동강이 지속적으로 민중적 저항의 진원지가 될 것임을 예고하고 있다. 그 같은 저항은 낙동강의 본래적 장소성을 회복하려는, 다시 말해 낙동강을 민중의 어머니라는 본원적 상태로 되돌리려는 노력이다.

5. 근대문학과 낙동강

본고는 인간과 장소, 장소와 문학이 밀접히 연관되어 있다는 이론적 전제를 바탕으로 근대문학에 나타난 낙동강의 표상 양상과 그것이 지닌 의미, 그러한 표상화의 원인 등을 살펴보았다. 낙동강은 오랜 동안 영남지역 전체를 관류하면서 이 지역 민중의 삶과 긴밀한 관계를 형성했다. 따라서 낙동강은 문학의 소재로 즐겨 다루어졌다. 본고는 낙동강을 소재나 배경으로 한 작품 가운데 일제강점기의 경남권역 낙동강을 다룬 작품에

---

64) 조명희, 「낙동강」, 299~300쪽.

65) 조명희, 「낙동강」, 311쪽.

한정하여 고찰했다. 본고에서 주로 다룬 작품은 조명희의 「낙동강」, 김용호의 「낙동강」, 양우정의 「낙동강」, 김대봉의 「탁랑의 낙동강」, 임화의 「야행차 속」 등이다.

　이 작품들에서 낙동강은 그 연안 민중의 삶과 융화되어 고유한 장소성을 형성하고, 그들은 선조 때부터 낙동강에 터를 잡고 살면서 낙동강을 어머니와 같은 장소로 지각했다. 그러므로 이 작품들에는 낙동강에 대한 민중의 장소감과 장소애가 뚜렷이 드러난다. 그러나 낙동강은 해마다 반복되는 수해로 그 유역의 주민들을 죽음으로 내모는 곳이기도 했다. 그래서 낙동강은 이 작품들에서 민중의 터전이자 지옥이라는 양가적 장소로 표상되었다. 또한 이 작품들에서 낙동강은 농민 수탈과 추방의 전형적 현장으로도 표상되었다. 낙동강 연안은 일제의 식민지 농업 수탈의 전형적 장소였고, 많은 농민들이 소작인으로 전락했다가 그마저도 여의치 않아 이향의 길을 떠나는 대표적인 현장이었기 때문이다. 이러한 수탈과 추방의 현실이 이 작품들에 표현되어 있다. 한편 많은 이들이 수탈을 견디지 못하고 이향했지만, 또한 많은 이들이 현실의 고통을 감내하며 고향을 지켰다. 그러는 가운데 그들은 자연에 맞서 마을을 재건하고, 체제에 맞서 불합리한 현실을 개선하려 했다. 그런 이유로 낙동강은 이 작품들에서 민중의 재생과 저항의 토대로도 표상되었다. 이 같은 다양한 표상들은 한 작품에 동시적으로 나타나기도 하고, 여러 작품에 반복적으로 나타나기도 한다.

　이-푸 투안은 18세기 중엽 이후 미국의 여러 지역에 대한 방문자와 원주민의 반응의 차이를 비교하면서 그 원인이 양자의 관점의 차이에서 비롯된 것이라고 설명했다.[66] 이러한 논의를 빌려 우리는 이렇게 말할 수 있다. 근대문학에서 낙동강이 처절함이나 격렬함을 상기시키는 표상으로 나타난 데에는 작가들이 원주민의 관점에서 그것을 지각하고 언어화했기 때문이다. 만약 그들이 여행자의 관점으로 낙동강을 바라보았다면, 낙동강은 낭만적이고 서정적인 표상으로만 그들 작품에 등장했을 것이다. 그러나 일제강점기의 낙동강변 거주민들에게 낙동강은 한가한 유람의 장소가 아니었고, 리얼리즘적 눈으로 현실을 직시하려 했던 작가들에게 낙동강은 민중의 생존 투쟁이 전개되는 현장으로 비쳤다. 요컨대 작가들이 거주민의 관점이나 그들과의 연대적 관점에서 낙동강을 바라보았고, 그렇기 때문에 낙동강은 이들의 문학에서 상기한 표상으로 나타난 것이다. 본고에서 다룬 작품들의 주제의식이나 형상화 양상이 거의 비슷한 것은 그런 이유에서

---

66) 이-푸 투안, 『토포필리아』, 104~108쪽 참조.

라고 할 수 있다.

　본고는 당초 일제강점기부터 현재에 이르는 한국 근대문학 전체를 대상으로 하여 한국문학에 낙동강이 어떤 양상으로 표상되었는가를 밝히려는 목적에서 기획되었다. 그러나 소논문 한 편에서 그 모든 것을 소상히 다루기엔 무리가 있어 일제강점기, 경남권역이란 제한적 범주를 설정하여 근대문학에 나타난 낙동강의 표상을 고찰하였다. 따라서 해방 이후의 문학에 낙동강이 어떤 양상으로 표상되는지에 대해서는 살펴보지 못했다. 간단히 말하면 낙동강은 한국전쟁기 문학에서 역사적 비극의 현장으로 나타난다. 또한 산업화시대 이후 문학에서는 생태 위기의 실증적 장소로 표상되었다. 이에 대한 구체적인 분석은 차후에 이어가고자 한다. 아울러 지역적 범주를 경북권역으로까지 확장하여 낙동강의 표상 양상을 폭넓게 고찰하는 작업도 향후의 과제로 설정해 둔다.

참 고 문 헌

강만길, 『고쳐 쓴 한국현대사』, 창작과비평사, 1994.

경남문인협회 편, 『경남문학사』, 불휘, 1995.

김덕현, 「경남문화의 지리적 이해」, 『경남문화연구』 30, 경상대학교 경남문화연구소, 2009.

김재용 · 이상경 · 오성호 · 하정일, 『한국근대민족문학사』, 한길사, 1993.

문선영, 「한국전쟁기 시와 낙동강」, 『동남어문논집』 20, 동남어문학회, 2005.

박용찬, 「고령문학의 공간과 장소성」, 『퇴계학과 한국문화』 45, 경북대학교 퇴계학연구소, 2009.

박정선, 「일제 말기 전시체제와 임화의 「찬가」 연작」, 『임화 문학과 식민지 근대』, 경북대학교출판부, 2010.

박정선, 「임화와 마산」, 『한국근대문학연구』 26, 한국근대문학회, 2012.

박태일, 「낙동강과 우리시」, 『한국 근대시의 공간과 장소』, 소명출판, 1999.

서범석, 「양우정의 시 연구」, 『국어교육』 98, 한국어교육학회, 1998.

이성우, 「김용호의 「낙동강」 연구 ─서정 장시의 형태적 특성과 주제 의식의 상관성을 중심으로」, 『어문학』 100, 한국어문학회, 2008.

이화진, 「조명희의 「낙동강」과 그 사상적 지반 ─낭만성의 기원」, 『국제어문』 57, 국제어문학회, 2013.

조갑상, 「한국전쟁과 낙동강의 소설화에 대한 연구」, 『동남어문논집』 20, 동남어문학회, 2005.

조진기, 「지리공간의 문화적 수용과 변용 −포석의 「낙동강」을 중심으로」, 『가라문화』 8, 경남대학교 가라문화연구소, 1990.

천정환, 「근대적 대중지성의 형성과 사회주의(1) −초기 형평운동과 「낙동강」에 나타난 근대 주체」, 『상허학보』 22, 상허학회, 2008.

한정호, 「포백 김대봉의 삶과 문학」, 한정호 편, 『포백 김대봉 전집』, 세종출판사, 2005.

황선열, 「낙동강 문학의 탈근대성 연구」, 『한국문학논총』 43, 한국문학회, 2006.

후지이 다케시, 「양우정의 사회주의운동과 전향 −가족, 계급, 그리고 가정」, 『역사연구』 20, 역사학연구소, 2011.

쓰루미 슌스케, 최영호 역, 『전향』, 논형, 2005.

렐프, 에드워드, 심승희·김덕현·김현주 역, 『장소와 장소상실』, 논형, 2005.

투안, 이-푸, 구동회·심승희 역, 『공간과 장소』, 대윤, 2007.

투안, 이-푸, 이옥진 역, 『토포필리아』, 에코리브르, 2011.

국립국어원 『표준국어대사전』 홈페이지(http://stdweb2.korean.go.kr).

부산광역시 강서구청 홈페이지(http://www.bsgangseo.go.kr).

낙동강 수계의 민속 현황과 특징

- 경남지역을 중심으로 -

남성진 | (사)진주문화연구소 전임연구원

1. 낙동강 수계의 전승 민속 현황

낙동강은 강원도 태백시 함백산에서 발원하여 영남지방의 중앙저지(中央低地)를 통하여 남해로 흘러들며 수계 지역의 사람들과 다양한 생명체들이 살아갈 수 있도록 돕는 주요한 환경이자 자원이며 삶의 터전이다. 낙동강이 꿰뚫어 흐르는 지역과 그 주변은 많은 문화가 태동하며 융성하였고, 낙동강의 변화와 맥락을 함께 하며 주민들의 삶의 양식도 크게 변화되어 왔다. 이 글은 경남권역 낙동강 수계 지역민들의 삶의 기저에 존재하는 민속문화의 현황과 특징을 살피고 문화자원화의 방안을 찾아보는데 그 목적이 있다. 그러기 위해 우선 낙동강 수계의 민속문화 관련 요소를 수집 검토하고, 일부 현지조사를 수행하여 확보한 자료를 살펴보아 경남권역 낙동강 민속의 현황을 파악하였다. 이를 토대로 낙동강 큰 물줄기와 그에 딸린 샛강이나 호수 등 인근 지역에 전승되는 민속자료의 현재적 전승 양상을 파악한 뒤, 오늘날 현대인의 기호에 알맞은 민속의 활용 가능 방안을 모색해 보았다.

연구 범위로는 낙동강 전체의 물줄기 가운데 경남 지역에 접한 수계와 그 인접 주요 하천 지역에 한정하였다. 그러므로 낙동강 하류 구간(160km)이랄 수 있는 창녕-함안-

창원－밀양－삼량진－김해－양산－부산 등지와 낙동강에 합류되는 황강, 남강, 밀양강, 양산천 등 다양한 물줄기 주변의 민속이 조사 대상이다. 파악된 내용은 주로 90년도 중반까지 전승되던 민속놀이와 축제 등의 분포 양상이며, 일부는 2000년도에 이르러 재현된 민속현상도 있다. 따라서 본 내용에서 다룬 민속문화는 2013년 현재 해당 지역이 통폐합됨으로써 사라졌거나, 일정하게 전승되거나 또는 다른 형태로 명칭이 바뀌고 변용된 것들이 섞여 있다.

낙동강 물길을 따라 삶이 수천 년 이어져 오면서 수많은 노래와 놀이가 자연스레 생겨났다. 황강과 남강이 합류되고 밀양강이 낙동강에 섞여들고 오광대와 아리랑이 태어났다. 김해의 낙동강이 양산을 거쳐 부산의 바다로 흘러들며 대동놀이와 공동체 제의가 이어졌다. 그러나 이렇듯 유구한 낙동강 수계의 민속문화는 일제강점기를 거치면서 거의 사라지다시피 하였다. 그나마 다행한 것은 일부의 대동놀이와 제의, 민속예술 등이 최근 지역민의 노력으로 고증을 거쳐 복원되고 있어서 낙동강 삶터의 역사를 재현하고 있다.

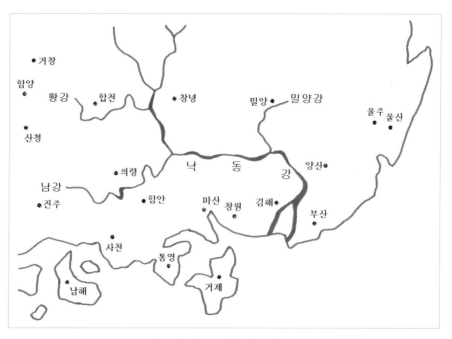

〈그림〉 낙동강 수계의 경남권역 지도

1) 편싸움 방식의 대동놀이

경남권역의 낙동강 수계 지역에는 편싸움 방식의 민속놀이가 대체적으로 많이 전승되고 있다. 낙동강 수계의 민속놀이는 보편적으로 마을이나 고을 또는 한 마을 내에서 편을 갈라 돌이나 기타 놀잇감을 가지고 겨루거나 밀고 당겨 싸우는 대동놀이 형태이다. 대동놀이는 마을공동체 구성원들이 생활 속에서 다 같이 어울리며 집단적, 축제적 성격을 띠고 노는 놀이 방식이다. 낙동강 수계에서 전승되는 대동놀이는 지역의 구성원들이 편을 나누어 겨룬 뒤 다함께 어울려 신명을 풀어내는 방식이 많다. 그러다 보니 축제성을 강하게 지니며 전승되고 있다. 대동놀이의 유형을 보면 일반적으로 마을 대항, 고을 대항의 씨름, 장치기, 돌싸움, 줄당기기, 동물놀이 등으로 나타난다. 이러한 유형의 대동놀이는 물줄기 주변 지역의 대규모 농경생활에서 비롯되고 다양한 형태의 농경문화로 전승되고 있다. 그리고 조직적이며 전투적인 편싸움 방식의 대동놀이는 마을의 안전과 평화를 지키고자 하는 상무정신에서 비롯되었고, 이를 통해 마을 단합을 도모하고 있다.

(1) 대동놀이의 분포 현황

지역별 대동놀이의 분포 현황은 대략 다음과 같다. 누석단에서 승리를 빌고 난 뒤 벌이는 거창군의 석전놀이(정월 초순), 가락국 때부터 유래한 김해시의 돌싸움놀이(음력 사월), 농경사회의 자연발생적인 동물놀이 의령군의 황소싸움(정월), 풍년농사 기원 놀이인 의령군의 큰줄땡기기(정월), 농경시기에 마을의 위세 다툼으로 놀았던 진주시의 소싸움, 기우제 방식의 줄당기기 놀이인 문산줄싸움(정월), 나무소가 맞붙어 겨루는 창녕군의 영산쇠머리대기, 승패로 그해의 농사 풍흉을 점쳤던 창녕군의 영산줄다리기, 두 사람이 줄을 목에 걸고 양쪽에서 당겨 겨루며 놀았던 함안군의 거북줄땡기기놀이(정월), 백중 무렵 두레 조직의 기세싸움인 마산시의 농청놀이(7월 15일), 초파일의 오색찬란한 불꽃놀이 행사 함안군의 낙화놀이(음 4월 8일), 농사 장원한 머슴을 소에 태워 위로하는 잔치인 양산시의 웅상농청장원놀이(농사철), 벽사진경의 대동놀이 밀양시의 무안용호놀이(음 정월보름), 게 모양의 줄을 목에 걸고 당겨 겨루는 밀양시의 감내게줄당기기 등이 있다.

(2) 전래 대동놀이의 전승 양상

① 김해 돌싸움놀이

돌싸움놀이는 석전(石戰)놀이 또는 편싸움, 돌팔매놀이라고도 부른다. 돌은 고대부터 전쟁이 일어났을 때에 무기로 사용했고, 화살과 더불어 중요한 병기의 하나였다. 그러다 보니 돌을 이용해 모의전(模擬戰) 형태로 펼쳤던 석전놀이는 고대시대의 기록에도 보이는 만큼 마을과 고을 단위의 대규모 대동놀이로 전래되어 그 연원이 오래 되었다는 것을 알 수 있다. 석전놀이의 발생을 모의전쟁설(模擬戰爭設)로 보는 경우와 농경의례 기원설(農耕儀禮起源設)로 해석하는 경우가 있다. 석전놀이의 모의전쟁설은 "가상적 전쟁놀이를 통한 신체훈련의 한 방법으로 시작되었고 미개민족 사이에 행해진 여러 가지 운동경기의 발상"[1]이라고 해석한다. 그리고 농경의례기원설은 석전을 "농경의례의 일종"으로 보고 "농업의 풍흉을 점치는 행사로서 파악"[2]하는 경우이다.

김해는 금관가야의 옛터로서 가야문화의 중심지였다. 이러한 정치, 경제, 문화의 중심지인 김해의 석전놀이에 대한 자취는 김해 석전사들이 왜적과의 싸움에 나서 공을 세웠다는 기록으로 여러 문헌에 남아 있다. 김해 등지의 경우는 석전으로 외구를 막아 냄으로써 무기로 사용되어 전투성과 상무성을 지닌 특성을 보인다. 김해의 석전군들은 기개와 용맹성이 어느 지역보다 뛰어나 제 고을만 지키는데 복무하였던 것이 아니라 전국적으로 파병을 다닐 정도로 그 공격성을 나라로부터 인정받았다. 1984년에 와서 김해지역 놀이꾼들이 옛 선조 석전사들의 전통을 이어받아 석전놀이를 재탄생시켜 경남민속경연대회에 출전하였고 그 뒤 몇 차례 고증을 받아 가락문화제 때 시연을 하였다. 이후 한국민속예술축제까지 출전하게 되어 지역의 문화자원을 다시 되살려 내는데 지속적인 노력을 전개하였다. 전통적인 상무정신을 오늘날에 계승하여 지역민의 단결과 화합을 이끌어내는데 일조하고자 민속예술로 부흥하기에 이른 것이다.

---

1) 장성수, 「餘暇文化 活動으로서의 石戰과 씨름에 對한 通史的 理解 ─古代)時代를 中心으로─」, 『한국체육학회지』 제39권 제3호, 2000, 33~34쪽.

2) 장성수, 위의 글, 34쪽.

② 의령 큰줄땡기기

의령 큰줄땡기기는 온 마을이 참여하는 방식의 대동놀이 축제로서 1800년경부터 시작하여 200여 년의 역사를 지니고 있다. 의령 큰줄땡기기는 줄쌈이라고도 하는 일종의 편싸움 놀이이다. 큰줄땡기기는 정월 대보름을 전후해서 농경의식의 일종으로 널리 행해졌다. 큰줄땡기기의 편성은 의령천을 기준 삼아 동서로 나누어 두 패로 편을 짜는데 강남은 동군, 강북은 서군으로 나눈다. 동서 양편은 각각 남성과 여성으로 상징되며, 생산의 의미에서 여성으로 상징되는 편이 이겨야 풍년이 든다고 여긴다. 그러나 큰줄땡기기에서 쓰는 힘은 겨룰 때가 아니라 거드는 데 쓰인다. 의령 사람들에게 큰줄땡기기는 경쟁이 아니라 화합이라 여긴다. 의령큰줄땡기기는 오랜 역사성을 가진 만큼이나 전국 최대 규모를 자랑하는 큰줄이다. 세계에서 가장 큰 줄(큰줄땡기기에 사용된 줄의 길이 251m, 줄의 둘레 5~6m, 줄의 무게 54.5t)로 2005년 세계 기네스 기록에 올랐다. 의령큰줄땡기기는 타고장과 차별성을 지니며 1910년까지 음력 정월대보름날 연례행사로 전 군민이 참여하여 치렀다. 그러나 전통민속놀이로서 정착되어 온 큰줄땡기기는 일제강점기와 6·25때 일시 중단되었다. 그러다가 1972년부터 의병제전 부대행사로 실시하고 있는데 전국 최대 규모의 큰줄로서 보존 전승가치가 매우 높은 민속놀이라 할 수 있다. 1997년 1월 30일 경상남도 무형문화재 제20호로 지정되어 오늘날까지 전승되고 있다.

③ 진주 소싸움

소싸움놀이는 마을의 잔치이며 공동체놀이의 한 방식으로 전개되었다. 농사가 다 끝난 뒤에 마을공동체놀이의 일환으로써 소싸움놀이를 벌이게 된다. 소싸움놀이가 벌어지는 날이면 마을잔치도 열려 술이며 각종 음식이 푸짐해진다. 진주 소싸움의 유래는 확실히 알 수 없으나 신라가 백제와 싸워 이긴 전승 기념잔치에서 비롯되었다는 설과, 임진왜란 때 왜군이 이곳에서 농우(農牛)를 많이 잡아먹어서 소들을 위령하기 위하여 시작하였다는 설과, 고려 말엽에 자연발생적으로 생겼다는 설 등이 구전되고 있다. 진주 소싸움은 매년 팔월 추석 중에 남강의 백사장에서 벌어졌는데 3·1운동을 계기로 일제경찰의 탄압을 받아 금지되고 말았다. 진주 소싸움놀이는 일제강점기에 중단된 이래 해방과 더불어 잠시 개최되었다가 다시 6·25, 새마을운동으로 약화되었다. 그러다가 1970년대에 이르러 진주 개천예술제를 통해서 전국 소싸움 대회가 공설운동장 혹은 남강 고수부지에서 개최되면서 활기를 띠기 시작하였다.

1897년에 시작된 진주 소싸움의 역사에는 진주 남강의 백사장과 서장대 아래의 소싸움 경기장인 남강둔치(고수부지)도 함께 하고 있다. 이곳에서는 매년 봄 논개제 때와 가을에 열리는 개천예술제 때 전국투우대회를 개최하여 200두 이상의 싸움소가 출전하고, 대회기간 내내 수천의 관중이 운집하여 장관을 이루고 있다. 이후 2006년 3월 진주시 판문동 진양호 공원 아래 전국 최초의 민속 소싸움 경기장을 건립하여 매주 토요일 상설 소싸움 경기를 개최해 오고 있다.

④ 진주 문산줄다루기

문산 줄다루기는 줄싸움이라고도 하는데 비를 바라는 기우의 형태로 행해지던 놀이이다. 가뭄이 들어 농사를 지속적으로 지을 수 없는 상황이 되면 으레 줄싸움판을 벌였다. 2~3년 내리 가뭄이 계속되면 특별한 세시가 아니라도, 날짜를 따로 정하지 않아도 누가 먼저랄 것도 없이 자연스럽게 줄을 만들며 준비한다. 줄다루기 노래인 용연가를 부르며 기우제를 겸한 줄다루기 의식을 치르고 나면 그날 또는 2~3일 내에 반드시 비가 올 정도로 영험이 있었다고 하니 지역 민중들에게는 굉장히 중요한 기원제 민속놀이였던 것이다. 줄다루기를 하고 나면 신통하게도 수일 내에 반드시 비가 온다고 소문이 나 있어 많은 사람들이 모여든다. 줄싸움패의 편성은 문산 관내의 마을들을 양분하여 두 패로 나누는데, 윗마을을 청룡(靑龍), 아랫마을을 황룡(黃龍)으로 하고 10여 일에 걸쳐 줄다루기 줄을 만들고 줄싸움 준비를 한다. 마침내 줄싸움을 하게 되면 그날 저녁이나 늦어도 익일(翌日)은 비가 왔다고 한다.

마을사람들이 극심한 한발(旱魃) 속에도 공동으로 줄다루기를 치르게 되니까 타지의 사람들이 구름처럼 운집할 정도로 기대치가 높았다. 그러다 보니 문산 줄다루기의 인기는 당시의 민심 그 자체였다고 할 수 있다. 따라서 승부보다는 의식을 중요시 하여 줄을 정성스럽게 다루었다. 더구나 멀리 마산, 진주, 고성 및 사천 등지에서도 찾아들어 운집하는 사람들로 인산인해를 이루다 보니 서부경남 군중대회의 형식을 띠기도 하였다. 문산 줄다루기는 해마다 정해진 날짜에 놀이를 하는 것이 아니라 필요에 따라 따로 날짜를 정해서 하는 행사이다. 문산천이 바닥이 나고 가뭄이 극심해지면 마을사람들의 중의(衆意)에 의해 베풀어진다. 문산 줄다루기는 1960년대 중반까지 계속되었다. 그러나 수리안전답률이 높아지면서 웬만한 가뭄에도 농사를 짓는데 지장을 안 받게 되자 줄다루기에 참여하는 주민이 크게 줄어들었다. 그래서 현재는 중단되고 말았지만 당시 문산의 줄다루기 규모는 대단했다. 수만 명의 인파가 지르는 함성이 하늘을 울려 비를 내리게 되었으므로 주술적인 의미가 컸던 것이다. 그러나 문산지역의 주민들이 보다 중요하다고 여기는 것은 줄다루기 놀이가 지역 주민들의 대동단결과 화합을 다지는데 큰 기능을 하였다는 것이다.

⑤ 창녕 영산쇠머리대기[3]

영산 쇠머리대기는 창녕군 영산지방에서 대보름축제를 배경으로 전승해온 대동놀이이다. 영산지방에서만 전승되는 일종의 편싸움 놀이이다. 마을을 동·서로 갈라 두 패로 편을 짜는데 이긴 편 마을에는 풍년이 들고 진 편 마을에는 흉년이 든다고 해서 농경의식의 하나로 전해져 왔다. 쇠머리대기의 유래는 민간기원설로서 몇 가지가 있다. 우선 영산면 배후에 연해 있는 영취산과 함박산(작약산)의 형국이 두 마리의 황소가 대치하고 있는 모양이어서 이 두 산 사이에 맺힌 살을 풀어지어야만 지역이 편안해지기 때문에 해마다 한 번씩 나무로 거대한 소를 만들어 싸움을 함으로써 그 살을 풀었다는 '산산설(山煞說)'이 있다. 또 한 가지 설은 영산현이었던 시절에 동헌의 좌향이 소자리 [축좌(丑座)]였기 때문에 그 지살을 풀어주기 위해서 나무소를 만들어 싸움을 벌였다는 지살설(地煞說)이 있다.

영산 사람들이 전승해 온 쇠머리대기는 달리 '목우전(牧牛戰)', '나무쇠싸움'이라고도 부른다. 거주지역에 따라 동·서부로 편을 나눈 양편이 소나무를 얽어 만든 거대한 나무소를 을러메고 공중에서 맞부딪쳐 먼저 넘어가는 쪽이 지는 놀이인 쇠머리대기는 대표적인 공중전 형식의 대동놀이이다. 나무쇠를 메고 놀이판에 나갈 때면 먼저 동서 양편의 농악패들이 농아을 울리고 깃발을 흔들며 분위기를 고조시킨다. 나무쇠의 꼭내기 위에는 대장, 중장, 소장 세 사람이 올라타서 지휘를 한다. 사람들은 대장의 지휘에 따라 행동하면서 상대방의 쇠머리를 쓰러뜨리거나 자기 편의 쇠머리로 상대방의 쇠머리 위를 덮쳐 땅에 닿게 하면 이기게 된다. 쇠머리대기는 원래 영산고을의 대보름축제에서 연행되다가 1930년대에 이르러 전승이 중단되었다. 그러다가 1960년대 초에 복원되어

---

3) 한양명, 『영산쇠머리대기』, 국립문화재연구소, 2003, 6~33쪽.

현재는 3·1민속문화제를 배경으로 전승하고 있다. 영산쇠머리대기는 1969년 2월 11일 중요무형문화재 제25호 지정되어 지금까지 영산지역에서 전승되고 있다.

⑥ 창녕 영산줄다리기[4]

줄다리기를 영산지방에서는 예전부터, '줄', '줄땡긴다', '줄땡기기' 등으로 불러왔고 또 한자말로 '갈전(葛戰)', '갈전(葛戰)대회'라고 하기도 했다. 줄다리기는 주로 정월 대보름을 전후해 벼농사를 위주로 하는 중부 이남지역에서 널리 행해지는 농경의식의 하나이다. 영산지방의 줄다리기에는 '골목줄'과 '큰줄다리기'의 두 가지가 있다. 두 가지 줄다리기는 줄의 크기와 줄다리기의 시작 동기, 당기는 과정 등에서 많은 차이점이 있다. 골목줄은 음력 정월 초승께부터 골목에서 개구쟁이 아이들의 여러 가지 놀이로부터 시작한다. 큰줄에 비해서 비계획적이고 자연적이다. 예전에는 석유통 뚜껑의 모서리를 약간씩 접어 꽹과리 모양으로 만들어서 짧은 막대로 두들기며 짚단이나 새끼나부랑이를 모아 두 발 남짓한 줄을 만들어 당긴다. 골목줄은 30가닥 이내로 하고, 한쪽 줄의 길이는 30미터 정도로서 많은 사람들이 접어들어 줄을 메고 어르고 할 수 있을 정도로 만든다. 줄목의 위에는 대장이 올라타고 서로 어르면서 때로는 앞소리를 메기고 양쪽 줄머리를 부딪치는 '이싸움'이라는 놀이를 한다. 이 줄이 차츰 커지면서 당기는 아이들도 굵어지고 인명수도 수십 명에서 수백 명으로 늘어난다. 대보름이 가까워지면 줄도 제법 커지고 사람도 아이 어른 할 것 없이 동민이 다 참여하고 농악, 서낭깃발도 미리 준비한다. 큰줄은 처음부터 계획적으로 날짜를 정하고 대장이 나고 앞서 몇 날 동안 줄을 만드는 일을 함으로써 골목줄과 성격을 달리한다.

줄의 길이는 40~50미터이며 몸줄의 지름은 1미터가 넘기도 한다. 이렇게 굵은 줄은 당길 수가 없기 때문에 가는 곁줄(벗줄)을 만들어 몸줄 중간중간에 여러 개 매달아 잡아당기기 좋도록 만든다. 동·서부로 편 갈라진 사람들은 각자의 편에 가담해서 줄다리기를 한다. 줄 위에는 대장이 올라서서 지휘하고 이때에 각 마을의 농악대는 신나게 잦은 가락을 치며 사람들의 신명을 끌어낸다. 줄다리기의 승패는 줄을 끌어간 편이 이기고 끌려간 편이 지게 되는 것으로 판가름 난다. 영산줄다리기는 원래 상원을 전후해서 행하였으나 현재는 양력 3월 1일 삼일민속문화제의 행사 일환으로 하고 있다. 영산줄다

---

4) 조성국, 『靈山줄다리기 쇠머리대기』, 소민원, 1978, 43~72쪽.

리기는 1969년 2월 11일 중요무형문화재 제26호로 지정되어 지금까지 전승되고 있다.

⑦ 함안 거북줄땡기기놀이

거북줄땡기기놀이는 함안 지역에서 전래되어 온 고유의 민속놀이이다. 거북줄땡기기놀이의 문헌적 근거는 1941년, '무라야마 지준'이 엮은 『조선의 향토오락』에 수록되어 있다. 1936년 조선총독부는 각 도지사에게 조회하여 전국 각지에서 행해지고 있는 향토오락을 조사, 정리하도록 하였다. 이때 함안 지역에서 전승되던 거북줄땡기기놀이의 존재와 놀이 방법이 실리게 된 것이다. 놀이 방법은 '두 사람이 줄을 양쪽 길이 약 20미터 정도 둥글게 매듭을 지어 서로의 목에 걸고 다리 사이로 두 줄을 빼내어 반대 방향으로 서로 당긴다. 양쪽 다 엎드린 자세로 당겨 중앙에 있는 선보다 자기 쪽으로 더 당긴 쪽이 이긴다'고 해설하였다. 줄 양쪽을 둥글게 원모양으로 매듭을 만들고 그것을 서로의 목에 걸고 자기 쪽으로 힘껏 당기는 방식이다. 오늘날 함안 거북줄땡기기놀이는 2012년 10월 제53회 한국민속예술축제에 출전해서 대통령상을 받은 함안농요의 8마당 중 마지막 마당인 백중놀이 마당에 삽입되어 펼쳐지면서 재현되고 있다.

⑧ 마산 농청놀이(農廳놀이)

농청놀이는 마산·창원지방에서 전래해 온 백중(음력 7월 15일) 놀이이다. 농청놀이의 근원은 마을의 공동작업을 하기 위한 조직인 두레에서 찾을 수 있다. 창원의 어복골에 상투바위가 신령스럽다 하여 상투바위 앞자리를 먼저 차지하여 축원하면 큰 덕을 얻는다는 믿음에서 유래되었다고 한다. 농청놀이는 기제, 쟁기전, 축원, 흥취와 회향으로 나눌 수 있다. 간단한 제물로 고유제를 지내고 상투바위로 향한다. 장정들이 호위하는 깃발을 중심으로 풍물을 울리며 행진하다가 다른 농청을 만나면 기싸움을 벌인다. 양편 모두 앞뒤로 어르며 빙빙 돌다가 죽고동이 울리면 상대편 기를 향해 달려가는데, 공격대가 깃대를 타고 올라가 깃대를 걷거나 깃대를 높이면 승부는 끝난다. 이긴 편은 상투바위 정상에 깃대를 꽂고, 진 편은 아랫단에 꽂아야 한다. 바위 앞에 제물을 차리고 엎드려 축원을 하고 나면, 참여하였던 사람들은 술을 나누어 마시며 칭칭소리로 판굿을 벌여 양편이 서로 화합한다. 1981년 11월 마산민속문화보존회가 발굴재현(發掘再現)하여 1983년 8월 6일 경상남도 무형문화재 제6호로 지정되어 오늘날까지 전승되고 있다.

⑨ 함안 낙화놀이(落火놀이)

함안 낙화놀이는 함안면 괴항마을에 전승되어온 고유의 놀이로 매년 4월초파일 마을 입구 이수정에서 개최되어 왔다. 함안 낙화놀이의 유래는 정확히 전하여지지는 않지만 문헌과 조사를 통해 본 결과 17세기 조선중엽부터 유래된 것으로 추정되고 있다. 현재는 2000년대에 들어서부터 함안면민을 중심으로 한 함안낙화놀이보존위원회가 결성되어 지금까지 전승되고 있다. 낙화놀이의 놀잇감 형태는 마을 자체에서 제작한 숯가루를 한지에 돌돌 말아 낙화를 만든다. 이것을 이수정에 준비한 줄에 걸어 불을 붙임으로써 숯가루가 불을 머금고 타면서 바람에 날리는 장관이 연출된다. 낙화놀이는 함안군의 대표적인 민속놀이로서 2008년 10월 30일 경상남도 무형문화재 제33호로 지정되어 오늘날까지 전승되고 있다.

⑩ 양산 웅상농청장원놀이[5]

양산 웅상농청놀이는 년 중 농사의 단계별 과정을 희극적으로 풀이하여 한 해의 고달픔을 순간순간 잊으려는 놀이 행사로서 오랜 세월 전승되어 온 농경문화의 하나이다. 먼저 보리심기로부터 씨벼(씨나락)담구기, 모심기, 보리타작, 논매기, 가을 거두기까지의 장면을 묘사한다. 그 가운데 으뜸으로 여기는 것은 망시곱매기이다. 이날은 그해 농사의 장원도 뽑고 고달팠던 농군(머슴)들을 위로하는 잔치이다. 그해 농사를 장원한 사람의 집에서 술과 안주를 내고 장원한 주인이 머슴을 소에 태워서 위로하는 잔치라 할 수 있다. 망시곱매기놀이는 논 잡초를 두 번에 걸쳐 맨 뒤 마지막에 잡초를 맬 때 노는 놀이이다. 망시곱매기는 어떤 일이 있거나 논이 얼마나 남아있던 간에 그 논매기를 마쳐야 한다는 뜻을 담고 있는데, 이것을 재연한 놀이가 망시곱매기놀이이다. 따라서 망시곱매기놀이는 논매기의 마지막을 장식하는 놀이다. 양산 웅상에서는 논매기의 3가지 단계를 아시매기, 중간매기, 망시매기로 구분한다. 망시곱매기놀이는는 망시매기 때 행해지는 놀이로써 그 해 농사를 마무리 짓고 나아가서 그 기쁨을 나누어 갖는 행사이다. 대체로 농사일이 마무리되는 초복부터 말복 무렵에 논매기를 마친 머슴들로 하여금 피로를 풀게 하고 하루를 즐겁게 놀도록 한 것이다. 양산 웅상농청놀이는 2002년 4월 4일 경상남도 무형문화재 제23호로 지정되어 경남 양산시 웅상읍 명곡마을을 중심으로 오

---

5) 梁山市誌編纂委員會, 『梁山市誌(上)』, 2004, 602~603쪽.

늘날까지 전승되고 있다.

⑪ 밀양 무안용호놀이(武安龍虎놀이)[6]

밀양 무안용호놀이는 밀양군 무안면 무안리에서 전승되고 있는 대중적인 민속놀이이다. 무안용호놀이의 기원과 유래는 확실히 알 수 없으나 마을 노인들의 증언에 의하면 조선시대부터 음력 정월 보름날을 전후하여 3~4일간 벽사진경하는 마을의 큰 행사로서 전래한 것이라 한다. 용호놀이는 일제 강점기에 일시 중단되었다가 1963년부터 이 마을 사람들의 주장으로 부활되었다. 무안마을은 동서로 양분되어 진동산 쪽의 동부는 용촌(龍村)이 되었고 질부산 쪽의 서부는 호촌(虎村)이 되어 옛날부터 줄당기기의 전통이 있어 왔다. 정월 명절이 되면 동·서촌에서는 서로 다투어 짚을 모아 큰 줄을 맸다. 대개 평균 직경이 60cm 길이가 150m나 되었는데 동부줄을 백룡(白龍)이라 부르고, 서부의 줄을 청호(靑虎)로 이름 붙였다. 연희의 장소는 청도천의 하류인 무안천 제방 안 논바닥으로 수천 명의 지방민들이 운집하여 줄을 당겨 끌어 오는 힘으로써 승패를 가름하였다. 그러나 후일 승패 가름의 방법이 변하여 줄머리에서 독전하는 깃발을 먼저 뺏는 것으로 판단하였다. 용호놀이는 이러한 큰줄싸움이 있기 하루 전날에 전개되는 전희(前戱)로서 각기 자기편의 위세를 과시하는 놀이이다. 큰줄을 완성하여 둘러메고 농악을 앞세워 상대 편 마을을 돌아다니며 놀리기도 하고 싸움을 걸다가 자기 편 마을로 돌아와서는 촌민이 함께 어울려 흥겨운 춤을 추거나 하면서 전의(戰意)를 돋우는 방식으로 전개된다. 무안용호놀이는 1991년 12월 27일 경상남도 무형문화재 제2호로 지정되어 경남 밀양시 무안면 무안마을을 중심으로 오늘날까지 전승되고 있다.

⑫ 밀양 감내 게줄당기기

감내 게줄당기기는 밀양 감내에서 정월 대보름을 전후하어 마을 사람들이 시합으로 즐기던 놀이이다. 게줄당기기는 일반적으로 마을 단위에서 행하는 줄싸움의 변형된 놀이라 할 수 있다. 게줄당기기의 유래를 보면 예로부터 감천지역에 게가 많아 서로 좋은 게잡이터를 차지하려고 싸워 인심이 나빠졌는데, 마을 어른들이 이를 해결하기 위한 방편으로 게 모양의 줄을 만들어 당겨서 이긴 편이 먼저 터를 잡도록 한 것이 오늘에 이

---

[6] 밀양문화원, 『밀양민속자료집』, 1997, 74~75쪽.

르고 있다고 한다.

감내 게줄당기기는 주민화합과 인근 마을과의 불화를 풀기 위해 만들어진 독창적인 민속놀이이다. 게줄을 서서 당기는 것이 아니라 소수의 인원이 줄을 목에 걸고 엎드려서 당기는 것이 특징이라 할 수 있다. 부북면 감천리에서 정월 대보름날을 전후하여 주민화합과 인근 마을과의 반목을 해소하기 위해 창안된 독창적인 민속놀이이다. 감내 게줄당기기는 1983년 8월 6일 경상남도 무형문화재 제7호로 지정되어 오늘날까지 전승되고 있다.

2) 악가무가 어우러진 민속예술

낙동강 수계 지역은 농악과 탈놀음과 같은 민속예술이 번성하였다. 낙동강 수계의 농악놀이와 탈놀음은 농촌에서 풍년을 염원하고 마을의 안녕을 바라며 놀았고, 집단노동을 하거나 명절, 또는 여가 때에 흥을 돋우는 구실을 하며 펼쳐졌다. 낙동강 수계에서 전승되는 농악의 유형을 보면 대체로 마을 당산굿, 지신밟기, 판굿, 난장의 요소를 지니며 전승되고 있다. 그리고 탈놀이의 유형을 보면 농촌마을굿형 토박이탈놀음과 도시형 토박이탈놀음, 떠돌이탈놀음 등으로 나타난다. 전통 농경생활을 바탕으로 한 공동체 제의가 지속되고 물길 따라 연결된 나루와 장시, 조창이 설치됨으로써 주변에 난장 형식의 놀이판이 자연스레 조성되었다. 이에 따라 농악과 탈놀음은 전통적인 민간신앙적 요소와 더불어 번화한 장시와 조창의 분위기에 적절하게 변화된다. 따라서 낙동강 수계는 점차 오락과 유희의 신명풀이적 요소가 발달된 민속예술이 전승될 수 있었다.

(1) 전래 농악과 탈놀이의 분포 양상

구체적으로 지역별 농악과 탈놀음의 분포 현황을 보면 다음과 같다. 김해 가락 지역에서 이루어지던 탈놀이인 김해시의 가락오광대(이월), 전문연예농악으로서 군사놀이적 특성을 지닌 진주시의 진주농악, 세시풍속의 일환으로 연행되었던 진주시의 진주오광대(정월), 농경일의 효율성을 고조시키는 지신밟기 농악인 함안군의 함안화천농악(정월), 합천 밤마리를 중심으로 놀던 대광대패 탈놀이인 합천군의 밤마리오광대(정월) 등이 있다. 그밖에도 전문유랑예인집단의 탈놀이인 진주시의 솟대쟁이패 오광대, 의령군의 신반대광대패 탈놀이 등이 있다.

(2) 전래 농악과 탈놀이의 전승 양상

① 김해 가락오광대

김해 가락오광대는 김해군 가락면 죽림리(현 부산 강서구 가락동 죽림리)에서 전승되어 내려오던 김해지방의 대표적인 탈놀이이다. 양반을 조롱하고, 파계승과 처첩 갈등을 풍자하며, 액을 쫓고 복을 불러들이기를 빌며 세시풍속의 일환으로 놀았다. 가락오광대의 등장인물은 종가양반, 애기양반, 말뚝이, 포졸, 할미 등 28명이며 전체 여섯 과장으로 구성되어 있다. 이 가운데 2과장인 노름꾼 과장은 다른 지역 오광대와는 달리 노름 이야기를 다루고 있기 때문에 특이하다고 할 수 있다. 노름꾼들이 노름을 하던 틈을 타 절름발이 어딩이가 노름판 돈을 훔쳐 달아나다 포졸에게 붙잡혀 끌려간다. 노름꾼은 처벌하지 않지만 도둑은 엄벌한다는 것으로 볼 때, 노름에는 관대하지만 도둑질은 반드시 처벌한다는 내용을 담고 있다.

가락오광대는 1937년 일제의 민족문화 말살 정책으로 쇠퇴했다. 그 후 1983년에 이르러서 재연 작업에 착수하게 되었다. 재연을 할 때는 송석하가 수집하여 국립중앙박물관에 소장되어 있는 가락오광대 탈 12점을 활용하였고, 최상수가 채록한 대본을 근거로 삼았다. 마침내 첫 재연 공연은 1984년 김해군 이북면(현 한림면)에서 가졌다. 김해오광대는 1990년 제22회 경상남도 민속예술경연대회에 처음 출전하여 장려상을 수상한 이후 1995년 10월 20일 김해 문화체육관에서 대대적인 공연을 함으로써 김해지방의 전통 민속놀이로 확고하게 자리매김하였다. 2001년에는 지역민들로 구성된 가락오광대보존회가 결성되면서 복원 및 전승이 체계적으로 이뤄지고 있다.

② 진주농악

진주권을 중심으로 전래되어 왔던 진주 농악은 90년대 중반부터 진주삼천포농악으로 명명되며 오늘날 진주와 삼천포 지역에서 전승되고 있다. 진주삼천포농악은 일제강점기 남사당패와 쌍벽을 이루었던 솟대쟁이패의 계보를 잇고 있어서 전문 연희농악이라

할 수 있으며 영남농악의 대표 농악으로 꼽는다. 예전 솟대쟁이패는 쌍줄타기와 꼰두질, 농악, 버나, 탈놀음 등을 전문적으로 하던 예인집단이다. 그들의 전통적인 연행종목 가운데 농악은 오늘날 진주삼천포농악으로 이어져 '경상도 벅구놀이'의 전통을 제대로 계승하고 있다. 전원이 전립을 쓰고 채상이나 부포를 돌리는 점은 다른 지역의 농악과 차이 나는 큰 특징이다. 빠른 쇠가락에 모든 치배들이 상모놀음을 하고, 농악의 꽃이라 일컫는 벅구수들은 두루걸이에 앉을사위, 뒤짐벅구를 화려하게 돌아치며 군사놀이의 진법과 무예적 몸짓도 펼친다. 그러므로 여타의 농악에 비해 빨리 돌아가는 진법놀이가 많아 매우 활발하고 씩씩한 남성적인 매력이 진주삼천포농악의 특징이라 할 수 있다.

진주삼천포농악에 쓰이는 악기에는 꽹과리, 징, 장구, 북, 소고가 있으며, 편성은 기수(旗手)와 쇠, 징, 북, 장구, 법고 그리고 양반과 포수로 되어 있다. 모두가 흰바지와 색깔 있는 저고리의 농악복에 색띠를 두르고, 상모를 쓴 채 연주하는데 개인놀이가 비교적 발달하였다. 판굿에서는 채상모놀이가 돋보이며, 군사놀이인 팔진해식진(八陣解式陣)굿이 특이하다. 빠른 가락을 모는 경우가 많아 힘차고 가락이 다채로워 흥겹다.

진주삼천포농악은 1966년 6월 29일 중요무형문화재 제11호 '농악12차'로 지정되었다가 1985년 12월 1일 '제11호−가호 진주농악12차'로 지정명칭이 변경되었고, 다시 1993년 3월 1일 '진주삼천포농악'으로 명칭이 최종 변경되어 오늘날까지 전승되고 있다.

③ 진주오광대

진주오광대는 진주 고을의 세시풍속으로 전승되며 음력 정월보름에 공연되던 탈놀음이다. 1930년대까지 연희되다가 중단된 후 60여 년이 지난 1998년에 복원되어 오늘날에 이르고 있다. 진주오광대는 세 가지 성격의 탈놀음이 존재한다. 먼저 진주에 살며 노래와 춤을 좋아하는 한량들이 모여서 놀았던 토박이 탈놀음이 있었다. 그리고 진주에 본거지를 두고 조선팔도와 만주까지 돌아다니며 활동한 유랑예인집단 솟대쟁이패의 오광대가 있었다. 솟대쟁이패의 오광대는 유랑광대의 연희로서 전문적이고 직업적인 탈놀음이다. 또 다른 하나는 과거 진주군 도동면 소재지였던 하대리(지금의 진주시 하대동)에 전승되던 도동오광대이다. 도동오광대는 향인광대가 연희하는 토착적이고 농촌적인 탈놀음이었다.

진주오광대는 전체 다섯 과장으로 이루어져 있다. 제1과장은 신장놀음(오방신장무)이다. 오방신장(五方神將)이 땅 위의 모든 잡귀와 잡신들을 누르고 몰아내는 마당이다. 제2과장은 오탈놀음(문둥이과장)이다. 오방지신(五方地神)이 나타나서 갖가지 병신춤으로 놀면서 무서운 질병의 신(疫神)을 몰아내고 안녕과 평화를 지켜주는 마당이다. 제3과장은 말뚝이놀음(양반과장)이다. 한없이 유식한 하인 말뚝이가 무식한 주인 생원님과 주인의 친구인 옹생원·차생원을 골려먹는 놀이로서 신분으로 사람을 차별하는 사회 제도가 얼마나 잘못되었는가를 보여주는 마당이다. 제4과장 중놀음(중과장)이다. 산속에서 수도하던 스님이 속세에 내려왔다가 양반들이 팔선녀와 어울려 춤추며 노는 것을 보고는 세상 재미에 넋을 빼앗기는 놀이로서 수도자의 삶과 세속인의 삶을 대조하여 참다운 삶이 어떠해야 하는지를 묻고 있는 마당이다. 제5과장은 할미놀음(할미과장)이다. 무책임한 남편 때문에 여인의 삶과 가정이 어떻게 되는가를 보여주는 마당이다. 진주오광대는 2003년 6월 7일 경상남도 무형문화재 제27호로 지정되어 오늘날까지 전승되고 있다.

④ 함안화천농악

함안 화천농악은 함안군 칠북면 화천리를 중심으로 전승하는 지신밟기 농악이다. 화천마을에서는 매구(농악)를 치기에 앞서 서낭당에 아뢴다. 정초의 지신밟기를 비롯하여 단오, 백중, 9월 그믐의 성황제, 시월 초하루의 대제(大祭) 및 섣달 보름의 농악놀이가 모두 서낭나무를 중심으로 행하여진다. 화천농악은 풍농과 태평을 기원하는 제의농악과 두레농악에서 발전되어 오다 보니 토속성이 강하고 지신밟기와 풍년 기원굿이 돋보인다.

화천농악은 12차로 구성되어 있다. 진행순서와 내용을 보면 다음과 같다. 첫째, 길굿 – 전원이 상쇠의 가락에 맞추어 모두 세로 1줄로 행진하다가 원형으로 돈다. 둘째, 살풀이굿 – 살풀이가락에 맞추어 3개의 원을 만들며 춤춘다. 셋째, 덧뵈기굿 – 덧뵈기가락에 따라 각 소임끼리 논다. 넷째, 영산 다드래기굿 – 3개의 원을 만든 상태에서 영산다드래기 가락을 친다. 다섯째, 지신밟기굿 – 굿마당을 펼치면서 성주, 조왕, 장독, 철룡풀이를 한다. 여섯째, 진놀이굿 – 편을 갈라 진을 치고 싸운다. 일곱째, 고사꺾기굿 – 원형의 상태에서 부쇠와 종쇠가 선두로 한 사람씩의 주위를 돌아 나가면 대원들도 따라 진을 푼다. 여덟째, 범버꾸굿 – 엇박 신호에 따라 쇠, 징, 북, 장구, 법고, 소고,

잡색이 각각 원을 만들어 논다. 아홉째, 호호굿 - 전원이 원형으로 돌면서 '호호' 하고 외친다. 열 번째, 원풍대놀이굿 - 원형으로 돌면서 을자진 등의 형태를 만든다. 열한 번째, 잦은 장단놀이굿 - 개인기를 펼치며 논다. 열두 번째, 풍년농사기원굿 - 4각형 대열을 만들어 씨뿌리기·모찌기 등을 연희하며 풍년을 기원한다. 함안화천농악은 1991년 12월 23일 경상남도 문형문화재 제13호로 지정되어 오늘날까지 전승되고 있다.

⑤ 합천 밤마리오광대[7]

합천의 밤마리[栗旨]에는 대광대패라는 전문적인 연희집단이 오래 머물면서 곡예, 풍물, 인형극 등과 함께 오광대라는 탈놀음을 놀았다. 밤마리와 신반 등지의 광대패들은 지역의 토박이가 아니고 생계를 위하여 연희단체를 만들어 각지를 순회하면서 떠돌아다니며 공연하는 유랑예인집단이다. 그러다 보니 밤마리와 같은 지역은 오광대가 전승되던 곳이 아니라 각지를 떠돌면서 오광대를 비롯하여 여러 가지 공연을 하였던 광대패의 본거지라 할 수 있다. 밤마리가 오광대나 야류의 시원지로 알려져 있는데 대체적인 견해는 시원지가 아니라 성장지 혹은 중심지라 해석한다. 낙동강 수계에서 밤마리(율지)가 오광대의 중심지가 될 수 있었던 것은 그곳이 오광대의 발상지가 아니라, 번성한 상업문화를 발판으로 오광대가 크게 성장한 곳이기 때문이다.

조선 후기에 낙동강변의 밤마리는 강가 나루에 장삿배와 고기잡이배가 숲처럼 왕래하고, 노젓는 소리와 뱃노래가 서로 어울려 끊일 사이가 없었다고 한다. 밤마리는 강가의 장터였고 하운(河運)의 중심지이다 보니 항상 번잡하였다. 밤마리는 정기적 항시가 큰 규모로 열리는 상업도시이고 일정한 기간 동안 난장 상설시장이 개설되어 집중적인 상거래가 이루어지는 곳이다. 따라서 이러한 기반 위에서 상인이 후원자가 되는 탈춤이 자라날 수 있었다는 것이다. 전문연희집단 대광대패는 1800년을 전후하여 밤마리를 근거지로 삼고, 낙동강의 수계를 따라 각지를 유랑하며 연행을 벌였다. 5일장을 돌거나 마을을 돌아다니며 전업적으로 기·예능을 팔며 놀이판을 벌이는 유랑예인집단의 경우는 탈놀음의 놀이 시기가 따로 정해져 있지는 않았다. 그들이 연행할 때면 울산 서낭당 각시를 앞세우고 걸립을 하였으며, 악공연주, 무동놀이, 죽방울받기, 장대 위 재주, 가면

---

7) 정상박·남성진, 「오광대의 재조명」, 『경남인의 삶과 문화』, 경상남도·국립민속박물관·경남발전연구원, 2013, 60쪽.

극, 오방신장, 중춤, 양반말뚝이춤, 영노과장, 영감과장, 사자무 과장 공연 등을 하였다.

3) 대규모로 전승되는 마을공동체 제의

　낙동강 수계는 대규모로 치르는 마을공동체 제의가 다수 분포하고 있다. 낙동강 수계의 공동체 제의는 마을과 고을의 구성원들이 지역을 배경으로 한 수호신에게 공동으로 지내는 제의 형태이며 풍요와 안녕을 기원하기 위한 목적에서 행하는 신앙행위이다. 마을공동체 제의의 대상신은 해당 마을을 지키는 수호신이며, 산신, 동신, 골매기신 등으로 불리며 마을의 특성에 따라 인격신과 비인격신으로 나타나기도 한다. 마을신앙의 대표적인 제의는 동제(洞祭)인데 이를 행하는 목적은 온 마을사람들의 건강과 풍요를 염원하며 질병이나 화재와 같은 재앙으로부터 벗어나 평안하기를 비는데 있다. 마을 사람들 전체가 잘살 수 있도록 빌고, 재난이 없게 하며 개개인이 무병 건강할 수 있도록 하고 재수가 있게 해달라고 빌면서 생업과 관련하여 잘되기를 소원한다.

　낙동강 수계에서 전승되는 마을공동체 제의의 형태는 대체로 동제, 기우제, 추모제, 치성의례, 기원제, 뱃고사 등의 형태로 나타난다. 이를 통해 큰물(홍수), 한발과 같은 자연 재해로부터 공동체의 위협, 수호신에 의한 공동체 보호, 개인과 가족의 건강 염원 등 재액초복의 주술적 해결을 도모하고 있다.

(1) 전래 제의의 분포 양상

　구체적으로 지역별 공동체 제의의 분포 현황을 보면 다음과 같다. 주부가 주도하며 가내태평 의식 또는 풍년 기원 제례인 김해시의 풍신제·농신제(농사기, 사월), 머슴들이 휴식기에 농시제를 지낸 후 단합하는 놀이 밀양시의 밀양백중놀이(음력 칠월), 금줄을 치고 물병 솔잎 꽂아 지내는 기우 행사인 산청군의 기우제(가뭄 때), 가야진의 용신(龍神)에게 올리는 제의 양산시의 가야진용신제(음력 삼월), 황시헌의 순절을 추모하며 연희하는 민속 창원시의 문창제(정월) 등이 있다.

(2) 전래 제의의 전승 양상

① 밀양 백중놀이[8]

밀양 지역에서는 농사일이 거의 끝나 농군들이 쉴 수 있는 좋은 명절이 되면 머슴에게 옷 한 벌과 넉넉한 용돈을 주어 놀이를 하게 하였는데, 이날을 세서연(洗鋤宴) 또는 꼰배기 먹는 날이라 하였다. 이날은 머슴을 부리는 주인집에서는 많은 술과 음식을 제공하기도 하였으며 머슴들의 명절이라 하여 머슴날이라 부르기도 하였다. 농군들은 농악을 울리고 춤을 추면서 소를 타고 땀 흘려 일한 들판을 바라보며 흥겹게 술을 마시고 노래하였다. 밀양백중놀이는 7월 15일을 전후한 진일(辰日) 용날을 택하여 머슴들이 주체가 되어 농신(農神)에 대한 고사를 지내고 꼰배기참놀이 세서연의 여흥을 펼친다. 밀양백중놀이는 앞놀이, 본놀이, 뒷놀이 등 크게 세 부분으로 이루어진다. 앞놀이는 잡귀맞이굿, 모정자놀이, 농신제 순으로 진행되는데, 제의적 요소가 강한 놀이로 구성되어 있다. 본놀이는 앞놀이에 비해 극적 요소가 강한 작두말타기와 양반춤, 병신춤, 범부춤 등의 춤판으로 구성되어 있다. 뒷풀이는 오북춤과 화동마당으로 구성되는데, 놀이꾼과 구경꾼이 한데 어우러져 춤을 추며 노는 대동의 장이다. 밀양백중놀이는 1980년 11월 17일 중요무형문화재 제68호로 지정되어 오늘날에 이르고 있다.

② 양산 가야진용신제(伽倻津龍神祭)[9]

가야진용신제는 양산시 원동면 용당리 당곡마을에서 매년 음력 3월 초정일(初丁日)에 가야진(伽倻津)의 용신(龍神)에게 올리는 풍농기원제이다. 가야진의 용신제는 『삼국사기』에 기록된 사독제를 지내는 황산하의 제사에서 유래된 것이다. 원래는 제물을 차려놓고 천신과 지신 그리고 용신에게 기원하고 풍년을 빌며 춤으로 한바탕 잔치를 벌였으나 이제는 다 없어지고 양산시 원동면 용당리에 있는 가야진 용신제 놀이만 유일하게 전해지고 있다. 용신제의 짜임새는 삼농제(三農祭)로 이루어져 있는데 선농(先農), 중농(中農), 후농제(後農祭)로 분류하여 농악으로 매 과장이 이어지고 있다. 마을과 가야진사 주위를 돌면서 칙사를 맞을 준비를 갖춘다. 부정을 막는 금줄을 치고, 황토를 뿌리면

8) 밀양문화원, 『밀양민속자료집』, 1997, 70~71쪽.
9) 梁山市誌編纂委員會, 『梁山市誌(上)』, 2004, 600~601쪽.

서 부정굿을 벌인다. 이어 칙사 영접 길에 오른다. 선창자가 길을 밟은 지신풀이를 하고 나머지 일행들은 길을 고루면서 뒤따라간다. 칙사를 만나 절을 올리고 풍물을 친 후 제단으로 돌아온다. 제단에 도착하면 한 바퀴 돌고 신을 내리는 굿을 한다. 이 강신굿이 끝난 뒤 용신제례를 올린다. 이로써 제를 마치고 강변에 지어놓은 불집에 가서 풍물을 치며 불을 붙이고, 그 불에 신고 있던 짚신을 벗어 던지며 용의 승천을 기원한다. 그런 다음 용소로 향한다. 용소풀이는 생돼지를 희생물로 뱃머리를 두고 칙사가 술 한 잔과 절을 두 번 올리는 것으로 시작된다. 용소풀이를 끝낸 일행이 이 제단에서 제의 끝맺음을 고하고 칙사가 관복을 벗음으로써 이 놀이를 마감한다. 1997년 1월 30일 경상남도 무형문화재 제19호로 지정되어 오늘에 이르고 있다. 전승지역은 양산시이다.

③ 밀양 법흥상원놀이(法興上元놀이)[10]

밀양 법흥상원놀이는 밀양 법흥(法興)마을에서 오랜 옛날부터 전해 오는 세시풍속의 하나이다. 원래는 법구 상원놀이였으나 이웃마을과 마을이 합쳐지면서 마을 이름이 법흥으로 바뀌어져 법흥상원놀이로 불리게 되었다. 놀이는 매년 정월 보름날 온 마을 사람들이 당산나무 앞 넓은 마당에 모여 마을과 집안의 평안과 풍년을 비는 놀이로서 오늘에 이어져 오고 있다. 놀이의 특색은 당산제와 달맞이에 신북을 울려 조화를 이루는 것과 당산제와 용왕풀이를 할 때 아낙네들이 촛불을 켜고 소지를 올리면서 치성을 드리며 헌신랑 다루기와 달맞이를 할 때 춤과 노래가 곁들여 지는 점이다. 이 놀이는 유일하게 법흥마을만이 참가하여 화합의 마당으로 이루어지는 것이 특색이다. 놀이의 순서는 입장-당산제-용왕제-지신밟기-헌신랑 다루기-장작 윷놀이와 널뛰기·연띄우기-달맞이와 돌다기 밟기-달집태우기-콩볶기-화합마당의 순서로 이어진다. 법흥상원놀이는 1993년 12월 27일 경상남도 무형문화재 제16호로 지정되어 오늘에 이르고 있다. 전승지역은 양산시이다.

④ 창원 문창제

문창제 놀이는 조선 인조 14년(1636) 병자호란 때 순절한 충신 황시헌 공을 기리는 민속놀이로 황시헌 공의 제삿날 창원부사가 관속들과 성묘 제례하고 관기들로 하여금 추

---

10) 밀양문화원, 『밀양민속자료집』, 1997, 80~81쪽.

모의 춤을 추게 한 데서 비롯되었다. 황공의 집안제사 때 창원부사가 관속들과 성묘 제례하고 관기(官妓)로 하여금 추모의 춤을 추게 하고 군노(軍奴) 이모(李某)가 황공 순절 시의 모습을 재현해 보인 것을 계기로 전해져 왔으나 일제 때 단절되었던 것을 오늘날 4과장으로 재현하였다.

　문창제놀이의 제1과장은 제향으로 황공의 위패를 세우고 제물을 차려 부사와 관속들이 제사를 올린다. 제2과장은 추도무로 기녀들이 소복차림에 한삼을 끼고 추도무를 추며 황공의 넋을 위로한다. 제3과장은 군노놀이로 황공이 순절할 때의 상황을 무언극으로 재현한다. 제4과장은 매귀굿으로 마을사람들이 한데 어울려 놀고 황공의 명복을 빌며 풍물을 울리는 판굿이다. 문창제놀이는 일반적인 예능 위주의 민속놀이라기보다 충신을 기리는 추모행사로서 의의가 있다. 문창제놀이는 1980년 12월 26일 경상남도 무형문화재 제5호로 지정되어 오늘에 이르고 있다. 전승지역은 양산시이다.

4) 장단곡절이 아닌 빼어난 아리랑과 뱃노래

　낙동강 수계에서는 물과 관련하여 이별의 정한이나 힘든 노동을 노래하는 아리랑과 뱃노래가 많이 전승되고 있다. 낙동강 수계에서 부르는 민요는 우리나라에서 보편적으로 많이 부르는 넋두리나 애원성의 노랫말을 지닌 아리랑과 어업 노동요로서 활기차고도 율동적인 가락을 지닌 뱃노래의 유형이 많이 나타난다. 또한 전통적으로 전래되고 있는 노래와 더불어 지역적 특색을 드러내거나 역사적인 사건이나 사업을 기념하여 새롭게 창작된 예도 나타난다. 이러한 노래들은 아리랑이나 뱃노래의 방식으로 많이 전승되고 있다. 낙동강 수계 지역에서 전승되는 아리랑이나 뱃노래는 이별에 따른 슬픔과 뱃일을 통한 노동의 고달픔, 그리고 역사적 사건을 되새기는 내용이 많다.

(1) 아리랑과 뱃노래의 분포 양상

　구체적으로 지역별 민요의 분포 현황을 보면 아래와 같다. 밀양 명소인 영남루와 아랑의 설화 주제로 한 통속민요인 밀양시의 밀양아리랑, 일제강점기부터 6·25 때까지의 정암나루터에 얽힌 내용으로 이루어진 의령군의 정암뱃사공노래, 함양 지역의 특징과 지명이 들어있는 아리랑 곡인 함양군의 함양아리랑, 아리랑 고개의 서러움을 노래한 양산시의 양산아리랑, 뱃사공이 배를 끌면서 부르는 창원시의 강배 끄는 소리 등이 있다. 밀양아리랑의 경우는 다양한 각편이 존재하고 있지만 여기서는 다 기록하지 못하였다. 뱃노래도 낙동강 나루에서 불리어진 노래가 많은 줄로 알지만 다 파악하지 못하여 사례로 들지 못하였다.

(2) 아리랑과 뱃노래의 전승 양상

① 밀양 아리랑11)

밀양 아리랑은 여러 각편이 존재한다. 밀양 아리랑은 가창자 이허분(여, 1941년생, 밀양시 상동면 매화리 큰매화마을 거주)이 구연한 소리를 2013년 5월 11일 녹음 채록하여 기록한 내용을 옮겨 싣는다. 그리고 아래의 밀양 아리랑은 가창자 김경호(남, 1930년생, 밀양시 산내면 송백2리 양송정마을 거주)가 구연한 소리를 2013년 5월 9일 녹음 채록하여 기록한 내용을 옮겨 싣는다.

"날쫌보소 날쫌보소 날좀보소 / 동지섣달 꽃본 듯이 날쫌보소 // 남천강물 굽이굽이 영남루를 감돌고 / 백공에 걸린 달은 아랑강을 비추네 / 아리아리랑 쓰리쓰리랑 아라리 가났네 / 아리랑 고개를 날 넘겨주소 // 정든님이 오셨는데 인사를 못해 / 행주치마 입에 물고 입만 방긋 / 아리아리랑 쓰리쓰리랑 아라리가났네 / 아리랑 고개를 날 넘겨주소"

"아리당다쿵 쓰리당다쿵 아라리가났네에에에 / 아리랑 어절씨고 잘넘으간다아아 // 날좀보소 날좀보소 날좀보소오오오 / 동지섣달 꽃본듯이 날좀보소오오오 // 아리당다쿵 쓰리당다쿵 아라리가났네에에에 / 아리랑 어절씨고 잘넘으간다아아 …"

② 양산 아리랑12)

양산 아리랑은 가창자 이정희(여, 1922년생, 양산시 상북면 명곡동 거주)가 구연한 소리를 2013년 4월 19일 녹음 채록하여 기록한 내용을 옮겨 싣는다.

"아리랑 아리랑 아라리요 / 아리랑 고개로 넘어간다 / 나를 두고서 가시는 님은 / 십

11) 경상남도·국립민속박물관·경남발전연구원, 『삶과 신명의 애환, 경남민요 100선』, 2013, 159·380쪽.
12) 경상남도·국립민속박물관·경남발전연구원, 위의 책, 402쪽.

리로 몬가서 발병난다"

③ 창원 강배 끄는 소리(고딧줄꾼소리)

창원의 뱃사공 노래 가운데 강배 끄는 소리가 있다. '낙동강 뱃사공 노래'(문화콘텐츠닷컴 『문화원형백과 나루와 주막』, 2007, 한국콘텐츠진흥원)에서는 가창자 조태호(남, 1917생, 경남 창원군 북면 강계리 출생, 시화리 거주)를 통해 낙동강의 뱃노래를 녹음하여 채록한 것이다.

〈메기는 소리〉 "가자가자 어서가자 / 어기여차 어기야 / 남지들을 찾어간다 / 어기여차 어기야 / 어기여차 어기야 / 남지들을 들어서면 / 우리 여에 한 목적지가 / 콩팔로 어서가자 / 어기여차 어기야 / 북풍한설 찬바람에 / 언제갈꼬 저 남지를 / 발은 얼어 빠지는 듯 / 어기여차 어기야 / 저 사공아 닻을 잡고 / 동풍오기 기다리자"

〈받는 소리〉 "어기여차 어기야 / 어기여차 어기야 / 어기여차 어기야 / 언제갈꼬 저남지를 / 어기여차 어기야 / 어기여차 어기야 / 어기여차 어기야 / (어기여차 어기야)"

④ 창원 아리랑[13]

창원 아리랑은 가창자 박삼순(남, 1917년생, 창원시 대산면 갈전 평이마을 거주, 의창구 동읍 본포리)이 구연한 소리를 2008년 8월 23일 녹음 채록하여 기록한 내용을 옮겨 싣는다. 박삼순은 50년 동안 상쇠로 활동했다고 하는데 메기고 받는 소리를 혼자 구연하면서 창원 아리랑을 들려주었다는 것이다.

"아리아리 쓰리쓰리 아라리야 / 아리랑 고개로 넘어가자 / 아리랑 고개는 열두고개 / 정든님 고개는 단고개라 / 넘어갈적 넘어갈적 곤달아든다 / 아리아리 쓰리쓰리 아라리야 / 정든님 고개는 열두고갠데 / 아리랑 아리랑 아라리야"

5) 간절함을 담은 농요와 장타령

낙동강 수계 주변의 산촌과 장터에는 농요와 장타령이 많이 전래되고 있다. 농요는 논이나 밭에서 일을 하거나 할 때 부르는 소리를 말한다. 낙동강 수계 주변에는 농사를

---

13) 경상남도·국립민속박물관·경남발전연구원, 위의 책, 325·337쪽.

지을 수 있는 천혜의 조건 탓에 많은 종류의 농요가 전승되고 있다. 농사를 위한 작업현장에서 부르기도 하고, 일을 끝내고 집으로 돌아오면서 부르는 노래, 농기구 제작과 관련된 노래 등 다양하다. 낙동강 수계의 농요는 경남지역 농민들의 토속적이고 거친 일상이 그대로 묻어나 힘차고 율동적으로 불리고 있다. 장타령은 동냥하는 사람이 장판·길거리로 돌아다니며 부르는 전래 노래인데, 각설이(장타령꾼)들이 낙동강 수계에 딸린 장바닥을 누비며 그들의 한과 아픔을 풍자에 섞어 노래한 민요이다. 장터는 상거래의 현장이다 보니 장이 서는 곳에는 항상 흥정하는 사람들로 활기가 넘친다. 이러한 환경에서 각설이들은 그들의 먹을거리를 마련할 방도로 장타령을 많이 불렀다. 낙동강 수계에서 전승되는 장타령이나 화전가의 내용은 주로 신세한탄이나 한을 소리에 담아 풀어내는 사설이 주를 이룬다. 장타령은 장시와 조창으로 인해 물자가 풍부하고, 그에 따라 유동인구가 많다 보니 자연스레 놀이판이 자주 조성되어 종종 부르게 되었다. 각설이의 활동무대가 넓어져 걸립이 적합해졌기 때문에 장타령을 부를 기회가 많이 생겨났다.

(1) 농요와 장타령의 분포 현황

구체적으로 지역별 농요와 장타령의 분포 현황을 보면 아래와 같다. 거창군의 일소리·삼베일소리·논매는소리·벼타작소리, 김해시의 장타령·각설이타령, 밀양시의 논매는소리, 양산시의 논매는소리, 의령군의 삼삼는소리, 진주시의 모찌는소리·모심는소리·각설이타령·장타령, 함안군의 보리타작소리·모심는소리·논매는소리, 합천군의 밭매는소리 등이 있다.

(2) 농요와 장타령의 전승 양상

① 거창삼베일소리

거창삼베일소리는 삼 씨앗을 뿌려서 베를 짜기까지 삼베 생산 과정에서 행하는 삼베일의 능률을 올리고 노동의 지루함을 달래기 위해 불리어지는 노동요이다. 여러 과정에서 발생하는 힘든 노동을 극복하기 위해 거창지역에서는 삼베일소리를 불러왔다. 삼베길쌈에서는 여성 노동력이 많이 필요하다보니 주로 여성들의 신세한탄조의 소리와 시집살이 노래 등이 다수 전승되었다. 삼베일소리는 삼베일을 하는 여덟 단계의 작업 과정에서 부르는 소리로 구성되어 있다. 삼 싹이 움틀 때 삼밭의 잡풀을 제거하며 부르는 소리인 삼밭매기소리, 삼을 거둬들일 때 삼의 잎을 치면서 부르는 소리인 삼잎치기소리, 삼대를 삼곳에 놓고 삶으면서 부르는 소리인 삼곳소리, 삶은 삼대의 삼을 벗긴 후 삼을 삼으면서 부르는 소리인 삼삼기소리, 삼을 채반에다 얹어 말린 다음 물레질을 하면서 부르는 소리인 물레소리, 삼실에 재물을 먹여 익혀 풀고 날을 고르면서 부르는 소리인 베나르기소리, 물레에서 내린 실을 베틀의 날줄에 끼워 도투마리에 감아올리면서 부르는 소리인 베매기소리, 베를 짜면서 베틀의 구조와 베짜는 과정을 노래하는 베짜기소리로 이루어진다. 거창삼베일소리는 1995년 5월 2일 경상남도 무형문화재 제17호로 지정되어 오늘에 이르고 있다. 전승지역은 경남 거창 일대이다.

② **거창일소리**

거창일소리는 고된 일터에서 일할 때 일의 피로를 줄이고 일의 능률을 드높여 풍농을 기원하면서 부르는 소리이다. 거창일소리는 농사를 주업으로 삼아 일을 하던 거창사람들에 의해 자연스레 발생하여 오래도록 전승되던 일노래로서 1970년대까지도 마을에서 전승되고 있었다. 거창일소리는 '어산영－못둑다지기소리－보리타작소리－모찌기소리－모내기소리－논매기소리－벼타작소리－칭칭나네' 등 여덟 마당으로 구성되어 있다. '어산영'은 산이나 들에 가서 나무를 하거나 풀을 베면서 구성지게 뿜어내는 소리이다. 못둑다지기소리는 집터를 다질 때나 저수지의 둑을 다질 때 부르는 소리이다. '보리타작소리'는 도리깨로 보리를 두드려 낱알을 틀 때 부르는 소리이다. '모찌기소리'는 농민들의 생활상을 담은 소재로 멕이는 사람과 받는 사람이 주고받으면서 부르는 교환창이다. '모내기소리'는 풍농을 기원하는 소리말을 주고받으면서 부르는 교환창이다. '논매기소리'는 논에 난 잡풀을 맬 때 부르는 소리이다. '벼타작소리'는 벼를 베어 내리치면서 타작할 때 부르는 소리이다. '칭칭나네'는 세벌 논매기가 끝난 뒤 상머슴을 무등에 태우고 농악을 치면서 마을로 들어갈 때 부르는 소리이다. 거창일소리는 억세고 부지런한 거창 사람들의 정서와 생활 모습을 사설 내용에 적절히 담아 진실하고 솔직하게 표현하고 있다. 거창일소리는 2004년 10월 21일 경상남도 무형문화재 제30호로 지정되어 오늘에 이르고 있다.

③ 김해 각설이타령[14]

김해 각설이타령은 김해오광대의 공연 중에 구연하고 있다. 김해지역은 영남 최대 규모의 곡창지대 김해평야가 있고, 생산된 대량의 곡물이 집결되고 자연스레 돈과 사람들이 모이면서 장터가 발달하였고 이곳에 모인 사람들에게 인정을 베풀 것을 바라며 각설이들이 눈과 귀를 즐겁게 해주며 걸립 활동이 활발했던 것으로 보인다. 이때 불렀던 노래가 각설이타령이다.

"품바나 하고도 각설아 / 일년아 삼백육십일은 춘하추동 사실절인데 / 꽃피고 버들피리 불면 화조월색에 춘절이라 / 동남풍 대멱항로 녹음방초 화절이라 / 건풍이 소슬하여 화초풍방에 벌레울면 황국단풍 추절이요 / 백설이 분분하여 청산에 …"

④ 진주 각설이타령[15]

진주 각설이타령은 가창자 정기분(여, 1938년생, 진주시 금곡면 죽곡리 죽곡마을 거주)이 구연한 소리를 2013년 7월 2일 녹음 채록하여 기록한 내용을 옮겨 싣는다. 중간 숫자 세는 소리가 많이 빠져 있다고 한다. 그리고 아래에 기록된 진주 각설이타령은 가창자 장순달(여, 1931년생, 진주시 미천면 안간리 내인마을 거주)이 구연한 소리를 2013년 7월 6일 녹음 채록하여 기록한 내용을 옮겨 싣는다.

"일자나 한장 들고나 봐 일선에 가신 우리낭군 살아오기만 기다린다 / 삼자나 한장 들고나 봐 삼천만에 동포들이 우리나라를 쳐들어오네 / 사자나 한장 들고나 봐 / 우쭐우쭐 우는애기 울음소리 기맥힌다 / 육자나 한장 들고나 봐 육이오사변에 집 태우고 거러지신세가 되어오나 / 칠자나 한장 들구나 봐 칠십먹은 노인이 오다가 다못하고 구들만 자 골골떠네 / 작년에 왔던 각설이가 죽지도 않고 또왔네 / 푸후품 잘한다"

"허러어 씨구씨구 씨구씨구 들어간다 / 일자나 한장 들고봐 / 일남비둘키 정월새끼 울풍말뚜 울음울고 / 이지나 한장 들고봐 / 이등저등 북치고 동네기상 춤친나 / 얼씨구 들어간다 / 삼자나 한장 들고봐 / 삼팔선아 문열어라 요내몸이 들어간다 / 사자나 한장 들고봐 / 사사십육 다틀렸다"

14) 경상남도 · 국립민속박물관 · 경남발전연구원, 위의 책, 146쪽.
15) 경상남도 · 국립민속박물관 · 경남발전연구원, 위의 책, 345 · 350쪽.

⑤ 진주 장타령

진주 장타령은 진주오광대의 오문둥놀음 마당에서 오문둥이들이 각설이춤을 출 때 부르는 노래이다. 가창자 배또문준(남, 1915년생, 진주시 하대동 거주)에 의해 전수되어 현재 진주오광대에서 전승되고 있다.

"어허 품바나 잘한다 / 품바 품바나 잘한다 // 작년에 왔던 각설이가 / 죽지도 않고 또 왔네 / 이거리 저거리 각거리 / 진주 맹건 도맹건 / 짜악 바리 히양건 / 도루매 줌치 장 또깐 / 머구 밭에 덕서리 / 칠팔 월에는 무서리 / 동지 섣달에 대서리 // 어허 품바 잘한 다 / 품바 품바나 잘한다"

⑥ 창원 각설이타령[16]

창원 각설이타령은 가창자 김선(여, 1925년생, 창원시 북면 학철리 대청마을 거주)이 구연한 소리를 2008년 8월 23일 녹음 채록하여 기록한 내용을 옮겨 싣는다.

"작년에 갔던 각설이 / 죽도 안하고 또왔소 / 작년에 갔던 각설이가 / 요르키나 못나 도 / 팔방으를 내댕기요 / 작년에 갔던 각설이 / 죽오 안하고 또왔소 / 아리안에 유복자 는 / 병들까보나 수심이 되요 / 작년에 갔더나 각설이 / 우리 형지는 팔형지 / 하나 떨 이지도 칠형지 / 허허 품바나 각설아 / 각설이가 못나도 / 팔방으를 내댕기고 / 호부래 비집에는 / 짠디가 싱싱 성네 / 과부집에는 / 참깨가 한말 쏟는다네 / 남자가 못나도 / 소전으를 삐끄러지고 / 머스마 못된거는 / 달구전을 삐끄러지고 / 지지배 못된거는 / 동 네이장일로 한다네 / 파장에 갔더나 각설이 / 팔방으를 내댕기요 / 심우나 실어라 껌우 나 꺼라 / 미끌미끌 밀양장 / 아구지 크다 대구장 / 마릿수 많다 메르치"

⑦ 의령 각설이타령[17]

의령 각설이타령은 가창자 공순이(여, 1934년생, 의령군 가례면 가례리 거주)가 구연 한 소리를 2013년 5월 14일 녹음 채록하여 기록한 내용을 옮겨 싣는다.

"일자나 한장 들고나보니 / 일선에 계신 우리낭군 돌아오기만 기다린다 / 이자로 한 장 들고나봐 / 이승만 대통령 아주사는 부대통장 / 삼자로 한장 들고나봐 / 삼팔선아 문

16) 경상남도·국립민속박물관·경남발전연구원, 위의 책, 325·333쪽.
17) 경상남도·국립민속박물관·경남발전연구원, 위의 책, 408쪽.

열어라 김일선아 손들어라 / 사자로 한장 들고나봐 / 사천에 이백에 팔십에 이년 육이오사벤이 일어났다 / 오자로 한장 들고나봐 / 오만명 지대군인 남선지대를 점령한다 / 육자로 한장 들고나봐 / 육이오사벤에 다태와고 깡통생활도 해봤구나 / 칠자로 한장 들고나봐 / 칠성당에 공딜인자석 사망펜지가 웬말이냐 / 팔자로 한장 들고나봐 / 팔다리 없는 사이군연 야바구판으로 점령하네 / 구자로 한장 들고나봐 / 군대생활 구년만에 무등벵이 웬말이냐 / 장자로 한장 들고나봐 / 장개갔던 첫날밤에 소입영장을 내렸구나 / 십일자로 한장 들고나봐 / 시집갔던 첫날밤에 사망펜지가 웬말이냐 / 얼씨구씨구 들어간다 / 작년에 왔던 각설이 죽지도 않고 또살아왔네 / 얼씨구씨구 들어간다"

⑧ 함양 각설이타령[18]

함양 각설이타령은 가창자 김재환(남, 1930년생, 함양군 서상면 금당리 구평마을 거주)이 구연한 소리를 2001년 12월 12일 녹음 채록하여 기록한 내용을 옮겨 싣는다. 장터와 동네에 찾아온 각설이들이 불렀던 이 타령은 쉽게 따라 부를 수도 있어서 마을 사람들과 어울리며 놀 때도 부르곤 했다고 한다. 그리고 아래의 함양 각설이타령은 가창자 조용준(남, 1937년생, 함양군 서하면 운곡리 은행마을 거주)이 구연한 소리를 2013년 7월 19일 녹음 채록하여 기록한 내용을 옮겨 싣는다.

"작년에 왔던 각설이 죽지않고 또왔네 / 에헤 품바나 잘한다 / 작년에 왔던 각설이 또다시 왔건만 / 반갑기도 받아주소 / 얼씨구 절씨구 절씨구 / 거드렁거리고도 잘한다 / 어허 품바나 잘한다 / 저게 가는 새악시 날보고 쳐다보네 / 어허 품바나 잘한다 / 거드렁거리고도 잘한다"

"어 서리 왔네 서리 왔네 / 오뉴월에 무슨 서리 / 작년에 갔던 각설이 죽지도 않고 또왔네 / 일자 한장을 들고나 보니 / 일월이 송송 내송송 그낱너머에(*가사 잊은 듯) 들어간다 / 이허 품바나 각설아 / 그다문에 딤썩 딘져서 또한 대문이 나온다 / 이자 한장을 들고나 보니 / 이승만이는 대통령 이기붕이는 부통령 / 품바품바 들어간다 또한 대문이 들어간다 / 삼자 한장을 들고나 보니 / 삼천리라 방방곡곡 만세소리가 요란하다"

---

18) 경상남도 · 국립민속박물관 · 경남발전연구원, 위의 책, 459쪽.

6) 문화제 형식의 축제

낙동강 수계에는 전통문화를 소재로 삼은 문화제 형식의 축제가 많이 재구되어 펼쳐지고 있다. 낙동강의 수계에는 여러 가지 형태의 민간신앙, 민속놀이 등이 전승됨으로써 이를 활용한 문화제나 예술제가 다양하게 펼쳐지고 있다. 낙동강 수계에서 전승되는 축제의 유형을 보면 대체로 지역 민속문화의 시연, 민속놀이 경연, 전래민요의 경창 등의 형태로 나타난다. 경남권역의 낙동강 수계에서 펼쳐지는 축제는 각 지역 고유의 전래 민속을 중심연행으로 삼고 주변에 다양한 민속 행사를 배치하여 열린다. 지역의 전통문화를 현대적인 형태로 재구함으로써 전승의 지속성을 도모하고 있다.

(1) 문화 · 예술제의 분포 양상

구체적으로 지역별 문화 · 예술제의 분포 현황을 대략 살펴보면 다음과 같다. 농악 · 시조경창 · 민요경창 등을 펼치는 거창군의 아림제(10월), 수로왕릉제전 · 농악경연 · 시조경창 등을 펼치는 김해시의 가락문화제(9월), 무형문화재종목시연 · 장사씨름대회 등을 펼치는 밀양시의 아랑제(음 4월), 지리산산신제 · 시조경창 · 농악경연 등을 펼치는 산청군의 지리산평화제(10월 초순), 농악경연 · 농요시연 등을 펼치는 양산군의 삽량문화제(10월), 지방 축제의 효시로서 종합예술제로 펼쳐지는 진주시의 개천예술제(10월), 교방예술공연 위주로 개최되는 진주시의 논개제(5월), 무형문화재종목시연 · 농악경연 · 궁도대회 등을 펼치는 창녕군의 삼일민속문화제(3월), 시조경창 · 투우대회 · 농악경연 등을 펼치는 함안군의 아라제(10월), 민속행사 · 문예행사 · 향토행사 · 함양 군민의 날 기념행사 등이 펼쳐지는 함양 천령제, 대야성전투가장행렬 · 석전 · 줄당기기 등을 펼치는 합천군의 대야문화제(10월 하순) 등이 있다.

(2) 문화 · 예술제의 전승 양상

① 김해 가락문화제(駕洛文化祭)[19]

---

[19] 국립민속박물관,『한국세시풍속사전 ─여름편』, 2005, 105~106쪽.

김해 가락문화제는 매년 4월 중순 김해시에서 열리는 축제를 말한다. 가락문화제는 가야를 건국한 김수로왕의 건국정신과 위업을 기리고 유구한 역사와 찬란한 문화를 보존하고 계승 발전시키며, 시민들의 애향심과 자긍심을 고취시키기 위해 열리는 축제이다. 제1회 가야문화제는 순수 민간인으로 구성된 김해문화회 주관으로 1963년 11월 22일부터 24일까지 가야문화의 재조명과 계승·발전을 목적으로 개최하였다. 매년 춘향대제일인 음력 3월 15일에 맞추어 개최하며, 내용은 전야제, 공개행사, 시가행진, 민속행사, 김해석전놀이, 김해오광대, 민속경연대회, 축제행사, 부대행사 등으로 구성된다.

김해 가락문화제의 전야제 행사는 성화 채화 및 안치와 계욕제, 시가행진, 불꽃놀이가 벌어진다. 공개행사는 춘향대제와 가락국 건국신화에 따른 수로왕 탄강과 건국 및 결혼 재현, 국악 한마당이 열린다. 시가행진에서는 가락국 건국신화에 따라 육란(六卵)이 담겨 있는 금합 상자를 모시고, 구간과 부족들이 거리를 돌아다니며 기쁨을 나누는 길놀이를 전개한다. 민속행사로는 가야 고을 놀이마당과 민속경연대회, 농악경연대회, 민속예술공연, 장유화상 추모제, 석전놀이, 김해오광대, 전국가야금경연대회 등이 열린다. 민속경연대회에서는 줄넘기, 윷놀이, 장기, 씨름대회가 열린다. 또 축제행사로는 각기 다른 지역 공연단체가 출연하는 열린연주마당과 문화예술마당, 청소년놀이마당, 전시·체험마당이 열린다. 마지막으로 부대행사로는 전국사진공모전, 한시백일장, 미술 및 음악경연대회, 시조경창대회, 가야사 국제학술회의가 축제기간에 열린다.

② 밀양 아랑제[20]

밀양 아랑제는 밀양아리랑에 나오는 아랑(阿娘)의 전설을 기념하기 위해 매년 열리는 향토문화제로 유정의 충의와 김종직의 지덕과 아랑의 정순을 기린다. 향토축제인 아랑제는 향토의 오랜 전설이 서린 아랑(阿娘)의 제향을 좀 더 다채롭게 해야 한다는 취지에 따라 1963년부터 밀양문화원의 주관으로 개최되었다. 제관 선발 행사를 아주 성대하게 치르는데 인원은 25명으로 정하고, 시, 군, 각 동, 읍, 면 각 기관 단체에서 추천을 받은 모범 규수를 상대로 선정한다. 제관을 뽑는 행사는 재예(才藝)겨루기와 재원(才媛)겨루기 등의 예선을 거쳐 제향의 3헌관(獻官)이 되는 진(眞)·선(善)·미(美) 세 사람의 아랑을 선발하고, 다음 예(禮)·축(祝)의 소임을 받는 준(準)아랑 정(貞)·순(純) 두 사람을

---

20) 밀양문화원, 『밀양민속자료집』, 1997, 103쪽.

선발하는 행사이다. 밀양아랑제의 행사시기는 아랑의 제일인 매년 음력 4월 기망(旣望) 이전의 농한 길일(吉日)을 택하여 거행한다. 밀양의 향토축제인 아랑제는 특정한 인물을 부각시키기 위하여 거창하게 벌이는 다른 지방의 민속축제와 달리 전설 속의 한 아리따운 규수의 혼을 달래는 향토적인 정서를 통하여 이루어지는 서민들의 민속축제이다. 예술행사 위주를 지양하고 인멸 과정에 있는 밀양지역의 전통문화 곧 민속예술, 민속신앙, 민속놀이, 세시풍습, 통과의례, 시민들의 생활사료 등을 발굴 재현하고 보존하려는 민속적 축전(祝典)에 치중한다. 밀양 아랑제는 2000년 밀양문화제로 명칭을 바꾸고 그 후 2004년 밀양아리랑대축제로 개칭하여 오늘에 이르고 있다.

③ 양산 삽량문화제

양산 삽량문화제는 1986에 최초로 개최되어 양산천 둔치에서 매년 10월에 지속되고 있다. 삽량이라는 명칭은 1,600여 년 전 신라 눌지왕 2년(서기 418년)부터 경덕왕 16년(서기 757년)에 이르기까지 340여 년간 불러온 양산의 옛 이름이다. 삽량문화제는 삽량주간 박제상 공의 충절과 통도사의 개산조 자장율사의 자비정신을 계승하고 지역문화예술의 발전을 도모하기 위한 목적으로 개최하고 있다. 행사종목은 초청공연, 전시, 박제상 추모공연, 무형문화재 공연 등 각종 문화예술행사와 참여한마당 등으로 구성되어 있다.

④ 진주 개천예술제[21]

개천예술제(開天藝術祭)는 해마다 10월 3일부터 10월 10일까지 진주시에서 열리는 문화예술 축제이다. 개천예술제는 1949년 문총진주 특별지부의 주최로 영남예술제라는 이름으로 출발하였다가 1959년 제10회 대회부터 개천예술제로 명칭이 변경되었다. 개천예술제는 성화 채화로 시작하는 전야서제와 개제식, 각 부문별 예술경연과 민속 경연, 예술문화 축하 행사, 각종 전시와 부대 행사로 이루어져 있다. 최초 개최 당시의 창제취지문에 의하면 정부수립으로 인한 실질적인 자주독립 1주년을 기념하고 영남 지역을 중심으로 한 예술문화의 발전을 도모하는 것이 목적이었다. 1950년에 발발한 한국전쟁으로 제2회 대회는 1951년으로 한 해 연기되었으며, 1959년 제10회 대회부터는 개천예

---

21) 국립민속박물관, 『한국세시풍속사전 -겨울편』, 2006, 121~122쪽.

술제로 개명되어 지금까지 매년 개최되고 있다. 현재 개최되는 개천예술제의 분야는 문학, 미술, 음악, 연극, 국악, 무용, 사진, 웅변 같은 문화예술 전반에 해당된다. 주요 행사로는 강연회, 백일장, 실기대회, 경연대회, 초대전, 공모전이 있다. 개천예술제는 1949년 제1회 대회가 개최된 이래 거의 매년 빠짐없이 개최되어온 전국 문화 예술제의 효시이자 지역 문화예술 축제이다. 개천예술제는 순수예술의 대중화와 민족예술의 창조 및 정립이라는 주제 설정 아래 해마다 새로운 변화를 꾀해왔으며, 제33회인 1983년에는 경상남도 종합예술제로 지정되어 오늘날까지 이어져오고 있다. 최근에는 이 기간 동안 진주 남강유등축제와 함께 개최되고 있다.

⑤ **창녕 삼일민속문화제**[22]

창녕 삼일민속문화제는 창녕군 영산면에서 매년 2월 28일(또는 29일)에서 3월 3일까지 열리는 민속문화제로서 삼일문화제라 부르기도 한다. 경상남도 내 3·1독립만세운동 발상지인 영산 지역 항일 애국선열의 충절을 기리고, 영산의 대표적 전통 민속놀이인 쇠머리대기와 줄다리기의 시연을 통한 전통 문화계승과 군민 화합을 목적으로 1961년부터 열리고 있다. 삼일민속문화제의 개최 계기는 영산지역의 주민들이 가까운 진주의 개천예술제(1949)와 밀양의 아랑제(1957) 같은 문화제 행사가 열리는 것을 보며 자극을 받아 자발적으로 문화제를 개최하기로 합의하였다. 1961년 초 20여 명의 지역유지와 청년들을 중심으로 삼일문화향상회(三一文化向上會)를 결성하고 3·1절을 기하여 3·1문화제를 최초로 개최하였다.

현재 개최되는 삼일민속문화제는 모두 30여 가지 행사로 진행된다. 중심 행사는 중요 무형문화재 제25호와 제26호로 지정된 영산쇠머리대기와 영산줄다리기 발표회, 문호장 굿, 구계목도놀이, 원다리밟기, 괭이말타기, 장사씨름대회, 전국연날리기대회 등과 같은 민속문화 행사이다. 그리고 부대행사로는 제등 축하 퍼레이드, 불꽃놀이, 봉화놀이, 진 국시조경창대회와 각종 백일장 등이 치러진다. 마침내 삼일민속문화제는 영산 지역의 많은 유형, 무형의 민속문화재를 발굴하여 육성함으로써 향토 문화 전반의 향상을 도모하는 종합 민속문화제로 발전하였다. 영산 삼일민속문화제의 가장 큰 특색이라 하면 다른 문화제와 달리 대동놀이인 쇠머리대기와 줄다리기가 중심이 되어 모든 놀이꾼과 구

---

22) 국립민속박물관, 『한국세시풍속사전 -봄편』, 2005, 366~369쪽.

경꾼들이 구분 없이 참여하는 화합과 단결의 행사라는 점이다.

⑥ 함안 아라제

함안군은 1983년 11월 10일부터 11월 12일까지 제1회 아라문화제를 군청사 개청일 기념으로 최초로 개최하였다. 개최 당시에는 매년 함안군의 전통을 계승 발전시키기 위해 10월 1일을 군민의 날로 제정하면서 군민의 날과 아라제 행사를 같이 추진하였다. 그러나 아라제의 개최 시기가 자연재해 발생시기와 맞물리다 보니 그때마다 행사 개최 유무가 사정에 의해 좌우됨에 따라 2004년에 이르러 다수 군민의 요청으로 군민의 날을 4월 15일로 제정하여 변경하게 되었다. 이로써 아라가야의 역사와 문화에 대한 자긍심을 고취시키고 군민의 화합을 도모하는 문화 · 예술 · 체육행사를 개최하고 있다. 축제의 행사 종목은 전야제(서제, 제등행렬, 불꽃놀이, 향우만남의 장 등), 문화전시행사 : 전시 및 문화행사 20여 개 종목, 내고장농산물전시판매, 출향작가 초대전, 서각전시회, 수석분재 전시회, 아라백일장, 바둑대회, 서예 · 미술실기대회 등이다. 민속행사는 9개 종목으로 씨름, 그네뛰기, 줄다리기, 널뛰기, 윷놀이, 제기차기, 투호놀이, 궁도, 농악경연 등이다. 체육행사는 13개 종목으로 육상, 축구, 배구, 탁구, 테니스, 족구, 배드민턴, 마라톤, 볼링, 골프, 게이트볼, 길거리농구, 검도 등이다. 그리고 축하행사로 각종 공연이 펼쳐진다.

⑦ 함양 천령문화제

함양 천령제는 최치원의 치산치수의 유업을 추모하고 선현의 유덕을 계승, 발전시키기 위하여 함양의 옛 지명인 천령을 축제명으로 채택하여 1962년부터 매년 10월 개최하였다. 행사는 풍년과 민안태평을 천지 신령에게 기원하는 천령제를 시작으로 전야제와 서제식 · 민속행사 · 문예행사 · 향토행사와 함양 군민의 날 기념행사 등이 거행된다. 함양 천령문화제의 명칭은 42회 때부터 '함양 물레방아 축제'로 바뀌게 되었다. 그 까닭은 함양군의 옛 신라시대 때의 지명인 '천령'을 아는 사람이 많지 않은데다가 최근에는 축제 개최 지역의 지명과 축제 내용을 담은 명칭이 널리 사용되고 있기 때문에 천령제의 이름도 바뀌게 된 것이다.

2. 낙동강 수계 민속문화의 특징

경남권역 낙동강 수계에서 전승되는 민속문화의 특징은 대략 아래의 몇 가지로 정리될 수 있다. 첫째, 낙동강 수계 전래 민속의 큰 특징은 편싸움 방식의 대동놀이가 많다는 점이다. 낙동강 수계의 편싸움은 마을이나 고을 또는 한 마을 내에서 편을 갈라 돌이나 기타 놀잇감을 가지고 던지며 싸우는 방식이다. 이러한 유형의 대동놀이가 많이 전승되는 까닭은 물줄기를 중심으로 펼쳐졌던 대규모 농경생활과 거기에서 파생되는 농경문화의 전승이 활발했던 데 그 원인이 있다. 또한 외래 침탈의 위기의식에서 비롯되는 마을의 단합과 상무적 기능에서 기인한 것으로 판단된다.

둘째, 낙동강 수계 주변 민속예술의 특징은 농악과 탈놀음이 전승되는 곳이 많다는 점이다. 낙동강 수계의 농악놀이와 탈놀음은 농촌에서 풍년을 염원하고 마을의 안녕을 바라며 놀았고, 집단노동을 하거나 명절, 또는 여가 때에 흥을 돋우는 구실을 하며 펼쳐졌다. 이러한 특징이 나타나는 원인은 전통 농경생활을 바탕으로 한 공동체 제의의 지속을 비롯하여 물길 따라 연결된 나루와 장시, 조창의 설치 등에서 기인된 것으로 파악된다. 따라서 농악과 탈놀음은 전통적인 민간신앙적 요소를 품고, 한편으로는 장시와 조창 주변에 난장 형식의 놀이판이 자연스레 조성됨으로써 오락·유희의 신명풀이적 요소가 발달되어 독창적인 면모를 보이며 전승되었다. 특히 낙동강 수계의 경남지역 오광대 탈놀음은 경남사람들의 기질과 삶을 구체적으로 드러내며 많은 지역에 분포하고 있다. 경남의 지리적, 역사적 개성이 온전히 반영되며 연행주체의 현실성이 적나라하게 표출되어 나타난다. 대체적으로 길놀이-집단춤-탈놀음의 순서로 이어지며 대동놀이적 특성을 강하게 드러내며 이를 통해 지역공동체 의식을 강화시키고 있다.

셋째, 낙동강 수계에서는 대규모로 치르는 마을공동체 제의가 다수 분포한다. 제의를 많이 모시는 까닭은 낙동강으로 인한 큰물(홍수)과 한발과 같은 자연 재해의 위협으로부터 공동체를 지키기 위함이다. 낙동강 수계의 공동체 제의는 마을과 고을을 배경으로 벌어지는 풍요와 안녕을 위한 신앙행위이다. 따라서 마을 수호신에게 의탁하여 공동체를 보호하고 개인과 가족의 건강을 염원하며 재액초복의 주술적 해결을 도모하고 있다. 특히 낙동강 수계에 분포하고 있는 마을신앙의 경우 일반적으로 제(祭)의 이름은 당산제(堂山祭)라는 명칭을 널리 사용하고, 모시는 신(神)의 이름은 산신(山神)이나 당산신

(堂山神), 목신(木神) 등이 다수 쓰여 제명(祭名)과 신명(神名)이 달리 나타나고 있다.

넷째, 낙동강 수계에서 전승되는 전래 민속의 또 다른 특징은 아리랑과 뱃노래가 많이 전승되고 있다는 점이다. 낙동강 수계에서 부르는 민요는 우리나라에서 보편적으로 많이 부르는 넋두리나 애원성의 노랫말을 지닌 아리랑과 어업 노동요로서 애잔하면서도 활기차고 율동적인 가락을 지니고 있다. 아무래도 낙동강 수계는 물과 관련된 지리적 특성과 생업 여건으로 인하여 다양한 생활방식이 표출됨으로써 그에 따라 지역민의 정한이 담긴 노래들이 생산되고 불리어졌던 것으로 판단된다.

다섯째, 낙동강 수계에서 전승되는 전래 민요의 또 다른 특징은 각설이의 장타령과 화전가가 많이 전승되고 있다는 점이다. 장타령이 많이 나타나는 까닭은 장시와 조창으로 인해 풍부한 물자와 많은 유동 인구에 따른 걸립의 적합성 등이 원인인 것으로 보인다. 그리고 여흥과 잦은 놀이판이 조성됨으로써 각설이의 활동 무대가 넓어진 데서 기인한 것으로 판단된다. 또한 화전가는 농업과 어업 노동에 따른 고통과 한을 소리로 풀어냄으로써 생활의 활력을 되찾아 가는 일환으로 나타나고 있다.

여섯째, 낙동강 수계에서 전승되는 민속의 또 다른 특징은 전통문화를 소재로 삼은 문화제 형식의 축제가 많이 재구되었다는 점이다. 마을신앙의 경우를 보면 농경의례의 성격을 지니며 대부분의 마을에서 전승되어 왔다. 그러나 현대에 와서는 그 전통이 많이 사라져 가고 있다 보니 일부 지역에서 마을 공동체 신앙을 현대적으로 재구하기도 한다. 전통적인 마을 공동체 신앙을 행정기관이 주도하여 최근에 현대적인 형태로 변모시켜서 신앙의례보다는 문화행사 중심으로 거행되고 있다. 이러한 축제의 일반적인 연행 방식은 대체적으로 각 지역 고유의 전래 민속을 중심연행으로 삼고 주변에 다양한 전통 행사를 배치하는 형태이다.

3. 낙동강 수계 민속자료의 활용 방안

낙동강 수계의 경남권역에는 다양한 민속문화가 전승되고 있으며 오늘날까지 창조적으로 계승되고 있다. 이러한 전통을 바탕으로 삼아 낙동강 수계 전체 구간에 걸쳐 각 지역 민속자원을 활용해서 새롭고 다양한 콘텐츠를 기획해 볼 수 있을 것이다. 우선은 낙동강 물길을 따라 열두 가지 풍류를 찾아가는 방식의 '나그네 풍류'를 문화관광 프로그램으로 개발해 볼 수 있을 것이다. 그 구체적인 예시를 몇 가지 들면 첫째, '물따라 춤따라' 떠나는 배따라기 기행을 만들 수 있다. 이것은 낙동강 수계의 경남권역 민속예술을 찾아서 떠나는 기행 프로그램이다. 낙동강 수계의 민속예술을 찾아서 가는 나그네 풍류라 할 수 있다. 당장 가장 구체적으로 실현해 볼 수 있는 프로그램으로 낙동강을 타고 흐르던 오광대탈놀음을 따라 일종의 '문화 투어'를 기획할 수 있을 것이다. 오광대 탈놀음의 원류라 알려져 있는 초계 밤마리에서 출발하여 분포지역을 따라 의령 신반대 광대, 진주오광대를 비롯하여 마산, 창원, 김해 등 각 지역의 오광대 콘텐츠를 통합하여 체험할 수 있는 관광 프로그램이 한 가지 예가 될 수 있다.[23] 이를 현대판 '선유락(船遊樂)'으로 펼쳐 보이며 관광 프로그램으로 만들 수 있을 것이다. 과거의 선유락은 배를 타고 외국으로 떠나는 사신(使臣)의 출발 광경을 형상화하여 무기(舞妓)가 채선(彩船)을 끌며 배 떠나는 정경으로 그린 배따라기 춤이나 소리이다. 이러한 특성들을 현대적으로 살려보면 해외의 관광지를 배 타고 돌아보는 '크루즈여행'과 비견되는 낙동강 물길따라 국내판 '뱃놀이 기행'을 떠나 나루문화제를 만나 볼 수 있을 것이다.

둘째, '물따라 장터따라' 떠나는 보부상 기행을 만들 수 있다. 이것은 낙동강 수계의 경남권역 전통 장터를 찾아서 떠나는 기행 프로그램이다. 옛날 보부상들이 장터를 따라 다니며 만났던 다양한 풍속들을 낙동강 수계의 장터를 찾아서 만날 수 있는 보부상 풍류라 할 수 있다. 특히 창녕, 밀양, 영산, 양산 지역은 낙동강을 통해 이어지며 서로 밀접하게 연관되어 있다. 이곳에 있는 낙동강 나루의 현장을 연결하고 각 지역 장터민속을 찾아서 기행할 수 있는 콘텐츠를 개발함으로써 전통적 볼거리를 접할 수 있고 큰 흥미를 유발하는 관광상품으로 개발할 수 있다. 이러한 관광상품이 개발되면 낙동강 수계 지역에 인접해 있는 재래시장도 활성화되고 지역경제에도 많은 도움이 될 것이다. 여기에 낙동강 수계 물류의 집산지에서 펼쳐졌던 유랑광대의 놀이나 오광대탈놀이를 비롯하여 각설이의 장타령 등을 펼쳐 보이면 금상첨화가 될 것이다. '물따라 장터따라'는 다양한 지역의 낙동강 수계 장터를 이어가며 장터축제를 즐길 수 있는 테마가 될 것이다.

이밖에도 낙동강 물길따라 서낭신을 찾아 가는 방식의 나그네 풍류로서 '물따라 서낭

---

23) 이진희, 「경남의 지역문화브랜드로서 오광대 문화관광콘텐츠 개발방안」, 경상대학교대학원 문화콘텐츠학과, 2013.

따라', 각 마을의 이야기나 신화를 찾아 가는 나그네 풍류로서 '물따라 이야기따라' 같은 것을 구상해 볼 수 있다. 또한 아리랑과 뱃노래와 같은 민요, 토속 음식, 전통 공예, 축제, 세시풍속, 문화유적, 일생의례 등의 열두 가지 나그네 풍류 시리즈로 개발하여 문화자원화 할 수 있을 것이다. 결국 앞에서 살핀 바와 같이 낙동강 수계 경남권역은 문화원형으로서 다양한 민속문화가 전승되고 있기 때문에 오늘날 상상력과 이미지 및 스토리가 중요해진 문화창조시대에 차별성을 지닐 수 있는 문화자원을 잘 발굴하고 계승할 수 있는 방법을 다각도로 모색해야 한다.

참 고 문 헌

이진희, 「경남의 지역문화브랜드로서 오광대 문화관광콘텐츠 개발방안」, 경상대학교대학원 문화콘텐츠학과, 2013.

장성수, 「餘暇文化 活動으로서의 石戰과 씨름에 對한 通史的 理解 －古代時代를 中心으로－」, 『한국체육학회지』 제39권 제3호, 2000.

정상박·남성진, 「오광대의 재조명」, 『경남인의 삶과 문화』, 경상남도·국립민속박물관·경남발전연구원, 2013.

경상남도·국립민속박물관·경남발전연구원, 『삶과 신명의 애환, 경남민요 100선』, 2013.

국립민속박물관, 『한국세시풍속사전 －봄편』, 2005.

국립민속박물관, 『한국세시풍속사전 －여름편』, 2005.

국립민속박물관, 『한국세시풍속사전 －겨울편』, 2006.

밀양문화원, 『밀양민속자료집』, 1997.

梁山市誌編纂委員會, 『梁山市誌(上)』, 2004.

조성국, 『靈山줄다리기 쇠머리대기』, 소민원, 1978.

한양명, 『영산쇠머리대기』, 국립문화재연구소, 2003.

낙동강 유역의 문화유산

1. 유형문화유산[1]

1) 지정문화재

① 창녕 신라진흥왕척경비

▶국보 제33호(1962.12.20 지정)

▶소재지 : 창녕군 창녕읍 교상리 28-1 일원

▶유적현황

비화가야(지금의 창녕군)를 신라 영토로 편입한 진흥왕이 이곳을 순시하면서 민심을 살핀 후 그 기념으로 세운 비이다.

당시 창녕군은 신라가 서쪽으로 진출하는데 있어 중요한 길목이었는데, 진흥왕 16년 (555) 신라에 병합되었고, 565년에는 대야주(지금의 합천군)와 합쳐져 비사벌군(比斯伐郡) 또는 비자화군(比自化郡)으로 불리게 되었다.

비는 목마산성 기슭에 있던 것을 1924년 지금의 자리로 옮겨 비각 안에 모셔 둔 것으로, 자연석의 앞면을 평평하게 다듬어 비문을 새기고, 그 둘레에 선으로 윤곽을 돌려놓은 모습이다. 다른 순수비와 달리 '순수관경(巡狩管境)'이라는 제목이 보이지 않아 척경비(영토 편입을 기념하여 세운 비)라 일컫고 있으나, 임금을 수행한 신하들의 명단이 기록되어 있는 것으로 보아 순수비에 속한다 할 수 있다.

---

[1] 다음의 자료를 중심으로 요약 · 정리하였다.
『昌寧 新堂山城』, 창원대학교박물관, 창녕군, 2007 ;『慶南의 城郭』, 국립가야문화재연구소, 2008 ; 『慶南의 倭城』, 창원대학교 경남학연구센터, 2009.

비문은 심하게 닳아 있어 판독하기가 힘든 상태이나, 후반부는 명확히 읽어낼 수 있을 만큼 선명하다. 다른 순수비의 내용을 참고할 때 대략 진흥왕이 비화가야를 점령하여 영토를 확장한 사실과 왕의 통치이념, 포부 등이 실려 있었던 것으로 보이는데, 후반부에 당시 왕을 수행하던 신하들의 명단이 직관, 직위, 소속의 순서대로 나열되어 있어 당시 지방행정조직, 신분제 및 사회조직을 파악하는데 많은 도움이 되고 있다.

비를 세운 시기는 대가야가 멸망하기 1년 전인 신라 진흥왕 22년(561)으로, 이 지역을 가야진출의 발판으로 삼고사 한 왕의 정치적인 의도가 엿보인다. 또한 진흥왕 당시의 사실을 기록해 놓아『삼국사기』의 내용을 보완해줌으로써, 이 시대의 역사적 사실을 밝히고 이해하는데 크게 기여하고 있다.

② 창녕 비봉리패총

▶사적 제486호(2007.08.28 지정)

▶소재지 : 창녕군 부곡면 비봉리 산5-2 일원

▶유적현황

비봉리 패총은 비봉리 마을로 들어가는 입구의 양배수장에 위치한다. 이 양배수장 신축과정에서 패각층과 유물이 확인되면서 내륙 깊은 곳에서 신석기 시대의 패총(담수패+해수패)이 존재하는 것이 확인되었다.

패각층은 2개의 문화층과 4개의 패총이 연속퇴적양상으로 확인되고 있으며, 양수장 건물터파기 시에 수습된 무문토기의 예로 보아 상층부는 청동기 시대의 유물층도 존재할 것으로 생각된다.

비봉리 패총에 대해서는 국립김해박물관에서 시굴조사를 거쳐 발굴조사를 실시했는데, 발굴조사 결과 확인된 유구는 소토유구 7기, 야외노지 6기, 저장공 16기, 수혈유구 2기, 주거지 2기가 조사되었으며, 유물 및 동·식물유체가 다량 출토되는 역석층과 4개의 패각층이 확인되었다. 야외노지는 직경 110㎝ 전후의 원형수혈을 파고 그 내부에 할석을 1~3벌 깔았는데, 돌은 모두 불에 달구어져 있으며, 내부에서는 목탄과 불에 탄 뼈의 흔적도 확인된다. 주거지는 대부분 파손되고 바닥만 남은 상태인데 불에 맞은 토기편들이 일정한 범위를 가지고 출토되었다. 저장공은 원형의 수혈을 파고 설치하였으며, 그 내부에서는 많은 양의 도토리와 초본류, 목재류 등이 출토되었는데, 이 중 초본류를 결구하여 만든 편물과 갈돌, 갈판 같은 곡식가공용 유물도 출토되었다. 비봉리 패총의 역석층에서는 사슴과 멧돼지 등의 동물유체와 식물유체가 다량 확인되었고 압인문이 시문된 영선동식토기와 석부, 석재박편 등의 석기류도 출토되었다.

패총은 4개 층이 확인되었는데, 굴·재첩 등을 중심으로 하는 순패각층이며, 석촉·석부 등의 석기와 토기류, 동물뼈 등이 출토되었다. 비봉리 패총은 우리나라 신석기문화연구는 물론 Holocene의 해수면변동, 고환경 연구에 중요한 단서를 제공할 것으로 판단된다.

③ 창녕 교동과 송현동고분군
▶사적 제514호(2011.07.28 지정)
▶소재지 : 창녕군 창녕읍 교동 129 등 209필지
▶유적현황

창녕읍 교리 및 송현리 일대에 넓게 분포하고 있는 대형고분군으로 1911년 일본인 학자 세키노 타타시에 의해 처음 알려졌다. 1917년의 분포조사를 시작으로 1918년, 1919년에 걸쳐 11기의 고분이 발굴조사 되었으나 제21호, 31호분을 제외하고는 보고서가 간행되지 않았으며, 조사자에 따라 고분 번호를 달리하는 등의 용인으로 인해 조사된 고분이 어느 고분인지 정확하게 구분하기조차 어렵다.

이 시기 조사를 통해 마차 20대와 화차 2량분의 토기와 금 공예품이 출토되었다고 전해지나 현재 국립중앙박물관과 일본 도쿄국립박물관에 소장되어 있는 일부 유물을 제외하고는 소재가 확인되지 않고 있다.

지금까지 확인된 자료를 통해 보면 금동관, 금·은장신구, 은관 장식, 금동관모, 금귀걸이 등의 장신구와 각종 마구류, 장식무기류, 비늘갑옷을 비롯한 각종 철제무기류, 각종 농공구, 토기, 목기가 출토되었다. 출토유물의 양싱과 고분구조를 볼 때 5~6세기 전반이 중심연대가 되는 고분군으로 추정되고 있다.

고분군은 당초 행정구역에 따라 사적 제80호 창녕 교동고분군과 사적 제81호 송현동고분군으로 나누어져 있었으나, 동일 성격의 유적으로 판단되어 2011년 7월 28일 사적 제514호 창녕 교동과 송현동 고분군으로 통합되었다.

④ 창녕 지석묘

▶경상남도기념물 제2호(1974.02.16 지정)

▶소재지 : 창녕군 장마면 유리 산9 일원

▶유적현황

경상남도 창녕시 장마면에 있는 이 고인돌은 바둑판식으로 원래 7기의 고인돌이 북두칠성 모양으로 무리지어 있었는데, 지금은 파괴되어 2기만 남아 있다.

1기는 덮개돌이 있고 그 밑에 평평한 판석을 이용하여 길이 1m, 너비 0.3m의 돌상자 형태로 무덤방을 만들었다. 2기는 덮개돌은 없어졌고 하부구조만 남아있다. 길이 0.67m, 너비 0.27m의 돌상자 형태로 무덤방을 만들고 벽면과 바닥도 정연하게 쌓아 그 위에 2중으로 덮개돌을 올려 놓았다.

이 고인돌은 구릉의 정상부에 위치하고 있어 구릉 밑이나 평지에 있는 고인돌과는 다른 입지조건을 보여주는 것으로 학술상 가치가 크다.

⑤ 계성고분군

▶경상남도기념물 제3호(1974.02.16 지정)

▶소재지 : 창녕군 계성면 사리 일원

▶유적현황

유적은 영취산 산록에서 서쪽으로 뻗어 나온 구릉상에 분포되어 있는 고분군으로, 행정구역상으로는 경남 창녕군 계성면 명리, 사리에 해당하지만 이미 창녕 계성고분으로 잘 알려져 있다. 북서쪽에는 북동에서 남서로 흘러드는 낙동강의 지류인 계성천과 이 하천으로 인해 형성된 꽤 넓은 충적대지가 있다.

충적대지와 접하여 이 일대에는 해발 100m 미만의 야트막한 구릉들이 다수 분포하고 있는데 여기에 넓게 계남고분군이 조성되어 있다. 계남고분군은 계성고분군에 선행하는 분묘유적이어서, 이들 양 유적은 당시 계성천 일대 주민의 묘역이었음을 알 수 있다.

계성고분군은 현재까지 170여 기 이상의 무덤들이 발굴 조사되었으며, 이들 무덤은 동－서쪽으로 뻗은 5개의 구릉에 각각 형성되어 있다.

이곳은 1976년 구마고속도로 개설시 A, B, C지구로 나뉘어 조사된 이후 1994년도에 구마고속도로의 확장공사에 수반되어 사리 A, B지구 고총군이 추가 조사되었다. 그리고

1999년 5번 국도 확장공사에 포함되는 사리 일대의 고총군이 Ⅰ~Ⅳ지구로 나뉘어 Ⅱ·Ⅳ지구는 호암미술관이, Ⅰ·Ⅲ지구는 경남고고학연구소가 각각 발굴 조사하였다.

계성고분군은 횡구식석실묘 일색일 뿐 아니라, 인접한 가야지역에서는 횡구식과 더불어 횡혈식석실묘가 다소 상위의 묘제로서 채용되고 있는 점에서 창녕지역의 정치적 위상의 변화추이와 관련지어 생각할 수 있을 것이다.

이처럼 계성고분군은 6~7세기대 창녕지역의 시대상을 이해하는 데 중요한 유적이라 할 수 있다.

⑥ 영산고분군
▶경상남도기념물 제168호(1997.12.31 지정)
▶소재지 : 창녕군 영산면 동리 374외
▶유적현황

영산－길곡 간 지방도로와 창녕－부곡 간 1008번 도로가 교차하는 네거리 주변에 산재한 삼국시대 고분군으로 주 분포지역은 북동쪽 구릉 남사면부에 해당하면 그 외에 네거리 북서쪽, 남서쪽 등지에 위치한다.

기존 문화유적분포지도에 '동리고분군'으로 명명된 곳으로 1997년 12월 31일 경남기념물 제168호로 지정되면서 '영산고분군'으로 개명된 상태이다.

2000년 영산고분군 정비를 위한 사업(경남문화재연구원) 시굴조사와 2011년 역시 기존 영산고분군에 속해 있지 않았던 고분 복원 정비사업(가야문화재연구소)의 발굴조사로 유적의 범위 확대가 요구된다. 기존 10여 기의 도굴된 봉분 외에 2000년 조사에서 3기의 봉분이 더 확인되었고 2011년 조사에서도 대형 봉분 1기와 소형 3기가 발굴 조사 후 복원되었다.

⑦ 창녕 남지철교
▶등록문화재 제145호(2004.12.31 지정)
▶소재지 : 창녕군 남지읍 남지리 961 외
▶유적현황

남지철교는 창녕과 함안 사이 낙동강을 가로질러 설치한 근대식 트러스 구조의 철교이다. 철근콘크리트 T형 다리로 상부 철골 트러스교의 트러스는 교각부분을 더 높게 설치하여 마치 물결이 치는 듯한 아름다운 모습을 연출한다.

이 시기에 제작한 철교 가운데 가장 아름답고 우수한 다리로 평가받고 있다.

⑧ 의령 중동리고분군
▶경상남도기념물 제189호(1997.12.31 지정)
▶소재지 : 의령군 의령읍 중동리 산6 일원
▶유적현황
의령읍의 남산 정상부 서쪽 경사면에 일렬로 늘어선 4기의 큰 무덤이다.

오래전에 모두 도굴되어 돌방 안쪽이 노출되고, 봉토의 외형도 크게 무너져 있었던 것을 1993년에 발굴 조사하였다. 그 결과 1호분 안쪽은 수혈식석곽묘이고, 4호분은 횡혈식석실묘임을 밝혀냈다.

의령 중동리고분군은 지역의 고대사를 조명할 자료로 매우 중요한 가치를 가진 유적이다.

⑨ 의령 운곡리고분군
▶경상남도기념물 제222호(1999.08.06 지정)
▶소재지 : 의령군 용덕면 운곡리 산76 일원
▶유적현황
용덕면 운곡리 어화마을 북쪽의 뒷산 아래 평지상의 산자락에 있다.

1998년 경상대박물관에 의해 발굴조사가 실시되었는데, 횡혈식석실분 2기, 수혈식석곽묘 1기, 목곽묘 1기 등 모두 4기의 유구가 조사되었다. 그리고 주변 고분에 대한 정밀한 지표조사 결과 30여 기의 중대형분이 밀집 분포하고 있는 것이 확인되었다.

이후 2005년에는 경남발전연구원 역사문화센터에 의해 고분군의 복원정비와 관련한 발굴조사가 실시되었는데, 조사는 21호 · 22호를 대상으로 하였다. 그 결과 하나의 봉토분 내에서 여러 기의 횡혈식석실이 서로 중복되어 조영되어 있었으며, 축조 시기는 6세기 후반에서 7세기 중반에 해당하는 것으로 보고 있다.

⑩ 의령 가막산봉수대

▶경상남도기념물 제228호(2000.08.31 지정)

▶소재지 : 의령군 정곡면 백곡리 산94 일원

▶유적현황

가막산 서쪽 정상부에 위치하고 있는 가막산봉수대는 동남쪽으로 함안의 파산봉수대와 남강과 낙동강이 만나는 지점, 그리고 서북쪽으로 미타산봉수대를 바라보고 있다.

봉수대는 자연석을 이용하여 높이 30㎝ 정도로 3~4단을 쌓아 타원형의 석축을 만들었음이 확인되며, 주위에서는 토기, 기와, 자기 조각 등이 많이 보인다. 화덕과 연기를 피워 올리던 시설 등 중심 시설은 후대에 많이 훼손되어 확인할 수 없다. 봉수대 석축에서 약 6m 떨어진 1단 아래 지점에 당시 봉수군이 사용한 막사시설로 추정되는 건물터가 있다. 조선시대 봉수대 연구에 중요한 학술적 자료이다.

⑪ 창원 다호리고분군

▶사적 제327호(1988.09.03 지정)

▶소재지 : 창원시 의창구 동읍 다호리 237-3 일원

▶유적현황

경상남도 창원군 다호리에 있는 고대국가 형성기의 고분이다. 구릉지와 저습한 평지의 지형관계로 목제품 유물의 보존이 가능한 지형이다.

조사에 의하면 대부분이 목관묘이며, 일부에서 옹관묘가 나타났다. 목관묘는 묘광의 크기와 부장갱의 유무에 따라 3가지 유형으로 나누어진다. 이러한 3유형은 무덤 주인의 신분차이에 의한 것으로 보고 있다.

1호 목관묘에서 보이는 목관은 지름 1m의 통나무를 세로로 쪼개어 속을 파서 만든 구유 모양으로, 우리나라 서북지방 목관묘와 차이가 난다. 출토유물은 동심, 중국거울(한경)을 비롯한 청동기와 오수전, 철검, 손칼, 부어 만든 도끼(주조철부), 두드려 만든 판상철부 등 철기제품이 나왔다. 또한 칼집, 활, 화살, 합, 붓, 부채, 칠기와 민무늬토기, 와질토기가 출토되었다. 특히 중국 거울인 성운경과 중국 화폐인 오수전이 출토되어 다호리 고분이 서기 1세기 후반에서 기원전 1세기 사이의 유적임을 알려주고 있다. 다양한 철기와 중국계 유물의 출토로 보아, 이 지역의 철 생산을 바탕으로 중국·낙랑과 교

역한 세력의 지배자 무덤으로 보여진다.

　다호리 고분은 한국고대사의 공백기인 고대국가 형성시기에 대한 새로운 자료를 제공해 주고 있다. 또한 통나무관의 출토는 목관에 대한 새로운 형태를 제시하였으며, 문자 생활의 증거인 붓과 가야금의 원조인 현악기 등이 나왔으며, 한편 오수전, 성운경을 통해 중국·낙랑과 활발한 교역을 하였음을 알 수 있는 유적으로 당시 문화상을 확인할 수 있는 자료로 평가된다.

　⑫ 창원 덕천리유적

▶경상남도 문화재자료 제225호(1993.12.29 지정)

▶소재지 : 창원시 의창구 동읍 덕천리 83 외

▶유적현황

　이 유적은 1992년 10월부터 1993년 5월까지 약 7개월에 걸쳐 발굴조사가 실시된 경남 창원시 의창구 동읍 육군종합정비창 내에 있는 청동기시대 유적이다.

　이곳에서는 지석묘 23기, 수혈2기, 환호를 비롯하여 묘역으로 판단되는 길이 62.3m, 너비 21m의 대규모 석축시설이 확인되었다. 유물은 무문토기, 동검, 석검, 석촉 등 무기류와 관옥이 출토되어 청동기시대 지배계층의 위상이 어느 정도인지를 짐작하게 해준다.

　발굴 조사된 20여 기의 지석묘 중 일부는 원래의 자리(창원시 의창구 동읍 육군종합정비창 내)에 복원되었으며, 3호와 5호 지석묘는 1993년 경남대학교로 이전해왔다.

　⑬ 주남돌다리

▶경상남도 문화재자료 제225호(1996.03.11 지정)

▶소재지 : 창원시 의창구 대산면 가술리 590 일원

▶유적현황

　창원의 동읍과 대산면의 경계를 이루는 주천강에 놓인 돌다리이다.

　'주남새다리'라고도 불리우는데, 동읍 판신 마을과 대산면 고등포 마을을 이어주는 구실을 하고 있다. 다리는 간격을 두어 양쪽에 돌을 쌓아올린 뒤, 그 위로 여러 장의 평평한 돌을 걸쳐놓은 모습이다. 800여 년 전 강 양쪽의 주민들이 정병산 봉우리에서 길이

4m가 넘는 돌을 옮겨와 다리를 놓았다는 전설이 전해 내려온다.

1967년 집중호우로 대부분이 붕괴된 것을 1996년 복원한 것으로 다리를 세운 정확한 시기나 경위 등은 알려진 것이 없다.

⑭ 작원관지

▶경상남도 문화재자료 제73호(1983.07.20 지정)

▶소재지 : 밀양시 삼랑진읍 검세리 일원

▶유적현황

경상남도 밀양시 삼랑진읍 검세리는 예로부터 영남지방의 동·서와 남북의 중요한 교통의 요지로, 작원관(鵲院關)이 있던 곳이다.

이곳은 여행하는 관원의 숙박소 기능과 왜적의 공격에 방어하는 기능, 작원진이라는 나루터로 출입하는 사람들과 화물을 검문하는 기능을 하였다. 즉 원(院), 관(關), 진(津)의 역할을 겸한 곳이었으며, 현재는 그 터만이 남아있다.

임진왜란 때는 밀양부사 박진 장군이 몰려오는 왜적을 맞아 결사적으로 항전을 펼친 곳으로도 유명하다.

⑮ 김해 예안리고분군

▶사적 제261호(1978.06.23 지정)

▶소재지 : 김해시 대동면 예안리 369-6

▶유적현황

김해 예안리 시례마을 주변에 있는 가야 무덤들이다.

여러 차례 발굴조사 결과 가야 때의 각종 무덤 형태가 중복되어 나타났으며 무덤에서 인골이 많이 발견되었다. 총 212기가 조사되었으며 그 중 널무덤 64기, 수혈식장방형석실묘 108기, 옹관묘 24기, 횡구식방형석실묘 16기가 발견되었다.

목관묘는 예안리 무덤들 중 가장 이른 시기에 만들어진 것으로 관의 사용은 불분명하다. 수혈식장방형석실묘은 4벽을 만든 상태나 바닥시설로 보아, 만든 시기의 선후관계를 나눌 수 있다. 옹관묘는 길쭉한 2~3개의 항아리를 연결하여 만든 것으로 전체 길이가 1m 미만이다. 수혈식장방형석실묘에 인접하여 있는 것으로 보아, 상호 간 친근관계에 있는 어린아이용 무덤으로 보고 있다. 횡구식방형석실묘는 거의 파손된 상태라 전체적인 구조파악은 어려운 상태이다.

출토 유물 중 토기는 회백색와질, 적갈색연질, 회청색경질 토기류가 있다. 철정, 가위, 재갈, 도자 등의 철기가 나오며, 150호 목관묘에서는 투구가 발견되었다. 장식품으로 금·은제 귀고리와 유리·호박제 구슬류들이 출토되었다.

무덤 형태나 출토 유물로 보아 가야 전기에서 후기까지의 오랜 기간에 걸쳐 이루어진 유적이다.

2) 성곽

① 화왕산성
▶사적 제64호(1963.01.21 지정)
▶소재지 : 창녕군 창녕읍 옥천리 산322번지 일원
▶유적현황

화왕산성은 창녕의 진산인 화왕산(해발 756.6m)의 정상부를 두르는 테뫼식 산성으로, 둘레 2,600m의 규모이다. 목마산성과 더불어 가야성으로 전해지고 있으며, 태종 10년(1410)의 수축기록과 세종실록지리지에 임진왜란 때 곽재우 장군을 중심으로 의병의 근거지로 활용되었다는 기록으로 보아 조선시대에도 활용되었음을 알 수 있다.

성의 축조방법은 대부분 허튼층 쌓기로 쌓은 형태를 취하고 있으며 북쪽의 경사가 급한 곳은 석축을 쌓지 않고 자연적인 지형을 최대한 이용하였다.

화왕산성은 성 밖에서는 성내를 볼 수 없고 성내에는 주변 관측이 용이하며, 테뫼식 산성임에도 불구하고 수원의 확보가 용이하다. 문지는 북쪽을 제외한 3면에서 확인되고 있으며, 남문과 동문을 현재 복원된 상태이다.

화왕산성 연지 발굴조사에서는 통일신라시대로 추정되는 방형의 저수시설이 확인되었고, 호랑이뼈 일부가 수습되었다.

② 창녕 목마산성
▶사적 제65호(1963.02.01 지정)

▶소재지 : 창녕군 창녕읍 송현리 산5-2 일원

▶유적현황

창녕읍 동쪽에 위치한 화왕산의 서쪽 지맥의 봉우리(해발 463.6m)를 정점으로 창녕읍을 내려다보는 둘레 약 2km의 포곡형 석축산성이다.

성의 축조방법은 봉우리를 중심으로 좌우로 양분하여 내려오면서 축조되어 계곡을 지나 능선을 따라 축조되었는데, 외벽만을 돌로 쌓은 편축, 내외벽을 모두 돌로 쌓은 협축이 주를 이루며, 기저부는 자연암반을 이용한 곳도 일부 있다. 성벽의 너비는 대개 5m 내외의 크기이며, 일정한 크기로 다듬은 성돌은 바른층 쌓기를 하였다.

산성의 축조 시기는 기단보축이 확인되는 점, 송현동고분군이 인근에 위치하는 점 등을 통해 볼 때 가야성의 가능성이 있으며, 서쪽 성벽의 일부 구간의 복원이 이루어졌다.

③ 고곡산성

▶경상남도 문화재자료 제83호(1983.12.20 지정)

▶소재지 : 창녕군 남지읍 고곡리 산193번지 일원

▶유적현황

고곡산성은 구진산(해발 307.9m) 자락에서 동쪽으로 뻗어 내려오는 낮은 야산의 6~8부 능선에 위치하는 테뫼식 산성이다. 현재 동문지 및 동벽과 남벽 일부 구간을 복원·정비한 상태이며, 나머지 구간은 원상을 확인하기 힘들다.

성의 축조방법은 기존에 토석 혼축성으로 알려져 왔으나 창녕군에서 실시한 정밀지표조사 결과 내·외벽을 모두 돌로 쌓은 협축식 산성으로 확인되었으며, 체성의 폭은 대개 5.2m 내외임이 밝혀졌다.

고곡산성은 정확한 초축연대는 알 수 없으나 가야의 외침으로 처음으로 축조되었다고 전해지고 있으나, 지표수습된 유물과 체성 외벽에서 기단보축의 축조 방법이 확인되는 것을 통해 볼 때 삼국시대에 축조된 것으로 추정되며, 임진왜란 당시 곽재우 장군과 관련된 격전지로 구전되고 있으며 분청자, 백자편 등의 수습유물로 보아 조선시대 까지 사용된 것으로 판단된다.

④ 구진산성

▶소재지 : 창녕군 남지읍 고곡리 산220번지 일원

▶유적현황

구진산성은 임진왜란 당시 곽재우 장군의 의병이 구진산 정상부의 자연지세를 이용하여 축조된 산성으로 외성과 내성으로 구분된다.

산성의 최대 높이는 약 4m, 둘레는 약 1.5㎞로 전해지며, 내성은 화강석으로 사다리꼴로 쌓았고, 외성은 산비탈 경사를 그대로 이용하였다. 현재 성벽은 전체적인 성의 흔적을 알 수 없을 정도로 보존상태가 불량하다.

지리적으로 낙동강에서 조금 떨어진 곳에 위치하지만, 창녕을 거쳐 육지로 진출하는 곡간평야를 중심으로 한 육로를 조망할 수 있는 곳에 입지하고 있어 동남쪽 아래의 고곡산성과 함께 임진왜란 당시 왜군을 막기 위한 방어선 중 하나였을 것으로 판단된다.

⑤ 신당산성

▶경상남도 문화재자료 제84호(1983.12.20 지정)

▶소재지 : 창녕군 계성면 신당리 산5번지 일원

▶유적현황

신당산성은 구현산(해발 579m) 정상에서 남서쪽으로 길게 뻗어 나온 능선의 하단 끝부분인 신당마을 뒷산(해발 159m)에 위치하는 테뫼식 산성이다.

서쪽으로는 낙동강이 남류하고 있으며, 동으로는 영축산성이 위치하고, 남으로는 계성고분군이 한눈에 조망된다. 또한 산성의 북쪽과 동쪽은 높은 산악지역이 형성되어 있으며, 영산에서 창녕으로 이어지는 교통로의 중심에 자리하고 있어 군사적으로도 중요한 지역에 해당된다.

신당산성은 시기적으로 삼국시대 치소지, 인근의 계성고분군과 관련된 계성일대의 거점성, 가야시대 초축된 산성, 또는 채집유물로 보아 초축 시기와 사용 시기를 고려시대로 상정하는가 하면, 구조상으로는 능선을 두 개의 성벽으로 감싼 복합식 산성으로 보는 등 여러 의견이 있었다.

최초 조사에서는 신당산성이 두 개의 성벽을 가진 복합식 산성으로 판단하였으나 정밀지표조사 결과, 외성(산성Ⅰ)이 먼저 축조되고, 이후 선축된 산성 내부에 이와는 별개의 산성Ⅱ를 다시 쌓은 것으로 확인되었다.

산성Ⅰ은 둘레가 598m로 인근의 영축산성(둘레 약 1.3km)과, 목마산성(둘레 약 2.0km)에 비해 소규모산성이며 산 정상부를 중심으로 북동-남서향의 장타원형으로 석축된 전형적인 테뫼식 산성이다. 또한 경사가 낮은 산정부 북동벽 일대 약 30m가량 협축하였으나 전반적으로는 경사면에 내탁한 편축성이다. 성벽은 암반을 정지하여 산돌을 길이 35㎝~60㎝ 정도로 다듬은 장방형 석재를 이용하여 100㎝~200㎝ 정도 品字쌓기하였고, 그 상부는 산돌과 강돌을 혼합하여 축조하였다. 성벽의 뒷채움석은 역시 30~60㎝에 이르는 강돌과 산돌을 혼합하여 사용하였는데 정연하게 쌓았다고는 할 수 없으나 평적하여 흙과 함께 쌓았음을 알 수 있다. 인근의 목마산성, 의령 벽화산성과 축조기법이 비슷한 것으로 보아 추가정밀 조사가 이루어진다면 기단보축도 확인될 것으로 추정된다.

산성Ⅰ의 축조연대를 추정할 수 있는 유물로는 병형토기 구연부편, 인화문이 시문된 완편, 인화문이 시문된 개편, 기대 대각편, 태선문이 타흔되고 기와의 두께가 얇은 기와편 등이 있다. 기대 대각편은 5세기 후반으로 편년되며, 대체적으로 6세기 말에서 7세기 전반대로 볼 수 있다.

한편 산성Ⅱ는 산성Ⅰ 내부에 축조된 산성으로 산성Ⅰ이 폐기된 이후 조선시대 어느 시점에 급조된 산성으로 추정된다. 성벽은 정상부를 벗어나 경사가 급한 남쪽사면을 둘러싸고 있어 일반적인 산성과는 차별성이 보이는데, 산성Ⅱ와 연결된 성벽이 신당마을 쪽으로 약 93m 정도로 길게 꼬리를 형성하고 있고, 대밭밑마을 쪽으로도 45m 정도로 꼬리를 형성하고 있는 독특한 모양을 가지고 있으며, 그 성격 역시 불분명하다. 전체적으로 성벽은 남벽 일부분을 제외하면 성벽의 축조형태를 확인할 수 없을 정도로 모두 무너져 현재 1·2단 정도만 잔존하며, 축조상태 역시 상태가 매우 불량한 편이다. 체성은 북벽 일대를 제외하고 강돌로 쌓아 산성Ⅰ과는 석재에서 확연한 차이를 보이고 있으며, 또한 경사가 급한 남벽 일대는 편축하고, 나머지 성벽은 2.0~3.0m 폭으로 낮게 협축하였다.

문지는 남벽의 양 끝에서 신당마을과 대밭밑마을 쪽으로 길게 뻗어있는 2개의 꼬리부분과 연결되는 지점 2곳으로 추정된다.

한편 마을사람들은 신당산성을 '곽망우당성'으로 부르고 있어 산성Ⅱ가 곽재우장군과 관련이 있는 것으로 보인다. 임진왜란 당시 망우당 곽재우 장군이 신당산성에 진을 치고 성을 수축하여 주둔하였으며 창녕 영산의 왜군을 축출하여 마을을 지켰다고 한다. 이후 마을 사람들은 마을을 지켜준 곽재우 장군의 공덕을 기리며 신당에 곽재우 장군의 영정을 걸어두고 마을의 수호신으로 모셨다고 한다. 이상으로 볼 때 신당마을의 신은 임진왜란 때 왜구로부터 마을을 구한 망우당 곽재우를 가리키는 것으로 볼 수 있다. 또한 곽재우 장군이 성을 쌓다가 전쟁이 끝나자 중도하차하였다고 전하고 있으며, 이는 조사 결과에서도 확인된 바와 같이 산성Ⅱ의 성벽을 허술하고 조잡하게 쌓았음을 두고 하는 말로 추측된다.

이를 종합해볼 때 산성Ⅱ는 임진왜란기에 곽재우장군이 급하게 쌓은 성으로 보아도 타당하다고 생각되며 채집되는 분청사기, 어골문 기와편 등의 조선시대 유물이 어느 정도 이를 뒷받침하고 있다. 이후 신당산성은 19세기 말에 제작된 동여도에 폐산성으로 표기된 것으로 보아 그 이전에 폐기되었다고 추정되며, 산성의 형태로 볼 때 임진왜란 후 폐기되어 목마장으로 사용되었을 가능성도 배제할 수 없다.

⑥ 영축산성

▶경상남도 문화재자료 제85호(1983.12.20 지정)

▶소재지 : 창녕군 영산면 교리 산1-2번지 일원

▶유적현황

영축산성은 영취산 정상(해발 681m)부의 병풍과 같은 자연암반을 북벽으로 하고 남쪽의 계곡을 성내로 하는 포곡식 산성이다.

남쪽의 좁은 계곡을 성문으로 삼고 좌우 낮은 곳에서 암벽을 최대한 이용하여 성벽을 쌓았다. 성의 평면 형태는 거의 삼각형을 이루고 있으며 계곡부를 포함하고 있기 때문에 수원의 확보가 유리하다.

체성은 허튼쌓기로 축조하였고, 현재 동벽 일부 및 남문지 주변의 남벽이 양호하게 남아있는 상태이다. 특히 동벽의 중간부분에는 경사도를 감안하여 체성하부를 약 70°가량 뉘어서 축조한 뒤 상부석축은 약간 들여쌓기하여 마무리하고 있다. 또한 남문지 옆 계곡부에 석축을 쌓아 성벽으로 이용하고 있고 계곡부인 점을 감안하여, 하부에 두 개의 수구를 배치하였다. 이것은 계곡부를 막아 적을 방어하는 동시에 병사 등이 주둔할 수 있는 공간을 확보하기 위한 것이라 생각된다. 이외에도 성내 동쪽 계곡부에 많은 석축이 확인되는데 이것 또한 성내 평탄지를 확보하기 위한 시설로 판단된다.

산성은 둘레가 1.3㎞가 넘는 비교적 큰 규모이고, 성내에 물이 충분히 공급될 수 있게 계곡을 포함하고 있지만, 많은 군사가 주둔할 수 있는 공간은 거의 없다. 영축산성에서는 동쪽으로 구계리를 통해 밀양으로 향하는 길목을 바라 볼 수 있고, 남쪽은 함안, 창원을 비롯한 영산면 일대를 조망할 수 있으며, 북쪽으로는 창녕읍으로 향하는 길목을 관망할 수 있다. 때문에 영축산성의 성격은 삼국시대의 치소와 같은 성격은 아니라고 생각되며, 적의 침투를 관측할 수 있는 관방성과 같은 성격이었다고 생각된다. 물론 조선시대 임진왜란 당시 접전지역이었다고 전해지는 것을 감안하면 영산읍성에 부속된 산성으로의 역할을 수행했다고 생각된다.

문지는 남쪽 계곡부의 남문지만이 확인될 뿐 다른 문지는 확인되지 않는다. 출토유물은 삼국시대 토기편을 비롯한 고려시대 도기편, 조선시대 옹기 및 기와편이 수습되어 영축산성의 사용 시기를 짐작할 수 있다.

⑦ 성산산성

▶사적 제64호(1963.01.21 지정)

▶소재지 : 창녕군 창녕읍 옥천리 산322번지 일원

▶유적현황

성산산성은 성산(해발 76m)의 8부 능선을 따라 성벽을 두른 테뫼식 산성으로 자연지형을 이용하여 쌓은 성이다. 평면 형태는 오각형에 가깝고, 둘레는 약 530m으로 높이와 폭은 정확히 파악하기 힘들다.

성산산성의 초축연대는 발굴조사가 이루어지지 않았고 기록이 남아있지 않아 정확하게 확인할 수 없다. 하지만 산성의 위치와 형태, 성벽의 축조수법, 축성재료 등에서 고대 신성에서 확인되는 양상과 상통하는 점이 많고, 구전에 의하면 신라 신흥왕이 창녕 지역의 비화가야를 통합하고 서쪽의 합천과 의령 방면의 가야세력을 방어하기 위해 쌓았던 것으로 전해지고 있다. 이를 통해 볼 때 성산산성의 초축연대는 가야를 전후한 시기에 쌓았던 것으로 볼 수 있다.

수습된 유물을 통해 볼 때 삼국시대 회청색 경질토기와 통일신라시대 원문 토기편, 조선시대 자기편도 채집되는 것으로 보아 삼국시대~조선시대에 사용된 성으로 판단된다.

⑧ 계성토성

▶소재지 : 창녕군 계성면 계성리 전1080-2, 산1081-6, 산1081-9번지 일원

▶유적현황

계성토성은 계성천과 사리고분군 사이의 동서로 길게 뻗어있는 야산의 남산면에 위치한다.

유적의 동쪽 능선 위에는 사리고분군, 계성고분군이 분포하고 있으나 유적이 입지한 곳에만 고분군이 없는 것을 토대로 고분군 형성 이전에 토성이 축조된 것으로 보는 견해도 있으나, 전답과 민묘가 들어서 있고, 구마고속도로 공사 시 상당부분 훼손되어 정확한 유적의 규모 및 성격을 파악하기는 힘들다.

⑨ 대산성

▶소재지 : 창녕군 고암면 간상리 산124 일원

▶유적현황

간상리 중마을 남쪽 맞은 편 산정(해발 161.6m)에 있는 성으로 북쪽의 왕령산성과 마주보고 있다.

임진왜란 당시 창의장, 조진남, 노홍언, 장효원이 이곳에서 왜적과 싸웠던 성이라 전한다. 그리고 그때의 유혈이 냇물을 메웠다하여 지금도 마을 이름을 간적(澗赤)이라 하며, 자연지세를 이용하여 일부 석축했다고 전해지나 현재 성의 규모 및 성격은 알 수 없다.

주위에는 왕령산성이 자리하고 있어 임진왜란 당시 왕령산성과 연계한 전투가 있었을 가능성이 있다

⑩ 왕령산성

▶소재지 : 창녕군 성산면 냉천리 산31-1

▶유적현황

왕령산성은 조선 선조 임진왜란 당시 곽재우 장군이 축성했다고 전하나 확실하지 않다. 주민들의 전언에 의하면 이곳이 성터 등으로 불려지고 있고, 현재까지 알려진 것은 창녕군지와『한국의 성곽과 봉수』라는 책자에 소개되고 있을 뿐 정확한 고고학적 조사

는 이루어지지 않고 있다.

왕령산성은 주변의 지형을 최대한 이용하여 쌓은 석축성이며, 산 정상부(해발 427m)의 9부 능선을 중심으로 하는 테뫼식 산성이다. 체성은 성 주위의 자연암반을 이용하여 암반과 암반 사이의 빈곳에 허튼층쌓기하여 축조하였다.

성벽의 높이는 평균 120cm 내외로 높은 곳은 200cm이다. 체성 폭은 북문지의 폭으로 보아 300cm 내외로 확인되며, 협축식이 아닌 내탁식 구조로 추정된다. 문지는 확실한 지점(북문지)이 한 곳이며, 북문지의 입구 너비는 약 200cm이고 잔존높이는 2~3단으로 약 50cm를 전후하며, 문지 주위 체성폭은 300cm로 추정된다. 연지나 우물지 등의 수원 확보를 위한 시설과 건물지 등의 시설은 확인되지 않았다.

왕령산성은 발굴조사가 이루어지지 않았고 지표상에도 유물이 수습되지 않아 정확한 초축연대를 알 수 없지만 체성의 축조 양상과 곽재우 장군과 관련된 구전 등으로 보아 조선시대에 축조되었을 가능성이 높다. 또한 체성의 축조 양상이 다급한 상황에서 쌓은 듯 매우 조잡하게 쌓았으며, 허튼쌓기로 쌓은 다른 성곽들보다 더 조잡하게 쌓은 것을 한 눈에 볼 수 있다. 즉 단기간에 필요에 의해 임시 방어지로 사용되었을 가능성이 높고, 오랫동안 주둔할 수 있는 여건(수원의 확보 등)이 갖추어져 있지 않기 때문에 조선시대 임진왜란 당시 곽재우 장군과 관련된 산성일 가능성이 아주 높다.

⑪ 옹곡리성지
▶소재지 : 창녕군 성산면 정녕리 옹골마을
▶유적현황
옹골마을 뒷산인 티피산(해발 268.5m)의 정상부를 감싼 테뫼식 산성으로 토석혼축성으로 알려져 있다.

북쪽 일대에서 무너진 서열이 확인되나, 동쪽 일부에서는 절벽에 가까운 자연암반을 활용하기도 하였다. 인공적으로 조성한 성벽은 남쪽과 서쪽에서 확인된다.

정상부에서는 서쪽의 현풍읍을 비롯한 하천주변의 평야지대 조망이 용이하다.

⑫ 도천리성지
▶소재지 : 창녕군 도천면 도천리 산4 일원

▶유적현황

자료에 의하면 소구릉지에 축조한 성으로 둘레는 약 1㎞ 정도 되었으나, 지금은 공동묘지로 변해 붕괴되어 정확한 성의 규모 및 성격을 알 수 없다.

주변 일리유적이 위치하고 있는 지역으로 삼국시대 주거지를 비롯한 많은 유구와 유물이 확인되었으나 도천리성지와의 관련성은 알 수 없다.

⑬ 우강성지

▶소재지 : 창녕군 도천면 우강리 성담산

▶유적현황

우강리 성담산(해발 84m)에 있는 산성으로 추정하고 있다. 토석혼축성으로 장대와 성벽이 1.5㎞ 정도 남아 있고 두 봉우리를 감싸고 있다.

북쪽 구릉에 5세기 후반에서 6세기 초반에 걸쳐 조성된 우강리고분군이 분포하고 있으며, 임진왜란 때 곽재우 장군이 축성한 곳으로 알려져 있기도 하다.

⑭ 전기산성

▶소재지 : 창녕군 남지읍 고곡리

▶유적현황

구진산성의 북방 구원산에 있으며, 한국전쟁 시 격전지로 알려져 있는 곳이다. 성의 형태 및 규모를 파악할 수 없을 정도로 훼손이 심하다.

⑮ 등림산성

▶소재지 : 창녕군 이방면 등림리 산93

▶유적현황

이방면 등림마을 입구에 위치한 산성으로 낙동강을 끼고 있다. 시대를 파악할 수 없으나 강변의 절벽을 이용하여 토석으로 축조한 성으로 약 500m의 흔적이 남아있다.

⑯ 송곡산성

▶소재지 : 창녕군 이방면 송곡리 일원

▶유적현황

이방면 송곡리 대암에 있는 산성으로 전해진다. 낙동강 변에 있으며 토석성이라고 한다. 창녕군의 최북단으로 서북쪽을 대비하기 위하여 삼국시대에 축성한 성으로 추정되고 있다.

⑰ 동리성지

▶소재지 : 창녕군 이방면 송곡리 일원

▶유적현황

영산면 동리의 함박산에서 남서쪽으로 뻗어 내려온 능선의 말단부(해발 234m)에 축성된 테뫼식 산성으로 잔존하는 성벽은 대부분 토석이 혼재된 상태로 확인된다.

산성의 조망권을 살펴보면 북쪽으로 영산읍내의 전경 및 영축산성이 위치하고 남서쪽으로는 낙동강 하류 수계를 비롯하여 영산면과 도천면 일대가 넓게 확인된다.

삼국시대의 성곽으로 추정되나 일부에서는 영축산성에 편재된 보조성으로 보는 견해도 있다.

⑱ 영산읍성지

▶경상남도기념물 제59호(1987.08.06 지정)

▶소재지 : 창녕군 영산면 성내리 일원

▶유적현황

경상남도 창녕군 영산면에 있는 성으로, 원래 흙으로 쌓은 것을 조선시대에 돌로 다시 쌓은 것으로 추정된다. 성을 쌓은 시기는 정확히 알 수 없다.

『창녕읍지』에는 읍성이 둘레가 3,810척(약 1154m), 높이 12척 5촌(약 4m)으로 조선 선조(재위 1573~1618) 때 쌓았으니 그 후 무너졌다고 기록하고 있다. 지금 남아 있는 성벽은 길이 106m, 높이 2.5m, 폭 1.5m 정도이다. 성은 거대한 돌을 이용하여 기초를 마련하고 그 위에 돌을 정교하게 쌓아올렸다. 지금은 시가지와 경작지로 바뀌어 대부분 붕괴되거나 파괴되었고, 성 안에는 연못이 있었다 하나 메워졌다.

조선시대에는 거의 내륙에 읍성을 쌓지 않았는데 반해 영산면은 고려 말 왜구의 침입이 빈번하였으며, 임진왜란 때 근처의 화왕산성을 중심으로 곽재우 장군이 의병을 일으킨 곳이어서 전략적 요충지였음을 알 수 있다.

⑲ 벽화산성지

▶경상남도기념물 제64호(1983.08.06 지정)

▶소재지 : 의령군 하리 산113-2외 2필지

▶유적현황

경상남노 의령군 의령읍 하리 벽화산 줄기의 최고봉과 가운데 봉우리에 쌓은 2개의 산성으로, 상벽화성과 하벽화성으로 불리운다.

가야 때 쌓은 성으로 추정되며, 선조 22년(1589) 임진왜란 직전 의령읍성을 쌓으면서 전란을 대비하여 부분적으로 고쳐 쌓은 것으로 보인다. 선조 25년(1592) 임진왜란 때 홍의장군 곽재우가 고쳐 쌓은 산성으로, 의병을 거느리고 수천 명의 왜적을 무찔렀던 전승지로 유명하다. 그 뒤 고종 13년(1876)에 크게 고쳐 쌓았다는 기록이 남아 있다.

원래 이 산성은 벽화산 아래까지 연장되어 있었던 듯하나 지금은 흔적을 찾을 수 없고, 주변 마을에서 청동기시대의 고인돌과 유물, 삼국시대의 무덤들이 발견되었다.

⑳ 호미산성

▶경상남도기념물 제101호(1990.12.20 지정)

▶소재지 : 의령군 정곡면 죽전리 산51-5외 1필지

▶유적현황

의령군 정곡면 죽전리에 있는 호미산의 정상부에 약 200m가량의 흙으로 쌓아 올린 성의 흔적이 남아 있다.

이 산성을 쌓은 시기는 정확히 알 수가 없으나, 의령읍 하리 벽화산에 있는 벽화산성(碧華山城)과 비슷한 시기에 쌓은 것으로 추정된다.

이 산성은 임진왜란 때의 의병장인 망우당 곽재우(1552~1617) 장군의 전적지 가운데 하나이며, 호미산은 산의 형태가 호랑이 꼬리를 닮았다 해서 얻은 이름이다.

㉑ 의령 미타산성

▶경상남도기념물 제231호(2001.02.22 지정)

▶소재지 : 의령군 부림면 묵방리 산136-1 일원

▶유적현황

미타산성은 미타산(표고 662m) 정상부를 성내로 삼고 그 주변 9부 능선상에 체성을 배치한 테뫼식 석축석으로 성내에서 북쪽으로 초계분지가 내려 보이고 남동쪽에는 신반, 동쪽으로는 멀리 창녕, 서쪽으로는 천황산(표고 656m)과 국사봉(표고 688m), 남쪽으로 봉산(표고 563m)으로 둘러싸여 있다. 성은 지세에 맞추어 축조하였으므로 평면이 곡선적이다. 성내는 북쪽과 서쪽은 급경사지이며 동쪽과 남쪽은 비교적 평탄하다. 성 바깥 역시 남쪽과 동쪽은 평탄하나 북쪽과 서쪽은 급경사를 이루고 있다. 성내에는 봉수대와 사지가 있으며 사지에는 현재 건물은 없고 초석과 샘터만이 남아 있다.

성내 곳곳에서 수습되는 기와편과 토기, 자기편을 참조한다면 상당 기간동안 사용된 성이라는 것을 짐작할 수 있다. 현재 성내에는 정상부 넓은 평탄부 곳곳에서 기와편이 수습되고 있으며, 정북방향에 건물터가 있다. 조선시대 관방사 연구에 귀중한 유적이다.

㉒ 유곡리성지

▶소재지 : 의령군 부림면 유곡리

▶유적현황

지정면 유곡리에서 박진나루 방향 고갯길의 도로 왼쪽 편 구릉 정선부에 있다. 테뫼식 산성으로 성의 동쪽은 낙동강에 이르는 절벽이며, 남서쪽은 토석혼축의 성벽이 300m 정도 축성되어 있다. 대부분의 성벽은 허물어져 흔적만 보이며, 성 내는 현재 밭으로 개간되어 있다.

성내 개간지에서는 5세기 후반경으로 추정되는 창녕계 및 고령계 토기편이 다수 수습되었는데, 성과의 관련성에 대해서는 명확하지 않아 성의 연대를 정확히 알기는 어렵다.

㉓ 성산리산성

▶소재지 : 의령군 부림면 유곡리

▶유적현황

지정면 성산리 마을 뒷산 해발 250m 구릉 정상에 위치한다. 성곽은 테뫼식 산성으로 석축 및 일부 토석혼축으로 축성하였다. 북벽과 서벽 일부에서 석축 된 성벽이 잔존하고 있으며, 그 가운데 잔존이 양호한 북서 모서리 성벽은 폭이 4.5m, 외측 높이 2m, 내측 높이 0.8m 내외이다.

성 내부는 비교적 넓은 평탄지를 이루고 있으며, 내부에서 바라보면 남강지류와 낙동강 하류역을 포함한 창녕, 영산, 의령, 함안 일대의 넓은 조망권이 확보되어 성곽의 입지로서는 제격이다.

성의 축조시기는 토석혼축 위에 일부 수축된 흔적이 보이고, 이러한 수축은 임진왜란 때 곽재우 장군의 의병활동과 관련 된다고 전해지므로 임란 이전부터 이미 성이 존재했던 것으로 추정된다.

㉔ 태부리산성지

▶소재지 : 의령군 지정면 태부리 산4

▶유적현황

지정면 태부리 내곡마을 뒷산 해발 250m 구릉 정상부에 있다. 성곽은 테뫼식 산성으로 남·서·북쪽은 석축, 동쪽은 토석혼축으로 쌓았다.

성벽 내부는 평탄지를 이루며 둘레는 150m, 높이는 내측이 0.6m, 외측이 2m 정도이다. 성벽은 구릉 정상부를 삭토한 후, 그 외벽을 따라 석재와 흙을 이용해 쌓았으며, 석재들은 대부분 정연하지 않은 석재들이다.

성내부에서 바라보면 북동방향으로는 낙동강과 창녕지역이 한눈에 들어오며, 남쪽으로는 남강지류와 정곡면이 들어온다.

성의 축조시기에 대해서는 조사가 이루어지지 않아 판단 할 수 없으나, 미타산성 등과 더불어 조선시대 성으로 추정된다.

㉕ 칠원산성

▶경상남도 문화재자료 제202호(1993.12.27 지정)

▶소재지 : 함안군 칠원면 유원리 산58 일원

▶유적현황

칠원산성은 경상남도 함안군 칠원면에 있는 해발 250m의 산 정상에 돌로 쌓은 성이다. 총 길이가 450m인데 동·서의 길이가 180m, 남북 길이가 57m인 타원형 산성이다.

산성을 쌓은 시기는 정확히 알 수 없으나 마을주민들의 말에 의하면, 임진왜란 때 사용한 성이라 하며, 1917년에 조사된 『조선고적조사보고』에는 칠원면 유원리와 칠서면 신산리에 돌로 쌓은 유원리 산성으로 기록되어 있다.

현재 성벽 일부는 허물어진 상태이나 문터가 남아있으며, 성 안에는 건물터가 남아있다.

㉖ 무릉산성

▶소재지 : 함안군 칠서면 무릉리 산198, 1027, 1025일원

▶유적현황

칠원면 소재지의 북쪽에 있다. 『신증동국여지승람』 칠원현 고적조에 "山城 在縣北四里 石築周一千三百四十二尺 今皆頹"라 적고 있다. 또한 같은 책 산천조에는 "城山 在縣北五里"라 적고 있어 약간의 오차가 있으나 고적조의 산성은 성산에 쌓아진 것임을 알 수 있다.

산성이 입지한 성산은 광려천가의 벌을 따라 낙동강-합포만을 드나들고 성의 맞은 편의 도둑고개를 지나가야 대산을 출입할 수 있는 교통의 삼각지에 해당되는 요충지이다. 실제 주변 산성과의 분포관계를 고려해 보면 북서2.4㎞지점의 안곡산성, 남서 2.4㎞지점의 칠원산성을 연결하는 철옹성을 구축하게 되어 상기한 교통로를 효과적으로 차단할 수 있는 전략적 요충지라 여겨진다.

이 성은 성산의 정상부 외곽을 따라 축조된 테뫼식 석축성으로 길이는 700m가량이다. 성의 평면형은 남성벽 측이 오목한 반월형에 가까운 타원형인데 성이 입지한 구릉은 사면의 경사가 심하다.

성벽의 축조방식은 경사면에 내탁한 편축식으로 여겨지며 북동 측에서는 내외 협축한 부분도 관찰된다. 현재 붕괴된 성벽의 상면에는 순찰로로 추정되는 너비 5~10m 정도의 대지가 개설되어 있고 북성벽과 남성벽 측에 뚜렷하게 남아 있다.

성내의 시설물로는 동측 정상부의 중앙에 있는 우물지를 들 수 있다. 우물지는 지름 10m 내외, 깊이 약 3m 규모의 원형이며 내면의 외곽에는 혈암, 안산암제의 할석(58×12㎝, 38×12㎝ 내외)을 가로 뉘어 석축하였는데 갈수기에도 일정한 수량을 유지하고 있었다. 또한 동측 정상부위에는 일정한 면적의 평탄지가 조성되어 있으며 주변에서는 와편이

상당수 흩어져 있는 것으로 보아 건물지가 존재하였을 가능성이 있다.

㉗ 용성리산성

▶소재지 : 함안군 칠서면 용성리 488, 506, 508 일원

▶유적현황

본용성마을 북서쪽에 위치하는 해발 60m의 뒷산 정상부에 석축한 테뫼식 산성이다. 산성은 위치상으로 볼 때 북쪽에 동류하고 있는 낙동강을 한눈에 조망힐 수 있는 요지이며, 인접하는 성지봉산성과의 네트워크, 그리고 창녕 남지, 함안 칠북, 칠서 일대 또한 조망할 수 있어 전략적으로 중요한 위치에 자리하고 있다.

성이 축조된 산 정상부는 표주박형태로 성의 표면 형태 역시 북봉과 남봉을 두르는 표주박 형태이며 둘레는 800~900m 정도이다. 성벽은 과수원과 묘지조성 등으로 성벽이 많이 소실되어 정확한 축조양상은 파악하기 힘들지만 서벽과 동벽에서 외벽 일부가 확인되는데 2~3m 정도 평탄면을 가지고 계단상으로 축조하였다.

북봉 정상부에는 평탄면을 이루고 있어 건물지가 있었던 것으로 추정되나 최근에 초소 구축으로 파괴된 듯하다. 또한 남봉 정상부에도 건물지가 있었을 가능성이 높다.

마을 사람들에 의하면 임진왜란 때 곽재우 장군이 이 산성을 쌓았다고 하나 정확한 역사기록은 확인할 수 없다. 성 주변에서 백자편과 분청사기편이 채집되어 적어도 조선시대 이전에 축조된 것으로 추정할 수 있다.

㉘ 성지봉산성

▶소재지 : 함안군 칠북면 덕남리 산18, 14-1, 13 일원

▶유적현황

칠북면 덕촌마을 남서쪽에 북서-남동 축으로 길게 뻗은 성지봉의 북서쪽 고지 9부 능선을 따라 축조된 테뫼식 석축산성이다.

성의 입지는 낙동강과 가깝고 광려천과 낙동강의 합수지점이 바라보이는 곳이다. 따라서 이 성은 광려천을 거슬러 오르는 적을 방어하기 위해 축조된 것으로 추정된다.

성의 평면형은 팔족형이며 성벽은 능선의 사면에 내탁하여 쌓은 편축식이다. 성벽의 축조에 사용된 석재는 점판암제의 판상석이다. 성의 정상부에는 우물터로 추정되는 지

름 10m 정도의 구덩이가 있다.

㉙ 검단산성

▶소재지 : 함안군 칠북면 검단리 산221, 218 일원

▶유적현황

검단리 단계마을 북쪽 능선의 정상부에 위치한다. 이 지역은 조망권이 탁월한 곳으로 시모산에서 서쪽으로 뻗어 내린 능선이 이령리 일대의 능선과 연결되는 지점이다. 북으로는 이령리 일대, 동으로는 창원시 북면, 검단리 일대, 서로는 화천리와 광려천일대를 조망할 수 있다. 특히 이곳은 창원시 북면 내곡리에서 함안군 칠북면 검단리, 나아가서는 현재의 칠원면 일대로 이어지는 길목에 해당하므로 산성의 주 목적은 이 루트를 차단하기 위한 것으로 보인다.

산성은 동서로 긴 타원형 형태를 띠고 있으며 길이가 200m 정도로 소규모 산성이라 할 수 있다. 성벽은 잔존상태가 불량하여 쉽게 관찰할 수 없으나 북벽 일대에서 일부 관찰된다. 성내에서는 건물지로 추정되는 2개소의 석열군이 확인되는데 성의 서쪽 끝 부분과 동쪽 끝 부분에서 확인된다.

서쪽 끝은 현재 산불감시소가 설치되어 원 지형이 일부 훼손되었으나 성 내부에서 상대고도가 높은 곳으로 검단리 일대와 창원시 북면에서 넘어오는 고개 일대를 쉽게 조망할 수 있다. 동쪽 끝은 타원형상의 석열이 확인되는데 건물지로 보기에는 다소 무리가 있는 듯하지만 주변에서 다량의 기와편이 채집되고 있으며 북쪽 이령리 일대의 조망권을 확보할 수 있는 입지적 우위를 점하고 있는 것으로 보아 소규모의 건물지가 있었던 것으로 판단된다.

성 내부에서는 다량의 기와편과 회청색경질토기편들이 채집되는데 기와편은 기벽이 얇고 선조문 위주의 것이어서 고려시대 이전의 것으로 판단되며 삼국시대 경질토기편들도 일부 확인된다.

㉚ 안곡산성

▶소재지 : 함안군 칠서면 화산리 산332, 산251-2, 대산면 대사리 산89 일원

▶유적현황

　회산리 서쪽 안곡산(해발 343.9m)의 정상부에 있다. 산성이 입지한 안곡산은 높지 않은 곳이지만 낙동강의 배후습지를 북으로 안고 있어 상대적인 고지에 해당되므로 조망권이 탁월하다. 이는 정상부에 봉수대가 입지한 사실로도 입증된다.

　안곡산성은 정상에 동서축으로 뻗은 능선의 정선부위에 축조된 테뫼식 산성이다. 성의 평면형은 서쪽이 높고 동쪽이 좁고 긴 형태이다. 성은 지세를 잘 이용하여 경사가 약한 정상부는 석축하고 동서축의 양사면에 해당되는 남·북벽은 자연암반을 성벽으로 이용하였다.

　성벽은 모두 붕괴되어 축조기법은 살필 수 없고 축성에 사용된 재료는 주변에서 쉽게 구해지는 혈암과 안산암의 할석들이다.

　이 밖에 성과 관련되는 시설로는 남장벽 상단에 연해 있는 소위 '순찰로'들 수 있다. 이 순찰로는 정선대지에서 한단 꺾여 있고 남장벽선을 따라 너비 5~7m 정도로 평탄하게 개설되어 있다.

　성의 연대와 관련해서는 성내 채집토기편, 성과 이어지는 능선 아래쪽에 형성된 회산리 신산고분군의 존재, 주변산성과의 연대비교, 성의 분포를 통한 주변 산성과의 조응관계, 성내에서 채집되는 고배편을 비롯한 삼국시대 토기편, 중근세의 자기편, 기와편 등을 고려할 때 삼국시대부터 사용된 것으로 추정된다.

㉛ 진례산성

▶경상남도 기념물 제128호(1989.12.27 지정)

▶소재지 : 창원시 성산구 토월동 산44-1일원

▶유적현황

　창원 진례산성은 창원시와 김해 진례면의 경계를 이루는 비음산(해발 518.8m)의 정선부를 따라 형성된 포곡식 석축산성이다. 성 내부에는 비음산에서 발원하여 북류하는 계곡이 성밖으로 흘러나가고 있다.

　산성은 북쪽으로는 창원시 동읍, 남쪽으로는 진해만, 동쪽으로는 김해시 진례면과 부산 사상 일대, 그리고 서쪽으로는 창원과 마산만을 조망할 수 있는 천혜의 요지에 있다. 조사 결과 산성의 둘레는 약 4.7km 정도 되는 대형의 포곡식 산성이고, 평면 형태는 동쪽이 넓은 모습이다. 현재 성벽은 대부분 붕괴되어 형태의 골격만을 알 수 있는 정도이나, 성의 남쪽 부분은 잔존 상태가 비교적 양호하다.

그리고 체성은 자연지세를 최대한 이용하여 축조하였는데, 내외의 경사도가 큰 곳에서는 편축으로, 경사도가 작은 곳은 협축으로 축조하였으며, 잔존 상태가 가장 양호한 남쪽 성벽의 경우 높이 100cm 내외의 여장을 두었다. 또한 관문의 동쪽에 위치한 체성은 계곡과 평행하게 축조함으로써 성문의 방어력을 높였고, 체성의 폭은 180~320cm 정도이다.

현재 확인되는 성의 부속시설로는 관문으로 추정되는 북문지를 비롯하여 서쪽과 남쪽의 등 3개소의 문지가 남아있는데 그 중 남문지는 잔존 상태가 양호하여 성문의 축조수법을 잘 보여주고 있다. 치는 남서쪽 모서리 부분에서 1개소가 확인된다. 장대지는 성의 남서쪽 모서리, 동쪽 중간 부분, 북동쪽 모서리, 북서쪽 모서리 등 4개소가 확인되는데 별다른 시설없이 주변을 조망하기 유리한 지역에 조성되었다.

또한 성 내부에서는 건물지 1개소와 추정 건물지 3개소를 확인할 수 있었는데, 서문지에서 동쪽(성 내부)으로 이어지는 능선에 건물지 및 추정 건물지 1개소, 그리고 이 능선의 반대편 능선에 건물지 1개소를 확인하였다. 그리고 서문지에서 동쪽(성 내부)으로 이어지는 능선은 경사도가 완만하여 당시 조사에서 확인하지 못한 건물지가 있었을 가능성이 높은 것으로 파악되었다.

진례산성의 동서 단면은 완만한 'V'자 형태를 이루고 있어, 성곽의 규모에 비해 그 내부에 건물지가 들어서기에 적합한 곳은 많지 않다.

㉜ 염산성

▶소재지 : 창원시 의창구 북면 지개리, 동읍 덕천리 일원

▶유적현황

구룡산(해발 432.1m)의 정상부를 따라 형성된 산성이다.『신증동국여지승람』창원도호부 고적조에 "簾山城在府東二十二里 石築周八千三佰二十尺 內有小渠八泉六井一"이라 기록되어 있다. 또한『조선왕조실록』에는 남해안으로 침입하는 왜구를 막기 위해 태종 10년(1410) 3월에 축조되었다고 기록되어 있다.

산성은 구룡산 정상의 염산성Ⅰ과 정상부에서 동쪽으로 500m가량 떨어진 능선의 정상부(해발 377m)에 축조된 염산성Ⅱ로 구분된다.

염산성Ⅰ은 테뫼식 산성으로 석축이 시작되는 기점이 서쪽에서 남쪽으로 돌아 능선 부위의 남측선을 따라 축성되었다. 성의 축조방식은 능선의 남측으로만 내탁하여 쌓고 뒤쪽은 토석으로 채움하였다. 현재 성벽은 거의 다 무너져 버려 원상을 알기는 어렵고 다만 부분적으로 남아있는 성벽을 확인 할 수 있다.

염산성Ⅱ는 구룡산 정상부에 축조되어 있는 염산성Ⅰ과 성벽의 축조 방법은 유사한 편이지만 규모가 다소 작고, 염산성Ⅰ에서는 관찰이 어려운 동읍 다호리, 주남저수지 일대를 조망할 수 있다는 점에서 입지적 특성을 가진다. 따라서 구룡산 일원의 지형적 조건을 고려해 볼 때, 염산성Ⅱ는 동읍일대를 조망하고 방어하는 역할을 하는, 염산성Ⅰ을 보완하는 부속적 성격을 가진다고 추측된다.

㉝ 무성리성지

▶소재지 : 창원시 의창구 동읍 무성리 118, 273, 275 일원

▶유적현황

남북으로 길게 형성된 독립 구릉인 무성리 뒷산(해발 73m) 정상부에 자리한다. 산 정상부는 폭 50m 내외, 길이 150m 정도의 평탄면이 있고, 낙동강, 진영일대, 동읍일대 등 사방으로의 조망권이 탁월한 곳이다.

성은 평탄한 정상부위를 따라 조성된 테뫼식의 토성으로 전해지며 성벽은 유실되어 그 형태를 알아볼 수 없으나 해발 65m 지점에서 뚜렷하게 단이 져 해발 70m 지점의 정상부에 이른다.

성의 규모는 전체길이가 150m 정도이고, 남쪽의 최대 폭을 이루는 곳의 너비는 50m 이다. 성 내외에서 다량의 무문토기와 회청색 도질토기가 채집되어 적어도 삼국시대 이전의 토성으로 추정된다.

성내부에서는 모두 6군데의 초석군들이 확인된 점으로 보아 6곳의 건물이 있었던 것으로 추정된다. 이들 초석들은 폭 50내외의 편평한 돌들이며 2~5개로 일정한 간격을 두고 놓여져 있었다.

㉞ 각성산성

▶소재지 : 김해시 대동면 덕산리 각성산 일원

▶유적현황

각성산성은 각성산의 9부 능선에 입지한 산성으로 북으로는 낙동강과 양산 원동, 동으로는 물금, 양산 그리고 호포 일대가 한 눈에 보이는 탁월한 조망권을 갖춘 산성이다.

확인된 성벽은 각성산 정상부의 3개의 봉우리를 감싸고 있으며, 북동쪽의 성벽이 비교적 양호하다. 산성의 축조연대는 정확히 알 수 없지만 삼국시대로 추정되며, 또한 이 시기에 해당하는 적갈색 연질토기편이 확인되었다.

㉟ 양동산성

▶경상남도 기념물 제91호(1988.12.23 지정)

▶소재지 : 김해시 주촌면 양동리 산39-1,2 일원

▶유적현황

경상남도 김해시 주촌면 양동리와 내삼리의 경계에 위치한 산봉우리를 두른 테뫼식 산성으로 일부는 흙으로 쌓고, 일부는 대강 다듬은 자연석을 사용하였다. 이 산성은 문헌상 '가곡산성', '양동산성'이라고 부르고 있다.

김해평야와 낙동강 하구를 효과적으로 조망할 수 있는 있으며, 둘레는 약 800m이고 성벽의 높이와 폭은 2.5m이다. 남쪽과 북쪽의 문터에는 주춧돌이 남아있고, 성안에는 우물터의 흔적과 가야 토기조각들이 확인되었다.

이 산성은 주변의 양동리 무덤들과 유하리 조개더미와 관계가 있을 것으로 보며, 원삼국시대에서 가야 때까지의 역사연구에 중요한 자료로 평가되고 있다.

㊱ 신답(농소)왜성

▶소재지 : 김해시 주촌면 농소리 산25, 26 일원

▶유적현황

마사성 및 구포성과 더불어 김해성(죽도성)의 지성으로 알려져 있다. 동쪽을 제외한 부분은 산지로 둘려져 있고, 남동쪽에 독립구릉이 위치하고 있어 성 내부에서 김해시가지와 낙동강 하구를 조망하기에 유리한 지형이다.

성의 축조는 왜성이 축조될 구릉의 정상(해발 73.5m)과 두 번째 구릉 정상(해발 59m), 그리고 남동쪽에 위치하는 구릉의 정상을 성토하여 평탄한 대지를 조성하여 제일 높은 곳에 본환을 두고, 그 아래 좌우에 이지환, 삼지환을 둔 연관식의 형태이다.

본환의 정상부 북쪽에 평면 방형의 천수각을 두었고, 서쪽에는 폭 4m의 토루가 15m 정도 확인되고, 곡륜도 설치하였다. 본환과 이지환을 연결하는 능선 정상부를 평탄화하여 통로로 사용하였으며, 통로와 본환이 연결되는 부분에 인공적으로 굴착한 호가 남서쪽의 농소마을까지 이어진다. 이지환은 타원형이며, 서쪽과 남동쪽 일부에만 곡륜을 설치하였다. 삼지환은 거의 원형이며 주변에는 곡륜들이 설치되었다.

㊲ 마사왜성

▶소재지 : 김해시 생림면 마사리 일원

▶유적현황

서쪽의 밀양강과 남서쪽의 낙동강 상류와 만나는 전략상 중요한 장소로 북쪽으로는 삼랑진과 양산으로 연결되는 장소에 위치하고 있다. 선조 26(1593)년 죽도왜성의 지성으로 신답왜성과 함께 과도직무(鍋島直茂)부자가 축조한 것으로 알려져 있다.

마사왜성은 죽도왜성으로부터 약 20km 서북쪽에 위치하며 해발 50m 정도의 주곽이 되는 야산 정상에서부터 동, 남, 서쪽의 아래쪽으로 단차를 두었는데 북쪽에는 엇갈림식 호구가 보이고 있으며 북쪽으로 내려오는 경사면 동·서 양단에 가로 1m, 높이 1m 정도 토성벽이 확인된다.

남쪽으로는 호구로 추정되는 세 개의 개구부가 확인된다. 신답왜성과 함께 대부분의 성벽이 토성으로 축조되어 있다.

㊳ 추화산성

▶ 경상남도 기념물 제94호(1990.01.16 지정)

▶소재지 : 밀양시 교동 376-1 일원

▶유적현황

경상남도 밀양시 해발 243m의 추화산 산마루에 있는 돌로 쌓은 성으로, 밀양읍성으로부터 동쪽으로 약 2㎞ 지점에 있다. 추화산성은 신라가 가야와 낙동강을 사이에 두고 대치하던 시대에 만들어진 것으로 보이는 삼국시대 초기의 산성터로 추정된다.

성의 둘레는 1430m이고, 성의 구조는 동, 서, 남에 문터가 있고 북쪽 계곡의 평지에는 우물, 연못 부속건물들이 있었던 것 같다. 추화산 서·북부 정상에는 봉수대가 있는데 적의 침입이 있을 때에는 군사적 고지이면서, 주변의 주민과 군사들에게 적의 침입을 알리는 기능을 하였던 곳이었다.

성안에서 기와 조각, 토기 조각, 분청자기·백자조각들이 발견되었는데, 추화산성은 처음에는 읍성으로 사용되었을 가능성이 많으나, 읍성이 현재의 밀양시내에 쌓아지면서 산성으로서 기능을 했을 것으로 보인다.

㉟ 가곡동성지

▶소재지 : 밀양시 가곡동 일원

▶유적현황

밀양시의 가곡동·활성동·삼랑진읍 숭진리의 경계산인 표고 약 390m의 산의 정상부에 남아 있는 석성이며 자씨산성(慈氏山城)이라고도 불리운다.

남으로 낙동강이 내려다보이는 이 성은 기록에 남아 있지 않아 정확한 축조연대는 알기 어려우나 성내에서 발견되는 사방격자문토기편과 적갈색 기와편 등의 유물로 보아 고려시대에 주로 사용되었던 성으로 추정된다. 성내에는 아직 동문지와 북문지, 그리고 연못지가 남아 있다.

성의 둘레는 약 1,500m, 높이 3m, 폭 1.5m인데 석축은 대부분 무너졌으나 동남쪽이 비교적 양호하게 남아 있다.

㊵ 낙동성지

▶소재지 : 밀양시 삼랑진읍 삼랑리 일원

▶유적현황

낙동강과 남천강의 합류점에 있는 소형 석축성으로 김해군 생림면의 고성과 마주보고 있다.

성은 낙동강을 조망할 수 있으며 동쪽으로 일부 석축이 남아 있으나 상태가 좋지 않다. 이 성은 산의 정상부에서 아래서 고분군이 발견되고 있는데 이 고분군에서 발견되는 토기편으로 보아 이 성은 약 3~4세기경 축조되었을 가능성이 있다.

⑪ 양산 신기리산성

▶사적 제97호(1963.01.21 지정)

▶소재지 : 양산시 신기동, 호계동, 북정동 일원

▶유적현황

해발 232m의 산성봉 정상일대를 돌로 쌓은 성으로 서낭산에 있어 서낭산성이라고도 불리운다.

대부분 무너졌으나 둘레 2.6㎞, 높이 1m 정도가 남아있다. 『삼국사기』에 의하면 신라가 낙동강을 통해 침입하는 왜구를 막기 위해 양산에 성을 쌓았다는 기록이 있다. 이러한 기록과 성 안에서 신라 토기조각이 발견되는 점으로 보아 신라시대에 축성된 것으로 보고 있다.

성의 남쪽에는 이 산성과 규모가 비슷한 북부동산성이 있어 쌍성의 형태를 이룬다. 서낭산에는 양산 부부총으로 유명한 6세기경의 신기리 무덤들이 흩어져 있어 이 일대가 신라시대의 중요한 곳으로 여겨진다.

⑫ 양산 북부동산성

▶사적 제98호(1963.01.21 지정)

▶소재지 : 양산시 북부동, 남부동, 중부동, 다방동 일원

▶유적현황

해발 195m의 동산의 꼭대기 부근에 만들어진 돌로 쌓은 산성이다. 지금은 성곽과 성벽 모두 파괴되고 허물어진 상태로 남아있다.

언제 성이 만들어졌는지 정확한 연대는 알 수 없으나, 신라 때 낙동강을 따라 수도 경주로 침입하려는 일본인을 막기 위해서 처음 쌓은 것으로 여겨진다.

양산의 시가지를 발 밑에 두고 멀리 낙동강까지 한눈에 바라볼 수 있는 좋은 곳에 자리 잡고 있다. 비록 무너진 상태로 남아있지만 성이 만들어진 당시 성의 규모와 구조를 아는데 중요한 자료가 되는 곳이다. 성의 북동쪽에는 이 산성과 비슷한 신기리산성이 있어 쌍성의 형태를 이루고 있다.

근처에 고분군과 양산 패총이 있어 이 일대가 신라시대의 중요한 곳으로 여겨진다.

㊸ 물금 증산리왜성

▶경상남도 문화재자료 제276호(1998.11.13 지정)

▶소재지 : 양산시 물금읍 물금리 산38-1

▶유적현황

낙동강 하구로부터 20km떨어져 낙동강의 본류와 양산천이 만나는 물금역의 남동 쪽 증산(표고 133m) 정상에 축조되었다.

정상 부근 왜성의 성역은 85,937평으로 남서쪽 전체가 포함된다. 산의 정상을 깎고 석축을 쌓아 본환을 축조하였으며 지형에 따라 동·서 2개소에 성을 쌓고 양쪽으로 통할 수 있도록 하였다.

성벽은 대체로 1~2m로 높게 남아 있지 않으며, 석재는 자연석과 거친 할석을 이용, 잔돌끼워 난적쌓기를 하였다. 성벽 우각부의 축조는 입석의 모서리를 맞추어 쌓는 방법이 주로 확인되며, 긴 면과 짧은 면을 서로 엇갈리게 조합하는 방법도 일부 확인된다. 면적 284,089㎡, 둘레 1.5km의 왜성으로 왜장 흑전장정(黑田長征)이 축성한 것으로 알려져 있다.

㊹ 구포왜성

▶부산광역시 기념물 제6호(1972.06.26 지정)

▶소재지 : 부산광역시 북구 덕천동 산93외 17필지

▶유적현황

부산광역시 북구 구포동 일원에 위치한다. 임진왜란 때 왜장 소조천륭경(小早川隆景)와 립화종무(立花宗茂) 등이 김해와 양산 사이의 연락을 하기 위하여 쌓은 성으로 김해왜성의 지성으로 알려져 있다. 일명 의성, 감동포성이라고 하며 구법곡의 진이라고도 하는데 면적은 약 1,800평에 달한다.

남해고속도로로 연결되는 북부산고속도로와 경부선철도가 만나는 교차점에 있는 해발 75.7m의 소구릉에 위치하는데 이곳은 서남쪽으로 뻗어 내린 금정산의 한 지맥이 끝나는 지역으로 서쪽으로는 낙동강을 끼고 있어 선박이 정박할 수 있으며, 멀리 죽도왜성과 마주하고 있는 전략상의 요충지이다.

왜성은 북쪽으로 굴절을 설치하여 금정산 쪽의 능선을 차단하고 구포 쪽과 낙동강으로 연한 서쪽으로 뻗은 능선에 위치하고 있다. 지성이 위치한 구포 쪽으로 뻗은 능선은 북부산고속도로로, 서쪽은 현재 양산으로 통하는 국도로 인하여 단절된 상태이다.

산의 정상부에는 주곽을 중심으로 남동쪽과 서북쪽, 그리고 북쪽에 5개의 곡륜과 주곽부와 정상 아래의 4개의 곡륜을 배치하고 있다. 성벽은 자연할석을 이용, 잔돌끼워 난적쌓기를 하였고, 성벽 모퉁이는 긴 면과 짧은 면을 서로 엇갈리게 조합하였다.

주곽은 낙동강과 주변의 상황을 잘 파악 할 수 있는 곳으로 서쪽으로 멀리 죽도왜성이, 북쪽으로는 호포리왜성지가, 동쪽으로는 동래로 넘어가는 만덕고개 쪽이 조망된다.

㊺ 죽도왜성

▶부산광역시 기념물 제47호(1999.03.09 지정)

▶소재지 : 부산광역시 강서구 죽림동 787일원

▶유적현황

서낙동강변에 위치하며 해발 47.5m의 오봉산 봉우리를 중심으로 본성이 축조되어 있으며, 가락초등학교 너머 서쪽으로는 지성으로 추정되는 유구가 잔존하고 있다. 이곳은 김해평야를 한눈에 바라볼 수 있고, 배를 정박시킬 수 있는 전략적 요충지이다. 이 성은 선조 26(1593)년 임진왜란 시 왜장 과도직무(鍋島直茂) 부자가 쌓은 것으로 둘레 약 1,200여 m이다.

성은 강변의 독립야산을 이용하여 산꼭대기를 3단으로 깎아 동서 460m, 남북 100m의 성벽을 이중으로 쌓았다. 성벽은 대체로 5~8m의 높이로 쌓았고 화강암과 잡석제의 자연할석을 이용, 난적쌓기를 하였다.

요소 요소에 성벽에 굴곡(橫矢掛り)을 주거나 치를 두어 전투에 유리하도록 되어 있다. 성벽의 상부 너비는 280cm 정도이다. 산꼭대기의 중앙에 아성을 두었고 그 아래쪽에는 동쪽으로 승형(枡形)의 호구가 있으며, 호구와 접하여 약간 높은 대지가 형성되어 있는데, 천수각지로 추정된다. 이 주곽의 동쪽으로 곡륜이 축조되어 있는데 현재 문수암이 들어서 있으며 주변에서 많은 기와편이 채집된다.

주곽의 서북쪽 끝에는 노대(櫓臺)가 배치되어 있으며 노대와 연접하여 높은 대지가 형성되어 있다. 이곳의 서쪽으로 2개의 곡륜이 계속되는데, 그 양쪽의 아래쪽에도 외곽을 둘러 곡륜을 쌓았다. 주곽의 서쪽으로 2번째 곡륜에는 외곽으로 통하는 호구가 있으며 각 곡륜으로 통하는 호구에서는 직경 1~1.5m크기의 대형의 경석도 보이고 있다.

남쪽과 북쪽의 외곽은 대체로 등고선과 나란히 축조되었으며 주곽과 마찬가지로 공동묘지로 사용되고 있으며 모두 계단상의 지형을 이루다가 바깥쪽으로 급경사를 이루고 있다. 주곽의 동쪽 곡륜의 외곽에는 노대가 2곳에 배치되어 있으며 밖으로는 강변의 선창까지 연결되었던 것으로 추정된다.

서쪽의 외곽으로도 지형상 수굴(水堀)이 있었던 것으로 추정된다. 서북쪽 끝에는 내승형의 대형 호구가 양호하게 남아 있다. 본성의 서쪽 끝에도 노대가 남아 있는데, 노대의 밖으로는 폭 5m 정도의 굴절이 이 남북으로 나 있어 지성과의 연결을 차단시키고 있다.

지성의 호구부분은 현 가락초등학교의 서남쪽 민가지역으로 대형의 성석이 확인되었다. 지성의, 주곽부는 서쪽으로 길게 대지상을 이루고 있어 밭으로 경작되고 있다, 주곽의 중심부에는 윗면이 수평을 이루는 암반이 형성되어 있어 건물지로 추정되며 외벽 쪽으로는 매몰되어 있는 석루가 보이고 있다. 주곽의 서남쪽과 동북 아래쪽은 계단상의 지형을 이루며 서쪽으로 길게 요곡륜상을 이루고 있으며 주곽부의 서쪽 끝에도 2~3개소의 곡륜이 조성되어 있다. 북쪽 외곽에 호구로 보이는 모서리도 보이고 있어 왜성의 범위는 지성의 서쪽 끝 민가가 있는 부분까지 포함된다.

2. 무형문화유산[2]

1) 영산쇠머리대기 (靈山쇠머리대기)

▶중요무형문화재 제25호(지정일 1969.02.11)
▶전승지역 : 경남 창녕군 영산면일원
▶전승주체 : 영산쇠머리대기보존회회원과 창녕군 영산면 지역 주민

① 개요

경상남도 창녕군 영산면에서 정월대보름에 나무로 만든 쇠[牛] 형태의 구조물을 서로 맞부딪치면서 승패를 겨루는 남성 중심의 집단놀이 형태이다. 원래 정월대보름에 놀던 놀이를 지금은 영산삼일민속문화제 시기에 영산줄다리기와 함께 삼일절 전후로 실시한다. 원래 '나무쇠싸움', '쇠머리댄다', '목우붙이기', 또는 '목우전(목우전)', '목우희(목우희)' 등의 이름으로 불려오다가 국가중요무형문화재로 지정되면서 '영산쇠머리대기'가 되었다.

② 유래와 역사

시작된 정확한 시기는 알 수 없지만, 언제부턴가 영산면에서는 동부와 서부로 나뉘어 나무소[木牛] 형태의 구조물을 만들고 여기에 새끼로 묶어 마을 젊은이들이 서로 맞부딪치면서 '나무쇠싸움'을 벌였다. 이때 밀리거나 또는 나무소가 땅에 내려앉는 것으로 승패를 갈랐다.

놀이의 유래에는 몇 가지 설이 있다. 풍수설에 의해 두 산의 살기를 막기 위한 산살설(山煞說), 동헌 방향의 살을 막으려는 지살설(地煞說), 화기제압설, 그리고 골목줄싸움의 이싸움놀이 유래설 등이 있으며, 기타 군사훈련용, 소의 방목 장려설 등도 있다.

첫째, 산살설은 영산면 주위에 있는 산의 살을 막기 위해 시작했다는 설이다. 영산에는 진산인 영축산(靈築山 혹은 靈鷲山, 682m)이 있고, 그 옆에 작약산(勺藥山, 함박산이

---

2) 다음의 자료를 중심으로 요약·정리하였다.
   『昌寧 新堂山城』, 창원대학교박물관, 창녕군, 2007 ; 『慶南의 城郭』, 국립가야문화재연구소, 2008 ; 『慶南의 倭城』, 창원대학교 경남학연구센터, 2009.

라고 부르기도 한다)이 마주 보고 있다. 풍수상 두 산이 마치 성난 황소 두 마리가 서로 마주 보고 싸울 듯한 기세로 서 있어서 산에 산에 살기(煞氣)가 서렸다고 여겼다. 그래서 옛사람의 말에 그 산의 살기를 풀어주어야 고을이 평안하다는 설에 의해 이 놀이가 시작되었다는 것이다.

둘째, 지살설인데 고을 동헌의 방향을 보면 축좌 방향이어서, 소가 억눌림을 당하는 형국이므로 지살을 풀어주어야 한다는 것에서 유래한다. 영산현의 치소가 현 시장터에 있었는데, 동헌 자리가 축좌(丑座)방향이어서 소가 억눌림을 당하는 형국이므로 지살(地煞)을 풀어주지 않으면 소가 잘되지 않고, 농사를 제대로 지을 수 없다고 알려져 왔다. 그래서 소모양의 나무구조물을 만들어 놀이를 하게 되었다고 한다.

셋째, 화기제압설은 1926년 일제강점기에 조선총독부와 일본인학자 무라야마지준[村山智順]의 주도하에 발행한 『조선의 향토오락(朝鮮の鄕土娛樂)』에 근거를 두고 있다. 즉 "정월에 마을을 동편과 서편으로 나누어, 각 마을에서 큰 목마를 만들어 서로 밀면서 승패를 겨루는데, 매 3년마다 열린다. 유래는 먼 옛날 영산에 화재가 자주 일어나 화재신에게 제사하기 위해서 했던 행사이다."라고 기록되어 있다. 이로 보아 쇠머리대기는 화재가 자주 일어나 화마를 억제하기 위해 제사지내면서 놀았던 놀이라는 것이다.

넷째, 이싸움놀이 유래설은 '이싸움'이란 영산에서 오래 전부터 행해 오던 '골목줄싸움놀이'에서 젊은이들이 줄의 머리 아래에 서까래를 베고 나와서 상대방의 줄과 맞부딪힌 데서 전래되었다는 것이다.

다섯째, 조선 젊은이들을 훈련시키기 위한 방법으로 쇠머리를 만들어 메고 높은 성문이나 성벽을 공격하기 위한 군사훈련에서 시작되었다는 설도 있고, 목우(木牛)를 장려하기 위하여 쇠머리를 만들어 논 것이 확대되었다는 설 등이 있다.

이 놀이는 일제강점기인 1930년대 중반 이후 약 30년간 중단되었다가, 1968년에 다시 복원되었으며, 1969년에 중요무형문화재로 지정되었나. 엉산쇠머리대기와 유사한 놀이로 강원도 춘천과 경기도 가평의 차전놀이, 안동 차전놀이가 있다.

③ 놀이공간

놀이가 예전에는 정월 대보름날 낮에 영산의 교리마을 앞 논에서 벌어졌다. 초기 보유자인 조성국은 자신의 저서 『영산 줄다리기, 쇠머리대기』에 의하면, 교리 앞의 논벌은 영산의 진산인 영축산과 함박산이 마주쳐서 골짜기이 물이 흘러내리는 부분에 위치하여 두 산의 모습을 잘 볼 수 있는 장소이기 때문에 두 산의 살을 풀어 줄 수 있다는 위치라는 것이다.

이 장소는 나중에 양파재배지로 바뀌게 되면서 놀이장소는 영산중학교 운동장으로 옮겨졌다. 그러가다 1990년에 약 3천 평의 공간을 별도로 확보하여 영산무형문화재 놀이공간이라 하여 별도 놀이마당에서 축제를 벌이고 있다.

④ 놀이주체와 편가르기

전체 행사는 3·1민속문화향상회가 주도하지만, 면내 각급 단체, 주요 관공서가 역할을 분담하여 적극 참여한다. 실제 진행은 동서민속놀이추진본부가 주도하는데, 여기에서는 줄을 직접 제작하고 놀이를 이끈다. 이 조직은 전통적으로 대보름축제의 조직적 기반이며, 현재도 쇠머리대기와 줄다리기 관련 보존회와 밀접한 관련 속에서 일을 진행한다. 그리고 실제적인 일선 행동조직으로 주로 면내 이장 중심으로 구성되어 있다. 그리고 여기에서 추진위원장을 선출하고 추진위원회는 7~8일 전에 대장·중장·소장 등을 선출한다.

편가르기는 영산 면내를 중심으로 동서로 나누는데, 동부는 성 안쪽에 위치한 성내리와 교리, 서부는 성 밖의 서리와 동리로 구분한다. 이것은 예전 영산현의 읍치에 근거한 것이다. 하지만 근래에는 창녕군 단위로 확대되어 동부는 창녕군의 북부에 해당하는 창녕읍, 성산면, 고암면, 대지면, 이방면, 대합면, 유어면, 서부에는 계성면, 장마면, 남지읍, 도천면, 길곡면, 부곡면이 해당된다.

장군의 선정은 지역에서 인망이 두텁고, 경비의 일부를 부담할 수 있는 사람 중에서 선정한다. 장군으로 선출되는 것을 큰 명예로 인식하며, 과거의 장군들은 놀이마당에 개인 비문을 세울 정도로 추앙받기도 했다. 장군에는 대장, 중장, 소장이 있는데 이들은 지신밟기에 참여하고, 부정을 막기 위해 장군 집 대문에 금줄을 치고 황토를 뿌리며, 목욕재계하고 외부인의 출입을 막는다.

장군에 추대되면 마을의 당산에 간단한 제물을 준비해서 장군으로 추대되었음을 알린다. 그리고 대장집 마당에 중장과 소장을 비롯해 마을 주민들이 모여, 서낭대를 집안에 세우고 역시 제물을 준비해서 서낭고사를 지낸다. 장군은 추진본부에서 장군복을 받는데, 전립과 홍색 협수, 노란색 쾌자, 노란색 띠, 흰색 머리띠, 목화(가죽장화로 대신), 수염 등을 받는다. 장군복은 일제 강점기부터 1997년까지 한말의 서구식 군복을 입었으나, 이후 석주선박물관의 고증을 거쳐 조선시대의 구군복(具軍服)으로 바꾸었다. 대체로 동부는 홍색, 서부는 청색의 군복을 입는다. 장군기를 보면 동부의 경우에 대장은 붉은 색 바탕에 동부 대장기라 썼으며, 중장은 청색 바탕에 동부 중장기, 소장은 노란 바탕에 동부 소장기라 쓰여 있다.

⑤ 놀이방식

놀이 당일에 양쪽 진영에서는 풍물패를 앞세우고 동네를 돌며 춤을 추면서 기세를 높인다. 이때 영산 지역뿐만 아니라 창녕군, 그리고 외부 풍물패도 같이 참여한다.

우선 힘센 장정들이 서낭대를 앞세우고 대장집에 모여 출진 준비를 하고, 나무소가 있는 동서부의 집결지로 모인다. 그리고 출진에 앞서 나무소 앞에서 고사를 지내는데, 떡시루와 돼지머리, 주과포를 준비하고 술을 올리며 승리와 안전을 기원하는 축문을 읽는다. 내용은 장정들의 안전, 마을의 평안, 농사의 풍요 등을 기원한다. 끝으로 음복을 한다. 그리고 출진하기 전에 풍물에 맞추어 한바탕 춤을 추면서 앞놀이를 거행한다.

이어 장군들은 나무소에 올라 기세를 올리며 풍물패에 맞추어 한바탕 신명을 돋운 다음에 각종 기를 앞세우고 출진을 한다. 행렬순서는 앞에 각종 기가 앞장서고, 이어서 각종 풍물패가 가고, 그 뒤에 나무소가 뒤따른다. 한편 수많은 지역민과 참여자들이 영기를 손에 들고 그 뒤에 따른다.

장군들은 나무소에 올라타고 은빛 칼을 쳐들고 지휘한다. 50여 명의 장정들이 흰바지 저고리에 머리에 흰색 수건을 동여매고 나무소를 어깨에 둘러맨다. 양측은 영산면내 거리를 지나 연지 앞 사거리에 집결해 같이 놀이마당을 한다. 주민들과 참여자들이 대거 춤을 추며 뒤따른다.

쇠머리대기를 하기 전에 전초전의 성격으로 진잡이와 서낭대 싸움을 한다. 진잡이는 양편이 서로 기세를 올리면서 사기를 북돋우는 의미가 있고, 참여한 사람들을 흥분시키는 역할을 한다. 서낭대 싸움은 양쪽을 상징하는 서낭대를 서로 맞부딪쳐서 한쪽이 넘어지거나 부러지는 쪽이 지게 된다. 이곳의 서낭기는 당방울이 없고, 서낭기가 대신 매달려 있으며, 오곡의 주머니를 매단다. 이미 섣달 그믐에 서낭대를 세우고 고사를 지내며, 동사의 처마에 세워두었다가 놀이 당일에 가지고 나온다.

이후 본놀이가 시작된다. 대장의 지휘하에 나무소를 장정들이 메고 서로 마주 보고 다가갔다가 떨어지고 또한 전후 좌우로 돌면서 탐색전을 벌인다. 대장은 칼을 휘두르면서 큰 소리로 외치면서 지휘를 하면, 이에 따라 나무소를 맨 50여 명이 신속하게 움직이며, 주위 사람들은 같이 함성을 질러댄다. 이때 나무소를 맨 장정들은 상대방을 야유하는 노래를 주고 받는다.

> 오왜 증산아, 오왜 증산아
> 얼시구 절시구, 오왜 증산아
> 붙어보자 붙어보자, 오왜 증산아
> 동(서)부는 안 될끼다, 오왜 증산아
> 서(동)부는 사대부라, 오왜 증산아
> 동(서)부는 물개똥, 오왜 증산아
> 동(서)부 쇠머리 물개똥, 오왜 증산아
> 서(동)부 쇠머리 꽃이 핀다, 오왜 증산아

이어 두 나무소가 서로 맞부딪치는데, '쿵!'하는 둔탁한 소리와 함께 거대한 구조물이 충돌하면서, 나무소가 위로 솟구친다. 그러면 대장들이 서로 상대방의 나무소 쪽으로 다가가서 대장끼리 몸싸움이 일어나게 된다. 이때 나무소의 앞에 있던 청년들은 얼른 빠져 나오며, 뒤에 있는 사람들은 나무소를 힘껏 받쳐 든다. 양쪽이 힘을 가하자, 드디어 '우지직!' 하는 소리에 따라 균형이 무너지면서 한쪽 편이 밀리게 되는데, 승패는 구조물이 밀려가거나, 또는 균형이 무너져 부서지거나, 아니면 바닥에 닿게 되면 지게 된다. 이때 사람들이 상대방 나무소에 가서 찍어 누르기도 하는데, 각종 풍물소리와 함성으로 주이가 대단히 소란하다. 승부에 이긴 편은 대장이 소를 타고 의기양양하게 돌아오며, 한바탕 춤을 추고 놀면서 잔치를 벌인다.

⑥ 놀이의 의미

경상남도 창녕군 영산면 지역에서만 전승되는 독특한 대동놀이다. 정월대보름 놀이로서 동부와 서부로 나뉘어 전 면민이 주도적으로 대거 참여한다. 지역민들이 중심이

되어 나무소 제작에 참여하며, 경비의 대부분도 지역민들의 추렴과 기부 등으로 이루어
진다. 따라서 진정한 의미에서 지역민들이 주도하는 지역민들의 축제라고 할 수 있다.
뿐만 아니라 근래에는 창녕군 단위로 확대되고, 외부의 다양한 집단이나 대학, 구경꾼
들이 자발적으로 참여하여 벌이는 대동놀이로 거듭나고 있다.

특히 영산쇠머리대기와 영산줄다리기는 일찍이 한국 대학축제의 대동놀이로서 선도
적 역할을 수행했으며, 개별화되는 현대 사회에서 사람들로 하여금 공동체 의식의 중요
성을 일깨우는 역할을 하고 있다.

2) 영산줄다리기(靈山줄다리기)

▶중요무형문화재 제26호(지정일 1969.02.11)
▶전승주체 : 영산줄다리기보존회 및 영산면민, 창녕군민
▶전승지역 : 경상남도 창녕군 영산면 일대

① 개요

영산줄다리기는 경남 창녕군 영산면 일대에서 정월대보름에 이루어지며, 동서로 나
누어 당기는 암수 쌍줄다리기 형태이다. 1964년부터 삼일민속문화제라는 이름으로 영
산쇠머리대기와 함께 3월 1일 전후로 놀이가 벌어지며, 현재 지역민이 주체가 되어 대
거 참여하는 우리나라에서 가장 신명나는 대표적인 축제이다.

② 유래와 역사

줄다리기는 정월 대보름에 전국적으로 전승되고 있는 대표적인 집단적 세시놀이다.
줄은 보통 짚으로 엮지만 지역에 따라서 칡을 사용하기도 한다. 이 놀이는 벼농사를 짓
는 도작문화권과 밀접한 관련을 지니고 있어 우리나라 뿐 아니라 벼농사를 짓는 동남아
시아 각 지역, 중국 양자강 남부, 일본의 남쪽 도작농업지역에서 전승되고 있다.

우리나라에서 줄다리기가 행해진 것이 언제인지는 분명하지 않다. 15세기에 편찬된
『동국여지승람』에 처음으로 논농사 비중이 큰 중부이남 지역에서 성행한 놀이로 기록
되어 있지만, 이보다 이전부터 전승되었을 가능성이 높다. 현재 국가지정 무형문화재로

지정된 줄다리기는 경남 창녕의 영산줄다리기와 충남 당진의 기지줄다리기이다.

영산줄다리기의 유래에 대해서는 문헌기록에 남아 있지 않지만 줄다리기의 유래는 수백 년을 거슬러 올라간다고 볼 수 있다. 영남과 호남지역이 줄다리기의 집중 분포지역이라는 점에서 영산의 줄다리기도 우리 줄다리기의 연원과 함께 했을 것이다. 영산에서는 '줄땡기기'라 불렀고, 갈전(葛戰)이라는 기록도 있다. 지역주민들은 "해마다 줄을 다려야만 시절이 좋고 풍년이 든다."고 믿어 이 놀이를 즐겼다.

영산줄다리기는 1969년 2월 11일에 국가중요무형문화재 26호로 지정되었다. 초기 기능보유자는 조성국(1919~1993)이며, 25년 가까이 영산 줄을 주도적으로 이끈 인물이다. 그의 사후에 김종곤이 1994년부터 2008년까지 보유자로서 보존회를 이끌었다.

영산줄다리기는 1983년 고려대, 이화여대, 서울대 등의 대학축제에서 대동제로 등장했다. 보유자인 조성국과 보존회 회원들은 1983년부터 1999년 5월까지 총 136회에 걸쳐 대학축제를 지도했다. 2000년대 와서도 이화여대, 고려대에서는 축제 때에 줄다리기가 지속되고 있다. 이 외에 각 지방자치단체, 지역축제, 각급 단체, 학교 등에서 줄다리기를 직접 지도하거나 시범을 보였다. 2000년대 와서 일본과 교류를 하고 있으며, 2009년부터는 중국의 흑룡강성 상지시조서족중학, 2010년에는 길림성 용정시 개산툰진 광소촌 어곡전에서 연행되기도 했다.

③ 편가르기와 승패

영산은 동부와 서부로 나뉘어 줄을 당긴다. 영산읍성을 중심으로 동부는 성 안쪽에 위치한 성내리와 교리, 서부는 성 밖의 서리와 동리로 구분한다. 이것은 예전 영산현의 읍치에 근거한 것이다. 하지만 근래에는 창녕군 단위로 확대되었다. 영산면 이외의 편가르기는 마을 위치에 따라 동서로 구분되는데, 현재는 구마고속도로를 기준으로 동서로 나뉜다. 동서 양편으로 나뉘는 것은 풍흉을 점치는 점풍(占風)과 연결된다. 동서는 각각 남성과 여성을 상징하며, 여성인 서부가 이겨야 농사에 좋다고 생각했다.

쌍줄이 상징하는 것처럼, 영산줄다리기도 음과 양의 결합에 의한 성행위를 상징한다. 그리고 암줄과 수줄을 연결해서 가운데에 비녀목을 꽂는 일 자체를 주민들은 성행위로 인식한다. 그러므로 줄다리기는 풍요를 기원하는 생산성을 표현한 것이며, 암수결합을 주술적으로 놀이화한 것이다. 실제로 근래에도 암수줄에 비녀목을 결합하기 전에 암줄

편에 해당하는 서부의 대장과 수줄편인 동부의 대장 사이에 "여자가 먼저 갖다 대는 법이 어디 있느냐? 너희가 이리 오이라." 하면, "요지음 세상이 어디 그러냐?" "어떤 남녀가 대낮부터 하느냐?"라는 말을 주고 받는다.

④ 놀이공간

영산줄다리기는 양력 3월 1일을 전후해서 전야제 및 개막식→쇠머리대기→골목줄다리기와 주변적 부대행사→줄다리기의 순으로 진행된다. 줄을 엮는 장소는 동부는 영산시장 앞길에서, 서부는 동리 마을회관 앞에서 실시한다. 한 곳에서 줄을 엮고 줄을 보관하며, 줄고사를 지낸다.

줄을 당기는 장소는 예전에는 넓은 보리밭에서 했으나, 양파재배로 공간이 없어지게 되면서 영산중학교 운동장으로 바뀌었다. 이후 지금은 영산무형문화재 놀이공간이라 하여 별도의 넓은 놀이마당을 확보해서 시행하고 있다. 축제에 많은 사람들이 참여하면서 놀이공간 주위에는 난장이 자리한다. 현재는 영산면내 전체에 난장이 분산되어 설치되어 있다.

⑤ 줄 제작과정

줄을 제작하는 경비는 전통적으로 고을 자체에서 해결했다. 영산면민이 정초에 지신밟기를 해서 주민들의 자발적인 찬조에 의해 염출되었다. 이러한 전통은 국가지정과 보존회가 결성된 이후에도 크게 변하지 않았다.

줄의 크기는 동부와 서부가 각각 30가닥을 80m길이로 제작한다. 줄은 동부와 서부가 각각 제작한다. 처음에 새끼를 10여 가닥을 꼬아서 지름 10여 ㎝ 정도의 바를 만든다. 그리고 이것을 길바닥에 나란히 길게 펴놓고 다른 새끼를 옆으로 누벼 고정시킨다. 그 뒤에 멍석말이를 하듯이 한쪽에서부터 접어 굴리면서 지름이 50-60㎝ 굵기의 줄을 만든다. 이때에 줄에 물과 소금을 뿌려 단단하게 만든다. 각기 동네 줄을 모아서 큰길에 길게 펴고, 이것을 새끼줄로 엮고 둥글게 둘둘 만 다음에 반을 접어서 한 줄로 만든다. 그리고 이를 다시 반으로 접어 묶는데, 두 가닥의 줄이 접힌 부분이 큰 고리가 된다. 나중에 이 부분에 비녀목을 지른다. 목줄은 타원형으로 구부리는데, 암목줄의 길이는 약 6m, 수목줄의 길이는 약 5m 정도이다. 암수목줄에 끼우는 목나무는 길이 260㎝, 지름

25㎝ 정도이다.

몸줄 자체는 사람이 당길 수 없으므로 이에 벗줄(곁줄)을 매는데 보통 벗줄을 40~50가닥 정도 준비한다. 벗줄은 길이 5m, 둘레 25㎝ 내외이며, 대략 약 1m 간격으로 본줄에 매단다. 꽁지줄도 진잡이 때에 60가닥의 끝줄을 풀어서 부채살처럼 펴는데, 길이는 20~30m 정도이다.

⑥ 놀이과정

줄이 완성되면 동부와 서부로 나뉘어 줄고사를 지낸다. 줄머리 앞에 제물을 차리고 술을 올리고, 이어 고을의 평안과 사고 없이 행사가 진행되기를 기원한다. 유교식 제의와 유사한데 보존회장과 각편의 대장이 주도한다.

속설에 의하면 완성된 줄을 여자가 넘게 되면 아들을 낳게 되지만, 줄다리기 승부에서는 진다고 알려져 있다. 그래서 여자들이 줄을 함부로 넘지 못하게 하기 위해 불침번을 서기도 한다.

줄다리기의 놀이 진행은 골목줄다리기→이싸움→서낭대싸움→진잡이→줄다리기 순으로 진행된다. 골목줄다리기는 본줄 당기기 전날에 실시한다. 영산 읍내의 골목에서 동부와 서부의 아이들이 편을 나누어 당긴다. 과거에는 정월 초순에 남자아이들이 골목줄다리기를 하기 위해 집집마다 다니면서 짚을 걸립하여 줄을 만들었다. 그리고 완성된 줄을 어깨에 메고 골목을 누비다가 이웃 마을 아이들의 줄과 서로 부딪치며 격렬한 앞놀이를 하는데 이것이 '이싸움'이다.

진잡이는 줄다리기 전에 양편이 서로 기세를 올리는 전초전이다. 요즘에 와서는 진잡이 자체를 하지 않고 다만 서낭대와 농악대를 앞세운 동서부 사람들이 각각 행진을 벌이고 돌아와서 경쟁적인 놀이판을 벌이는 것으로 대신하고 있다.

줄다리기의 본격적인 결전은 암수줄 고리에 통나무를 끼우는 것으로 시작하며, 오후 늦게 결판을 한다. 줄을 당기기 전에 양편에서는 신명나는 놀이판을 경쟁적으로 벌인다. 양편은 서로 경쟁적으로 흥을 풀어가며 놀이판을 벌이는 데, 지역민들은 오색의 작은 영기를 한 손에 들고 흔들면서 춤을 추며 본격적인 신명을 풀어 제낀다. 이 장면이 영산줄다리기가 한국의 축제 중에서 아직도 가장 신명나는 축제로 남아있는 이유이다.

줄을 당기기 전에 양쪽 줄 사이에 끼워 넣은 운반용 통나무를 제거하고 본줄에 감았던 벗줄을 푼다. 동부의 수줄과 서부의 암줄이 점차 거리를 좁혀 오면 중간에 비녀목을 끼우는데, 이때 양쪽 대장은 성행위와 관련된 다양한 육담을 주고 받는다.

암수줄이 결합되면 총성 신호에 의해 양쪽이 '워야차' 함성에 따라 본격적으로 줄을 당긴다. 결전은 대략 오후 4시를 넘기는데, 오랜 준비 기간에 비해 실제 본줄을 당기는 것은 10여 분 남짓이며 여기서 승패가 결정된다.

승부가 결정되면 암수줄이 결합된 부분을 끊어간다. 줄의 결합부분이 풍요를 가져다 준다고 믿었기 때문이다. 특히 이긴 편의 줄을 잘라가기 위해 이긴 쪽의 줄 주위로 사람들이 몰려든다. 이 줄을 지붕에 두면 집안이 잘되고, 소에게 먹이면 병이 없어진다는 속설이 있다. 줄을 대체로 용으로 인식하기 때문에 줄을 버리지 않고 당산을 가져가 감거나, 태우거나, 논에 거름을 쓴다.

⑦ 영산줄다리기의 중요성

줄을 만드는 과정에서 줄을 단단하게 하기 위해 많은 사람들이 동원되어 가지줄을 밟고 줄의 이동을 위해 곁줄을 감고 푸는 전통적 방식이 잘 전승되고 있다. 영산줄다리기는 대학축제와 밀접한 관련을 맺고 있어, 면 단위 줄다리기의 한계를 넘어 사회문화적인 중요한 의미가 있다. 학술적으로도 동아시아뿐만 아니라 동남아시아 여러 나라의 다양한 줄다리기와 비교연구를 수행하는데 중요한 대상이다. 아울러 영산면민이 능동적으로 참여하는 지역공동체의 가장 전형적인 모습을 보여주고 있다.

3) 함안화천농악(咸安化川農樂)

▶경상남도 무형문화재 제13호 (지정일 1991.12.23)
▶전승주체 : 함안화천농악보존회
▶전승지역 : 경상남도 함안군 일원

① 개요

화천농악은 경남 함안군 칠북면 화천리에서 전해오는 농악이다. 지신밟기와 풍농굿에 중점을 두고 있으므로 두레농악의 성격이 강하다.

② 연희시기

정초, 5월 단오, 7월 백중, 9월 그믐날, 10월 초하루, 12월 보름날에 마을 사람들이 정성을 드리거나 당산나무 주위에서 농악을 연행하였다. 정월 초삼일에는 지신밟기 매구를 친다. 이때에 마을의 흥이 많은 남녀 장정들의 참여하여 사대부, 팔대부, 포수 등으로 가장하는데 포수는 짐승의 털로 만든 모자를 깊숙이 쓴다.

③ 화천농악의 편성

기수, 치배, 잡색으로 구분되며, 기수는 영기2, 령기, 표지기, 농기로 깃발을 든다. 치배에는 호적1, 쇠 3명, 징 4명, 북 5명, 장고 6명, 소고 12명이다. 잡색은 대포수, 양반, 가장녀, 하동으로 4명이다.

농악에 사용되는 장단으로는 살풀이굿에서 춤장단으로 사용되는 살풀이장단과 길굿, 덧배기굿, 지신밟기굿, 풍년농사기원굿에 사용되는 덧배기장단, 영산다드래기숙에 쓰이는 영산다드래기장단, 호호굿에서 다양한 진법과 같이 쓰이는 호호굿장단이다.

④ 화천농악의 판굿 절차

첫째는 길굿이다. 각종 기를 앞세우고 상쇠 이하 전 단원이 덧배기장단에 맞추어 일렬로 행진하는 놀이굿이다.

둘째는 인사굿으로 관객에게 인사를 하는 과정이다. 기수와 호적은 원 밖으로 나가고, 원의 중심에는 상쇠가 서고 그 주위를 부쇠와 중쇠가 선다. 두 번째 원에는 잡색이 서고, 세 번째 원에는 소고를 비롯한 나머지 치배가 서서 인사를 한다.

셋째는 살풀이굿인데, 모든 치배들이 살풀이장단에 맞추어 원형으로 돌면서 춤을 추는 놀이굿이다.

넷째는 덧배기굿이다. 덧배기 가락에 맞추어 선잽이와 앉은잽이로 나누어 각 잽이끼리 노는 마당이다.

다섯째는 지신밟기굿으로서 사방의 지신에게 제를 지내는 것이다. 오행을 의미하며 상쇠를 중앙으로 사방에 치배를 배치하여 원을 만들어 지신을 밟는다. 사방오토지신굿이라고도 한다.

여섯째는 진놀이굿이다. 덧배기가락을 치면 편을 나누어 진을 치고 싸우는 놀이다.

일곱째는 고사리꺽기굿으로서 두줄 형태로 마주 앉으며 부쇠와 종쇠가 각조의 선두가 되어 치배의 주위를 돌아 나가면 대원들도 진을 푼다.

여덟째는 영산다드래기굿인데 가장 빠른 가락이며 원형으로 진행한다.

아홉째는 호호굿이다. 전원이 원형으로 돌면서 가볍게 호호소리를 외치면서 놀이를 한다.

열 번째는 원풍대놀이굿으로 원형으로 돌면서 乙, 之 자 등등 여러 형태로 만들며 군사제식훈련놀이를 한다.

열한 번째는 풍년농사 기원굿이다. 사각형 형태를 만들고 씨뿌리기, 모찌기, 모심기, 김매기, 벼베기, 타작, 뒤주모으기 등으로 풍년을 기원한다.

마지막 열두 번째는 각각의 잽이가 장기자랑을 한다.

⑤ 화천농악의 중요성

화천농악은 마을단위에 기초하여 오랜 시간 주민들의 삶과 함께 해온 역사성이 주목된다. 세시마다 연행되던 마을풍물로 마을의 안녕과 주민들의 화합을 이끌어내는 역할을 해왔다. 투박하지만 흥겨움을 더할 수 있는 배김가락과 맺고 푸는 춤가락이 발전하였다. 기예를 보여주기 위한 농악이 아니라 자신들이 즐기기 위한 농악으로서 농사풀이 과정은 두레농악의 전형을 잘 보여주고 있다. 1963년 전국민속예술경연대회에 경남대표로 참가하여 대통령상을 수상한 것은 그 예술적 가치가 인정되었음을 알 수 있다.

4) 의령큰줄댕기기(宜寧큰줄땡기기)

▶경상남도 무형문화재 제20호(지정일 1997.01.30)
▶전승주체 : 의령큰줄땡기기보존회
▶전승지역 : 경남 의령군

① 개요

의령일대 주민들은 200여 개가 넘는 마을에서 작은 줄을 만들어 참여했으며, 의령현감의 관아를 기준으로 물아래 편과 물위 편으로 나누어 줄 당기기를 했다. 현재의 의령군청 정문에서 남산으로 통하는 큰길을 기준으로 서북쪽 지역이 물위 편이고, 동남쪽 지역이 물아래 편이다.

매년 섣달 보름부터 약 한 달가량을 준비하여 정월 대보름에 연행된다. 승부의 관건이 되는 줄을 상대편의 해악이나 부정으로부터 지키기 위해 네댓 명의 장정이 몽둥이를 들고 밤낮으로 지키기도 한다. 사용되는 줄은 암줄과 수줄로 쌍줄이다. 줄을 만드는데 볏짚이 수백여 동이 들며, 규모는 전국 최고이다. 줄 당기기 장소는 남산천 둔치나 냇바닥이었으나, 지금은 공설운동자에서 진행된다. 2005년에는 세계에서 가장 큰 줄로 기네스북에 등재되었다.

② 유래와 역사

의령큰줄땡기기의 유래와 기원을 200여 년 이상된 것으로 보기도 하지만 증거는 없다. 의병 곽재우 장군이 기강(낙동강과 남강이 합류하는 지점)을 거슬러 올라오는 왜선을 막기 위해 나무말뚝뿐만 아니라 줄을 사용하였다는 것에 근거하기도 하지만 추측일 뿐이다.

의령주민들의 구술에 의하면 19세기 후반 무렵부터 확실히 연행되었던 것으로 여겨진다. 1910년 까지만 해도 정월대보름마다 연행되다가, 1910~1919년 사이에는 줄을 당길 수 없었다. 1919~1931년 사이에는 일제경찰의 허락을 받아 두세 차례 줄을 당길 정도로 명맥을 이어왔다. 해방 이후인 1946년에 큰 줄을 당긴 이후 두 차례 쯤 연행되었으나 한국전쟁 발발 이후 1957년에야 다시 줄을 당길 수 있었다.

1957년부터 1974년까지 의령큰줄땡기기는 특별한 일이 없는 한 매년 연행되었으며, 1975년부터는 의병제전의 부속 행사로 편입되어, 연행시기가 정월에서 4월 22일로 변경되었다. 편입 이후부터 3년간은 매년 연행하다가, 이후 격년제로 바뀌었고, 1980년대 초반에는 3년에 한번씩 줄을 당기게 되었다. 2005년 4월 22일 의령천 둔치 특별 행사장에서 의령큰줄을 길이 251m, 무게 54.5t으로 세계에서 가장 규모가 큰 '줄당기기'로 인정되어 기네스북에 등재되었다. 2011년 6월 1일 의병의 날 행사에 연행된 것이 가장 최근이며, 2014년 의병의 날에 연행될 예정이다.

③ 제작과정

각 마을에서 줄을 모으는 것으로 시작하여 작은 줄 만들기, 삼가배줄과 구가배줄만들기, 줄 옮기기, 줄 날기와 줄엮기, 줄 말기, 고 만들기와 겻줄 매기, 고 걸기와 비녀목 운반 순으로 이루어진다. 짚의 양은 각 마을별로 배당되었으며, 농가에서 형편에 맞게 내놓은 것을 모아 사용하다가, 오늘날은 짚을 구입하여 마을별로 줄을 만들고 있다.

큰줄이 완성되면 물위와 아래의 각 편은 사람을 뽑아 밤낮으로 줄을 지켰다. 줄을 당기기 전에 상대편의 줄을 해하는 사람들이 간혹 있었기 때문이다. 의령사람들은 여성이 줄을 밟거나 뛰어넘거나 걸터앉으면 부정탄다고 생각했기 때문에 여성들이 자기편의 줄에 다가서는 것을 허락하지 않았다. 또 상대편의 줄에 '사금파리'를 몰래 집어넣어 줄을 당길 때 쉽게 줄이 헤어지도록 하는 사람도 있기도 했다.

④ 편가르기와 양군의 편제

큰줄땡기기는 의령군내 주민뿐만 아니라 의령군에 접한 함안 등 인근 지역민도 참여하는 축제였다. 편은 현감의 관아를 기준으로 물아래 편과 물위로 나누었다. 오늘날 의령군청 정문에서 남산으로 통하는 큰길을 기준으로 서북쪽 지역이 물위 편이고, 동남쪽 지역이 물아래 편이다. 남강을 기준으로 월촌, 법수, 군북 등에 사는 사람들은 '물아래' 편에 속해 줄을 당겼고, 의령, 가례 , 용덕 등에 사는 사람들은 '물위' 편에서 줄을 당겼다. 편가르기는 현재 사는 곳에 의해 결정되는 것이 아니라 안태본(安胎本)에 의해 결정된다. 안태본은 태중에 있을 때부터 가지는 본관의 의미로서 조상 때부터의 고향을 일컫는다. 이 때문에 시집 온 며느리와 시집 가족들 사이에 갈등이 생기기도 하였다.

편제는 의병제전 행사의 부속 행사로 연행되기 이전에는 양편의 지도자를 '모개비 혹 모가비[某甲]'라 부르고 작은 모가비, 도유사, 유사, 소임 등의 계통조직이었다. 그러나 의병제전 부속 행사가 되면시부터는 군사편제처럼 변하였다. 물위와 물아래로 나뉘던 편의 이름은 백호군(白虎軍)과 청룡군(靑龍軍)으로 바뀌었고 모개비는 두령(頭領)이 되었다. 양군의 총책임자는 두령이며, 그 아래에 영장, 도총, 전의, 선봉, 독전, 전향, 수병 등이 있다. 백호가 물위, 청룡이 물아래의 상징이 된 이유는 두 동물이 영험하고 용맹한 동시에 백호는 산에 살며, 청룡은 물 아래 산다고 생각했기 때문이다.

⑤ 줄 당기기와 승부결정

줄당기기 전의 앞놀이는 가장행렬을 포함한 길놀이였다. 해방 전후의 길놀이는 모개비 집 앞에서부터 줄을 당기는 장소까지 수많은 사람들이 풍물패와 함께 이동했다. 물위 모개비는 소를 타고 물아래 모개비는 가마를 타고 이동했다. 물위는 남성을 물아래는 여성을 상징하기 때문이다. 그래서 물위 모개비는 사모관대를 갖춘 신랑복을, 물아래는 원삼 족두리를 갖춘 신부복을 입었다. 축제와 같은 길놀이의 모습은 한국전쟁 이후 중단된 것으로 여겨진다.

모개비와 양군이 도착하면 양군의 모개비가 제관이 되어 고유제(줄고사)를 지낸다. 제가 끝나면 암줄과 숫줄의 결합이 진행되고 당기기가 시작된다. 풍물패가 줄 위에 올라 풍물을 치던 때도 있었으나 질서 문제로 상쇠만 줄 위에 올라 줄당기기를 진행했다. 대기와 사령기는 줄 위에 있다가 줄을 당기기 전에 내려오고 영기만 남는다. 두령은 고에 가까운 지점에 자리하고 선봉장은 그 옆에서 영기를 휘두른다. 고에 가까운 부분에 주로 힘센 사람들이 자리 잡고 줄의 뒷부분에서 여성들과 어린이들이 줄을 당긴다. 여성들은 상대편에 끌려가지 않으려고 치마에 돌을 담아 참여하기도 했다.

여성들은 남성들 사이에서 큰 줄을 당기면 요통, 생리불순, 여러 가지 부인병이 낫는다는 속설을 믿고 참여하기도 하였다. 줄의 규모가 작을 때는 승패가 분명했지만 오늘날은 줄의 크기가 너무 커서 승패가 결정나기 어렵다. 그렇기 때문에 양군이 서로 이겼다고 우기게 되고 이런 우김은 놀이에 또 하나의 재미가 되기도 했다.

물아래 사람들은 이기면 우순풍조라 하여 들에 물이 들지 않아서 보리와 나락농사가 잘 되어 대풍년이 된다고 믿었고, 물위 사람들은 시화연풍이라 하여 가뭄이 들지 않아서 사철농사가 고루 풍작을 이룬다고 믿었다. 결국 물아래, 물위가 다 이겼다고 말하면서 육탄전의 상여놀이가 시작된다.

줄당기기가 끝나면 양편 사람들은 흰생이(흰상여)를 들고 상대방 진영으로 가서 "물아래(물위) 놈들 다 죽었네. 이허이, 이허이.", '아이고, 아이고' 하면서 상대편을 약 올린다. 그러다가 상여끼리 만나면 실랑이가 벌어지고 몸싸움으로 이어진다. 결국 상여에 탄 상대 지도자를 끌어내리고 상여를 부수고 상대편의 대기를 빼앗기도 한다. 마지막에는 상여를 불태우고 막걸리를 주고 받으며 화해가 이루어진다. 승부의 준비, 규칙이 있는 승부, 감정적 싸움으로 이어지던 놀이는 긴장의 국면을 뒤로 하고 마침내 우스갯소리와 화합으로 마무리된다.

⑥ 의령줄땡기기의 중요성

전승의 과정에서 줄이 커지는 바람에 앞놀이와 뒷놀이가 축소되고 있지만 대부분의 과정이 여전히 잘 전승되고 있다. 오늘날의 의령큰줄땡기기는 마치 의병장 곽재우장군이 줄 당기기의 두령으로 나선 모습을 보여주고 있어 시대의 요구에 따라 변화 전승된 의령큰줄땡기기는 의령을 더욱 의병의 고장으로 거듭나게 하였으며, 의령의 문화자원으로 활용되고 있다.

5) 가야진용신제(伽倻津龍神祭)

▶경상남도 무형문화재 제19호(지정일 1997.01.30)
▶전승주체 : 가야진용신제보존회
▶전승지역 : 경남 양산시

① 유래와 역사

가야진용신제는 삼국시대부터 조선시대를 거쳐 전해 내려오는 국가의식의 하나로 양산시 가야진사제례를 바탕으로 형성된 민속놀이이다. 『삼국사기』 잡지(雜志) 제사조에 따르면 가야진용신제는 신라시대 초기부터 전해오는 국가적 제사의식으로 중사(中祀)의 하나였다. 중사는 국가에서 칙사(勅使)를 보내 명산대천에서 올리던 제사로 오악(五岳), 사진(四鎭), 사해(四海), 사독(四瀆)으로 구분되는데, 가야진용신제는 사독 중의 하나이다. 사독은 천신제와 풍년기원제를 담당하였으나 지금까지 남아있는 것은 가야진용신제이다.

조선시대에도 가야진용신제에 대한 기록이 있다. 『신증동국여지승람』 양산군 산천조에 "가야진은 일명 옥지연(玉池淵)이라고도 한다. 고을 서쪽 40리이며 황산강 상류에 있다. 세종조때 황룡이 물 속에 나타났으며, 가물 때 비를 빌면 문득 효험이 있었다."라고 하였으며, 사묘조(祀廟條)에도 "가야진사는 사전(祀典)에 공주, 웅진과 함께 남독으로 삼았다고 중사에 실려있다. 나라에서 해마다 향과 축문을 내려 제사지낸다 하였다."라고 기록되어 있다.

일제강점기 때 큰 홍수로 인해 사당이 헐리고 일제가 용신제를 금하여 어려움에 처하기도 하였다. 하지만 이장백(1914~1998)을 비롯한 용당리 당곡마을 주민들이 마을 인근 천태산 비석골에 사당을 모시고, 밤중에 지게를 지고 제수를 운반하여 제사를 모시며 명맥을 이었다.

해방 이후 현 위치로 다시 옮겨져 1983년에 경상남도 민속자료 제7호로 지정되었다. 1990년대 초에 대대적으로 복원정비가 이루어져 지금의 모습을 갖추게 되었다. 사당 내부를 보면 북쪽을 향해 제단이 만들어져 있고, 그 앞에 세 마리의 용이 그려져 있는데 이것은 삼룡신을 모신다는 의미이다. 제단위에는 신위가 있고, 신위에는 '가야진지신위(伽倻津之神位)'라고 금색으로 쓰여 있다.

가야진용신제는 1995년 제27회 경상남도 민속예술경연대회에서 우수상을 받았으며, 1997년 '경상남도 무형문화재 제19호'로 지정되었다. 2000년 지역 주민들의 발의로 가야진용신제를 양산문화원이 주관하고, 보존회의 명칭도 무형과 유형을 포괄하여 '가야진보존회'를 개칭하였다. 제사를 지내는 날은 3월 초정일(初丁日)이었는데, 지금은 일반인과 학생들의 참여를 적극 유도하기 위해 2009년 5월 5일에 지내고 있다.

② 제의 내용

제의의 진행은 2부분으로 나뉘는데, 제관이나 집사 등에 의해 진행되는 제의와 일반 참제원에 의해 진행되는 것이다. 전자는 국가에서 홀기를 기록해 놓았기 때문에 정형성을 지니고 있고 역사성과 전통성이 있다. 후자는 가변성을 지닌 제의 형식이다. 제의는 크게 제의 전 행사인 부정가시기, 제의, 제의 후 행사로 구분된다.

가. 부정가시기

제례일 3일 전부터 제관들은 목욕재계를 하고 제당을 청소한다. 당일 제를 올리기 전에 제당 안가 출입문에서 부정을 물린다. 제당 주변에 황토를 뿌리고 출입문에 금줄을 친다.

부정아 가시라

부정아 가시라
천상아래 넓은데
전지하신 이곳은
삼용신을 모신 터
…… (2004년 이전 부정가시기)

〈제당 내〉
자 여러분 오늘 가야진용신제를 지내려고 하니
먼저 도란개를 치고 부정을 가시도록 합시다.
정구업진언 수리수리 마하수리 수수리 사바하
일세동방 결도량 이세남방 득청량
……

〈출입문〉
신이시여 강림하소서
천상옥경 천조신앙
천옥경 태월 신양
…… (2004년 이후 부정가시기)

나. 칙사영접

칙사영접은 길닦는 과정과 칙사영접으로 나뉜다. 칙사가 당도하기 전에 먼저 길 닦기를 한다. 그 후 칙사가 영접소에 도착하면 지신밟기를 하면서 영접길에 오른다. 기수－알지－선창자－악사－잡색 순서로 나아가 칙사를 사인교에 태워 제당으로 모신다. 소리는 길닦기 소리와 지신밟기소리가 있다.

〈길닦기소리〉
용당마을 장정들아 가야진사 역사가세
길을 닦자 길을 닦자 가야진사 길을 닦자
목 괭이로 땅을 파고 나무가래 땅고르고
망깨로서 다져보세 천년만년 다하도록
배는 고파 등에 붙고 목이 말라 내 죽겠네

잠시 목 좀 축이고 하세
자 잠시 쉬고 목을 축였으니 길닦기 마무리하도록 하세
……

〈지신밟기소리〉
어려루 지신아 가야지신을 누리자
하늘 생겨 갑자년 땅이 생겨 을축년
갑자을축 생긴 후에 천지신명이 밝았고
천지신명 밝은 후에 이나라가 생겼고
이나라가 생긴 후에 황산강이 생겼고
황산강이 생긴 후에 용당터가 생겼네
용당터가 생긴 후에 가야제당을 세웠고
가야제당을 세운 후에 삼 용신을 모셨네
……

〈칙사님 모셔오면서 하는 소리〉
쉬! 물렀거라 칙사님 나가신다.
쉬! 나랏님 명을 받고 칙사님 나가신다.
쉬! 모두 물렀거라 칙사님 행차시다.

다. 제의

제관이 제당에 도착하면 집례는 제례를 올린다. 제례는 돼지를 비롯해 모두 익히지 않은 제물과 삼용신을 의미하는 3개의 잔을 놓고 하사받은 향과 초로 향을 피우고 불을 밝힌 후 홀기에 따라 진행한다.

홀기는 가야진용신제의 시작을 알리는 북을 세 번 치는 것으로 시작하여 전폐례(奠幣禮), 초헌례(初獻禮), 아헌례(亞獻禮), 종헌례(終獻禮), 음복수조례(飮福受胙禮), 망예례(望瘞禮), 용소침돈례(龍沼沈豚禮)의 순서로 진행된다.

라. 용소풀이

제례를 마치면 모두 강변에 마련된 송막으로 향한다. 풍물을 치며 송막을 한 바퀴 돌면서 칙사가 불을 지르는데 이때 잡색들과 모둔 주민은 짚신을 벗어 불길로 던지며 용의 승천을 기원한다. 풍물을 잠시 중단하고 알자(謁者)가 "자~ 이제 용신님께 이 희생을 바치러 갑니다."라고 말하면 "용소로 갑시다."라고 화답하고 희생돈을 배에 싣고 풍물을 치면, 헌관은 대축, 집례, 사령을 대동하고 용소로 출발한다. 용소에 도착하면 희생물을 뱃머리에 두고 칙사가 헌작하며 재배한 후 "용신님, 이 희생을 바치오니 부디 흠향하소서."라고 소리치고, '침하돈(沈下豚)'이라고 세 번 외친다. 이때 강변의 불타는 송막에 있던 사람들이 "용 빈다. 비 온다."라 외치면서 신나가 풍악을 치며 어울려 논다.

마. 사신(辭神)

용소풀이가 끝나면 제례에 참여한 모든 사람들이 제단으로 돌아오고, 알자는 제단을 향해 제향이 끝났음을 고한 후 칙사는 관복을 벗고 제관을 비롯한 모든 참제원이 어울려 대동마당을 만든다. 옛날에는 용줄 당기기를 주로 하였으나 근래에는 용배 띄우기와 풍물놀이를 주로 한다.

③ 가야진용신제의 의미

가야진용신제는 그 역사가 오래여서 시대에 따라 변천하면서 전승되었다. 하지만 중사인 사독 중 유일하게 남은 것이 용신제이므로 신라시대부터 조선 말기까지는 수로의 안전을 용신에게 기원하는 유교식의 제례였을 것으로 추정된다. 근래에는 마을 공동체의 안녕과 풍요를 보장해주는 용신에게 올리는 제례에 기우제의 송막태우기와 침돈(沈豚) 그리고 풍물놀이가 덧붙여져서 민속제례이자 놀이인 용신제로 변모하였다.

집필진 소개

남재우 ∣ 창원대학교 사학과 교수

남성진 ∣ 진주문화연구소 전임연구원

박정선 ∣ 창원대학교 국문학과 교수

임학종 ∣ 국립진주박물관 학예실장

장성진 ∣ 창원대학교 국문학과 교수

천성주 ∣ 진주청동기문화박물관 학예연구사